中央编译局文库编辑委员会

主　　任：衣俊卿

委　　员：衣俊卿　俞可平　魏海生　王学东　陈和平
　　　　　杨金海　柴方国　尹汾海　何增科　季正聚
　　　　　郗卫东　张文成　李惠斌　杨雪冬　李京洲
　　　　　薛晓源　陈家刚

中央编译出版社文库编辑中心编辑小组

薛晓源　邢艳琦　谭　洁　尹承东　韩继海
韩慧强　岑　红　贾宇琰　李小燕　杜永明
战　歌　苗永姝　李媛媛

姜椿芳文集

第十卷

百科全书工作

《姜椿芳文集》顾问委员会

衣俊卿 韦建桦 俞可平 王学东 宋书声 顾锦屏

《姜椿芳文集》编辑委员会

主　编：杨金海
副主编：薛晓源　邢艳琦　谭　洁（常务）　姜妮娜
编　委：（以姓氏笔画为序）
　　　　杜永明　岑　红　张文成　金常政　姜　廷
　　　　姜抗生　姜其煌　姜林红　姜战生　姜路娜
　　　　姜解生　姚以恩　郗卫东　贾宇琰　黄鸿森
　　　　曹荣湘　韩慧强

参加本卷编辑出版工作的有

岑　红　金常政　程力华　韩继海　李　静　王　丽

丛书编务统筹

李小燕

1985年夏，姜椿芳在翻阅《永乐大典》，左为常萍

姜椿芳在工作

姜椿芳起草《关于编辑出版〈中国大百科全书〉的请示报告》手迹

在中国大百科全书出版社工作期间，姜椿芳在南丰胡同17号家中的"工作室"，用大橱把卧室隔开成为"书房"，一张办公桌，一把椅子，在写字台上放着一个他自制的小书架

1978年7月，中国大百科全书出版社筹备组在北京北总布胡同的版本图书馆开始办公

1981年12月8~9日《中国大百科全书·法学》编委第四次会议在北京香山别墅兄弟楼召开，对《中国大百科全书·法学》卷付排前进行最后审定。正面靠墙右五是姜椿芳，出席会议的有张友渔、王岷灿、王铁崖、关怀、陈守一等

1984年12月，姜椿芳给《中国大百科全书》总编委会副主任、桥梁专家茅以升送聘书

1985年10月,《中国大百科全书·语言文字》编委审稿会在烟台举行。会议期间在蓬莱阁留影。左起:朱德熙、吕叔湘、姜椿芳、季羡林、周祖谟

1985年8月中旬,苏联出版工作代表团访问中国大百科全书出版社,团长莫达万(苏联国家出版委员会党委书记、政治书籍总编辑部总编辑)和中国大百科全书出版社总编辑姜椿芳亲切握手

1985年1月30日在记者招待会上,于光远(左)和姜椿芳在一起

出版说明

姜椿芳同志是中共中央编译局原副局长,中国大百科全书出版社原总编辑,华东人民革命大学附设上海俄文学校(上海外国语大学前身)首任校长,杰出的马克思主义翻译家、出版家和社会活动家。

姜椿芳一生著作等身,创作时间跨度从20世纪30年代到80年代,涉及领域广泛,涉及语种丰富,散见于各类报刊、图书,从未系统整理出版过。今年是姜椿芳诞辰100周年,为比较全面系统地展示姜椿芳的创作和翻译成就,我们对这些著译成果进行了全面、系统地搜集、整理,编辑出版了这套《姜椿芳文集》。

《姜椿芳文集》共约480万字。汇辑姜椿芳已发表、出版的著译及部分未刊手稿,按照收录作品的专题和体裁,分为十卷。除第十卷按内容编排外,其他九卷按作品发表时间编排,原来未发表的作品按写作时间编排。第一卷至第六卷为翻译作品部分,主要收录姜椿芳自20世纪30年代到80年代之间翻译的诗歌和歌词75篇、戏剧28部、中短篇小说37篇、文艺杂论49篇、政论时评45篇。第七卷至第十卷为著述部分,其中第七卷至第九卷主要收录姜椿芳自20世纪30年代到80年代之间创作的政论性杂文121篇,电影和戏剧评论、翻译理论与创作杂谈、书文序言等88篇,怀念、忆旧类随笔79篇;第十卷"百科全书工作",收录姜椿芳对中国大百科全书和辞书的论述、在《中国大百科全书》学科卷工作会议上的讲话辑要、亲笔撰写的百科条目、媒体对他的采访文章以及姜椿芳日志(1978~1987)。我们精选了最有代表性的照片80幅置于各卷卷首。

在文集整理编辑过程中,大致掌握以下几个原则:

一、所收作品,凡多次印行者皆选用相对出版晚近、内容较为完备的底本,或经过作者修订的新本。作品原属繁体字者,一律改为简体字。

二、所收作品,尽量保持原貌,只对个别异体字及标点进行技术性规范处理，对明显的笔误进行更正，各卷之间也不作硬性统一；保存原印本所附有关资料，举凡"译后记"、"附注"等，概不作删除。

三、对于作者的习惯性用字，我们给予最大程度的尊重。但对一些常见词语如"那末"和"那么"、"刺戟"和"刺激"等同义词语，均统一为后者。

四、除《姜椿芳同志生平》、《姜椿芳年表》、《姜椿芳日志》等及正文文章出处外，正文所有数字均统一使用汉字表示。

五、姜椿芳作品跨越20世纪30年代至80年代，个别外文译名（包括人名、地名、作品名、作品中文学形象名）前后出现变化，或者与通用译名不一致。为保存作品原貌，除包括布尔什维克、孟什维克、斯大林、季诺维也夫、契诃夫、果戈理等在内的前后译法不统一的重要译名作了统一处理之外，其他译名均未加改动，在全书书末附录"译名对照表"（包括本文集译名和通用译名），以备读者查阅。

六、原作者和译者所作的批注、译注，整理时全部保留；文中注释，除俄文版原注、作者注、译者注外，凡本书编者所加注释，均标明"编者注"。

七、为方便读者查阅，在每篇文章末尾注明文章原始出处和刊载日期、曾收入作品出处和日期，以及姜椿芳当时所署笔名。

2011年，在中共中央编译局的鼎力支持下，这套书稿成功申报2012年度国家出版基金项目。中共中央编译局对此项目高度重视，在国家出版基金资助的基础上，给予了相应的资金支持，并将这套书纳入"中央编译局文库"出版规划。中央编译出版社为这套书的立项和编辑出版做了大量艰苦细致的工作。

搜集、整理、编辑姜椿芳同志数百万言的著译成果，是一项浩大的工程。姜椿芳同志的子女苦心孤诣，细心整理，倾力配合，付出了艰辛的努力，学术界、出版界的许多同仁都给予了无私的帮助。尽管我们在编辑工作中尽心竭力，但由于编辑时间紧张，编辑学养和经验有限，难免有疏漏错误，敬请读者批评指正。

《姜椿芳文集》编辑委员会
2012年6月30日

目录

论述

关于编辑出版《中国大百科全书》的请示报告和补充报告 …… 3
关于编辑出版《中国大百科全书》的建议 …… 7
从类书到现代百科全书 …… 15
《中国大百科全书》及其出版社在草创阶段的一些情况 …… 20
为什么要出《中国大百科全书》 …… 24
中国第一部百科全书 …… 27
《中国大百科全书》有哪些特色 …… 32
《中国大百科全书》的编纂问题 …… 35
《中国大百科全书》木已成林 …… 39
百科全书是怎样选条的 …… 44
百科全书条目释文的撰写 …… 51
怎样编写百科全书的条目 …… 58
百科全书与资料工作 …… 67
百科全书是你的良师益友 …… 70
文字改革和百科全书 …… 72
庆贺《中国农业百科全书》出版 …… 75
从历史大辞典到百科全书 …… 78
创新局面 传新知识 跨新步伐 …… 81

《辞书研究》的光荣使命 ⋯⋯⋯⋯⋯⋯⋯⋯⋯⋯⋯⋯⋯⋯⋯⋯ 84
化祝贺为力量 ⋯⋯⋯⋯⋯⋯⋯⋯⋯⋯⋯⋯⋯⋯⋯⋯⋯⋯⋯ 86

《中国大百科全书》学科卷讲话辑要

我们的编法和客观性问题 ⋯⋯⋯⋯⋯⋯⋯⋯⋯⋯⋯⋯⋯⋯ 91
百科全书的教育作用 ⋯⋯⋯⋯⋯⋯⋯⋯⋯⋯⋯⋯⋯⋯⋯⋯ 97
用条目的形式介绍心理学知识 ⋯⋯⋯⋯⋯⋯⋯⋯⋯⋯⋯⋯ 99
紧迫感和要打破陈规旧律 ⋯⋯⋯⋯⋯⋯⋯⋯⋯⋯⋯⋯⋯⋯ 101
四点经验 ⋯⋯⋯⋯⋯⋯⋯⋯⋯⋯⋯⋯⋯⋯⋯⋯⋯⋯⋯⋯⋯ 109
大类分卷的编法与交叉重复 ⋯⋯⋯⋯⋯⋯⋯⋯⋯⋯⋯⋯⋯ 112
编好《教育》卷 ⋯⋯⋯⋯⋯⋯⋯⋯⋯⋯⋯⋯⋯⋯⋯⋯⋯⋯ 115
审稿中要注意的几个问题 ⋯⋯⋯⋯⋯⋯⋯⋯⋯⋯⋯⋯⋯⋯ 117
精确性是百科全书质量的第一标准 ⋯⋯⋯⋯⋯⋯⋯⋯⋯⋯ 121
中外古今编纂百科全书的特点 ⋯⋯⋯⋯⋯⋯⋯⋯⋯⋯⋯⋯ 123
《数学》卷的调整和平衡 ⋯⋯⋯⋯⋯⋯⋯⋯⋯⋯⋯⋯⋯⋯ 145

百科条目

《中国大百科全书》前言 ⋯⋯⋯⋯⋯⋯⋯⋯⋯⋯⋯⋯⋯⋯ 155
百科全书 ⋯⋯⋯⋯⋯⋯⋯⋯⋯⋯⋯⋯⋯⋯⋯⋯⋯⋯⋯⋯⋯ 158
百科全书 ⋯⋯⋯⋯⋯⋯⋯⋯⋯⋯⋯⋯⋯⋯⋯⋯⋯⋯⋯⋯⋯ 163
奥斯特洛夫斯基，A. H. ⋯⋯⋯⋯⋯⋯⋯⋯⋯⋯⋯⋯⋯⋯ 174
奥斯特洛夫斯基，A. H. ⋯⋯⋯⋯⋯⋯⋯⋯⋯⋯⋯⋯⋯⋯ 179

媒体专访

没有围墙的大学 ⋯⋯⋯⋯⋯⋯⋯⋯⋯⋯⋯⋯⋯⋯⋯⋯⋯⋯ 185
把知识奉献给人民 ⋯⋯⋯⋯⋯⋯⋯⋯⋯⋯⋯⋯⋯⋯⋯⋯⋯ 187
愿更多的工人加入读书界 ⋯⋯⋯⋯⋯⋯⋯⋯⋯⋯⋯⋯⋯⋯ 189
一所没有围墙的大学 ⋯⋯⋯⋯⋯⋯⋯⋯⋯⋯⋯⋯⋯⋯⋯⋯ 192
这部书像浓缩的"鱼肝油" ⋯⋯⋯⋯⋯⋯⋯⋯⋯⋯⋯⋯⋯ 194

有关《中国大百科全书》的几个问题 ………………… 196
姜椿芳谈百科全书 …………………………………… 199
"没有围墙的大学"的校长 …………………………… 201

姜椿芳日志（1978～1987） ………………………… 207
译名对照表 ………………………………………… 329
编后记 ……………………………………………… 339

论 述

关于编辑出版《中国大百科全书》的请示报告和补充报告

关于编辑出版《中国大百科全书》的请示报告

中央宣传部并报
华主席、党中央：

我国迄今尚未编辑、出版一部大百科全书。这同中央、华主席的伟大号召，极大地提高整个中华民族的科学文化水平，向科学进军，建设社会主义的现代化强国，都是极不相称的。

大百科全书是总结和综述过去历史上科学文化的一切成就，系统地全面地介绍当今世界上各个学科的全部知识，特别是最新成就的知识的总文库。大百科全书既是传播马克思列宁主义、毛泽东思想的重要工具，也是为迅速提高工农业生产而奋斗的有力武器。

西方各主要国家出版大百科全书，已有二百多年的历史。一般人常把是否出版大百科全书及其内容如何，作为衡量一国科学文化水平的标志。现在国外出版的百科全书种类多，数量大。美、苏、英、法、德、日等国，综合性的和专科性的百科全书，分别有几十种之多。最近第三世界国家也纷纷出版百科全书。

我国自古以来就有编纂百科全书型书籍的传统。《尔雅》是世界最古的百科性辞典之一。汉唐以来出了不少这类的书，宋代更见众多，明清两代则有《永乐大典》、《古今图书集成》、《四库全书》等卷帙浩繁的巨编。但中国历代所编的这些书，都属于类书或丛书性质，还不是现代工具书意义百科全书。解放前出的旧《辞海》和近年修订补充的新《辞海》（先出按学科分册本，尚未出齐），也只是学科条目简单的辞书，离今天要求的大百科全书还很远。

伟大导师毛主席和敬爱的周总理向来重视字典、词典和大型辞书的出版，《辞海》就是在毛主席亲自批示，周总理亲切关怀下修订出版的。革命导师马克思、恩格斯、列宁都重视百科全书书的出版，他们在自己的研究和著作工作中，都经常利用当时各国的百科全书，并且都曾为欧美重要的大百科全书写过不少词目。

根据我国目前的需要，我们建议尽早出版《中国大百科全书》。所以要"尽早"出版，一方面是客观需要，为了普及和提供高科技知识，为实现四个现代化提供必要的资料，这是一项刻不容缓的基本建设；另一方面是考虑到能够参加编辑工作的学术界力量，由于"四人帮"的干扰和破坏，青黄不接的情况十分严重：老的一辈接近衰老，新的一辈没有培养出来，此项工作，如果现在不着手，几年之后困难会更大，现在上马，则老的力量还可利用，通过工作也可培养出一批新的力量。当前，实际上也有快上速成的条件：许多外国较好的百科全书可供参考，大部分词目可以翻译，综合若干国家不同辞书的同类词目，经过我们加工整理，即可采用；一般词目从几千字到几万字（少数词目可能有几十万字），由专家分别编写，所需时间不长。百科全书按学科分类编辑，也可早出成品，分册出书，均衡排印，不致为其他书刊排挤。

关于出版《中国大百科全书》的初步设想是：此书约四五十卷，四五千万字。百分之六十以上为自然科学。在出版《全书》之前，先出分科性百科全书，分科分类编写，编好一本即出一本，先在国内流通，请有关方面和广大读者提意见，修改后再出版综合性百科全书。设想《全书》从明年国庆三十周年时开始，陆续出版，以十年左右时间基本完成。

为了进行此项工作，须邀请全国各学科有成就有影响的专家，成立一个编委会（约五六十人），下设总编辑部，总编辑部下再设各分科编委会和编辑部。编委会是咨询机构，总编辑部是执行机构。编委会拟聘请胡乔木同志为主任，周培源、严济慈、陈翰笙、于光远、周扬等同志为副主任。总编辑部目前拟设在国家出版事业管理局，先成立若干人的筹备机构，拟调姜椿芳、朱语今、曾彦修等同志前来主持筹备工作。

为出版百科全书，要成立中国大百科全书出版社，该社编辑部约需人员二百到三百人，拟分批分期配齐，请中央组织部帮助解决，因所需专门人才的面较广，部分人员须由外地调入北京。

关于编辑方针和编辑条例等细则，容后报请审批。

以上建议是否有当，请批示。

国家出版事业管理局党组
中国科学院党组
中国社会科学院党组
一九七八年五月二十一日

关于编辑出版《中国大百科全书》的补充报告

中央宣传部并报
华主席、党中央：

华主席、党中央一九七八年五月批准中国科学院、中国社会科学院、国家出版事业管理局关于尽早编辑出版《中国大百科全书》的请示报告后，我们当即成立了中国大百科全书出版社筹备组，开展各项筹备工作。现已调集一部分干部，初步拟定了编辑出版计划，开始按学科门类进行组稿活动，争取早日出书。

《中国大百科全书》规模大、涉及面广，须采取相应措施，才能完成编辑出版任务。鉴于上海的文化、科学、教育单位比较集中，著译力量比较雄厚，我们已商得上海市委负责同志同意，在上海设立中国大百科全书出版社的分社，由陈虞孙、汤季宏、王顾明同志等负责筹备。上海分社的业务工作由北京总社统一领导，在政治上、组织上拟请上海市委宣传部负责领导，并希望上海市委有一位书记也管一下上海分社的工作。上海分社编制暂定一百二十人，请上海市委协助调配所需干部和安排临时办公用房，经费由北京总社拨发。为长远的工作打算，等有条件时并拟在上海筹建印制《中国大百科全书》的现代化印刷厂，修建图书馆及办公楼。此外，随着工作的开展，还准备在部分省、市、自治区逐步建立中国大百科全书出版社办事处（请当地党委指定有关单位兼管，不另立编制）。为了使各方面了解和支持大百科全书的工作，我们请求中央将一九七八年五月批准的请示报告，连同本报告，一并批转中央和国务院各部门，各省、市、自治区党委，中国人民解放军总参谋部、总政治部。以上报告，妥否，请批示。

国家出版事业管理局党组
一九七八年十月二十一日

关于编辑出版《中国大百科全书》的建议

历史任务　客观需要

中国现在一般辞书很缺乏，根本没有大百科全书，世界各主要国家，从十八世纪中叶开始就出版大型的多卷本的百科全书，两百年来一再修订再版，除了综合性的百科全书外，近年还出版了许多专业性百科全书，美、苏、英、日、德等国，都有此种类型的百科全书几十种。现在第三世界国家，也纷纷出版百科全书，连独立不久的苏里南这样的小国，也在编印。

现在中国虽然还没有编出百科全书，但自古以来一直有编著此种类型图书的传统。远在三千年前就曾出现《尔雅》这样百科全书的雏形。以后历代都不断编辑流传。如魏有《皇览》（共八百多万字，大部散失），唐有《艺文类聚》，宋以后这类书籍更多，明朝的《永乐大典》被西方称为世界最大的百科全书，共有二万二千多卷。清代则有《古今图书集成》，共一万卷，搜罗宏广，引证详明。这些书都是分类汇集前人的著述，还不是综合概括各种知识（尤其不是当时最新知识）的百科全书。而《四库全书》则是把历代旧著，分类辑录，易于检查，属于丛书性质。

中国在解放前也曾试出过一些百科全书，例如《日用百科全书》及其补编和重编、《少年百科全书》、《中华百科词典》等，内容简单，不全面；另外，《中华文库》、《万有文库》，主要还是搜集旧著；《辞海》是词典之外加一部分简要的科学知识，这些都和现代意义的百科全书相去很远，解放后重新修订的《辞海》，虽较旧版扩大和详细，但也还没有达到百科全书的要求。

现代意义的大百科全书是对过去积累的全部文化科学知识加以总结和概

括，把当代的社会科学、自然科学、工程技术、文学艺术以及军事科学等各门类知识和最新成就加以综合的叙述。它的每个条目还不是各种学科的专门著述，但比一般基本知识的介绍为高深和全面，是各种学科的入门，便于读者进一步向精、深、专钻研。因此，我国今天编辑出版大百科全书，不仅可以广泛深入地传播马克思列宁主义、毛泽东思想，而且是要用马列主义和毛泽东思想的观点对中国全部历史、文化和古籍作出新的叙述和概括，并使我国广大人民群众大大提高社会科学和自然科学的知识水平。大百科全书将是我国人民三大革命斗争的一个重要武器，是实现四个现代化的必不可少的工具，对提高工农业生产将有直接帮助，编辑出版中国大百科全书，是我国社会主义文化事业的一项基本建设，它是历史赋予的任务，是客观的需要，是世界潮流的必然产物。

革命导师和领袖向来重视百科全书

革命导师，经典著作家都很重视百科全书的编辑出版。马克思和恩格斯都认为百科全书是传播和提高新旧科学知识的重要工具。马克思和恩格斯曾在通信中讨论过百科全书内容和编辑的问题。恩格斯在给马克思的信中把当时德国的百科全书《会话词典》称之为"究竟是较好的最完善的基础参考书"。马克思和恩格斯曾为《美利坚新百科全书》写了六十七个条目。列宁也很重视百科全书，他称赞法国的《拉鲁斯小百科全书》是易于找到各种参考材料的工具书。列宁也曾为俄国《格拉那特百科词典》撰写过词目，其中最著名的是《卡尔·马克思》一条。

毛泽东主席也很重视辞书的编辑出版，《辞海》的重新编印就是在毛泽东的指示下推动起来的。周恩来总理对《辞海》的重新编印以及其他辞书的编辑出版作了指示和采取了具体措施。毛泽东在《一九五七年夏季的形势》一文中指出："为了建设社会主义，工人阶级必须有自己的技术干部队伍、必须有自己的教授、教员、科学家、新闻记者、文学家、艺术家和马克思主义理论家的队伍。"为造就这样的队伍，编辑出版百科全书是必不可少的一个途径。因为百科全书是搜罗古今中外一切学科基本知识的工具书，实际上就是毛泽东向来提倡的"古为今用，洋为中用"这一重要方针的最好体现。

为了加快发展科技文化教育，为了迎接新的文化高潮的到来，为了实现四个现代化,中国大百科全书的编辑出版,无疑是当前刻不容缓的重要工作之一。

各国编辑出版百科全书的情况

"百科全书"一词起源于希腊文,意思是"普通知识范围",十六世纪在西欧取得新的含义,有"各种知识汇编"和"知识的分类"之意。十八世纪后,才逐渐取得现代通行的含义:汇集一切知识门类和实践活动的最基本资料的出版物。近年来,各国编辑出版大百科全书积累了不少新的经验,百科全书的功用更加充实和发展,编辑体系和方法经过互相参考补充,也越来越完善。

在古代,埃及、希腊、罗马、阿拉伯国家,都出了不少百科全书性质的著作。近代,由于大量的新发现,科学技术的新发展,各种科学知识的精细划分,使编辑百科全书的工作变得非常困难,因百科全书既要总结一切已经积累的知识,又要把所有这些知识归纳为一个完整的体系,于是,从十七世纪下半叶起,欧洲一些国家编纂出版多种分类百科全书。这些百科全书更重视神学、哲学、历史、文艺。到了十八世纪,英国才开始把注意力转到自然科学和工程技术方面(一七〇四年哈立斯编出了《技术词典,或艺术和科学英语大词典》。一七二八年又出了张伯斯的《百科词典,或艺术和科学大词典》),这样就渐渐地在分类百科全书的基础上进而编纂出版按字母顺序的大百科全书(同时,在编纂大百科全书的过程中,也编出更专门更详尽的各种专业百科全书)。德国在一七三二～一七五〇年出版了百科全书性质的《综合大词典》(六十八卷),法国在一七五一～一七七二年出版了《百科全书,或科学、艺术与手工艺大词典》,不久,在一七八二～一八三二年出版了《分类百科全书》(共一六六·五卷)。英国在一七六八～一七七一年出版了《不列颠百科全书》(三卷)。美国在一八二九～一八三三年出版了《美国百科全书》,于一八五八～一八六三年出版了《新美利坚百科全书》(十六卷)。俄国在一八九〇～一九一三年出版了《百科词典》(共八十六分册,在这以前也试出过几种百科全书,但大多未出完),日本在一八八八～一八九〇年出版《日本社会事汇》(两卷)。

每次较有权威的百科全书出版后,都对本国甚至对一些别的国家产生巨大的影响。上面提到的,法国从一七五一年开始出版的《百科全书,或科学、艺术与手工艺大词典》是十八世纪中叶法国著名唯物主义哲学家狄德罗主编的。

他邀集了当代许多杰出的思想家和活动家,如孟德斯鸠、伏尔泰、卢梭等参加编辑工作。这些进步学者在百科全书的旗帜下团结起来,成为当时法国政治上的进步力量,他们自称为"百科全书派"。他们对一切科学和历史事实,都用新的唯物主义观点另写新的条目。这些新的观点,动摇了封建主义的思想基础,为十八世纪末的法国资产阶级大革命做了思想准备。又如苏联在十月革命胜利后的第九年(一九二六)就开始出版《苏联大百科全书》,用马克思列宁主义的观点,对过去的一切科学和历史事实进行批判,重写新的条目,使苏联人民的思想一新,知识水平提高一步,为实现几个五年计划提供了有力的思想武器。

两次世界大战后,几个主要国家都大量出版修改、重编百科全书,六十年代和七十年代则有更大的发展。有些国家的不同出版社出版类型相同、侧重点不同的百科全书,相互竞争;多卷本和少卷本,解说繁复和说明简要的互为补充;全面综合性的与分类的百科全书分道扬镳;插图装帧、索引参见各出心裁。近年,美、苏、德、法、英、日等国,新出的专业百科全书和百科词典愈来愈多,各有二三十种不等。美国最近还出了电子计算机、环境科学等新百科词典,苏联出了高等、初等数学的百科词典,日本出了家庭、妇女、日用等百科全书。有些国家还为了易于查阅各种百科全书和各种分类词典出了"指南",如美国图书馆协会编印的《工具书指南》,一九七六年夏出版的第九版就列出各国工具书一万多种,成为百科全书的百科全书。

现在第三世界许多国家也纷纷出版百科全书。印度、印尼都出了几种版本。本国力量不够的如古巴,就委托美国编辑、加拿大排印。

近年各国编辑百科全书的趋向

二百多年来各国编辑出版百科全书积累了不少经验,创造了许多较为科学的方法。综观各国近来编辑大百科全书的情况,其总的趋势大致有以下几点:

(1)德、法、英、美、苏、日等国修订旧版和出版大量新的百科全书,其他许多中小国家,包括第三世界的不少国家也都纷纷编辑、翻译、出版不同类型的百科全书。

(2)在包罗万象的综合性的大百科全书之外,另出各种专业性的百科全书,或者编辑出版更为详尽的各种专科词典。

(3)从繁复向简要方向发展;叙述简要,并不就是不注意全面概括,而是去繁就简,把更详尽的内容转移到专业百科全书中去。

(4)多卷本与少卷本并行:多卷本从百余卷改为数十卷,四十~五十卷改为二十~三十卷;同时又出二~三卷或三~四卷的同名简明百科全书,力求使用方便。或者一种百科全书采取三种编法:一编简要,有如图书馆的总分类卡,二编词目短小,有如小百科词典,三编条目解释详尽。三者可以相互参见使用。

(5)有些国家的大百科全书,从侧重本国情况发展到注意世界情况,美国、英国的百科全书,力求变成世界性的,至少是英语世界的百科全书。

(6)好些国家的大百科全书,不再分版次出版,即不再是(例如)第十三版之后出第十四版,而是改为"连续修订版"。过去可以相隔五年、十年甚至二十年出增订新版,现在科学技术、政治经济日新月异,三五年即须另出新版,但读者不可能每隔三五年就购买一套新版,用连续修订法再版,除一部分条目重新改写外大部分不动,小部分只要增印数页。这新的数页,用原来词目的页码,注明某某页的A、B、C,读者只要购买这些连续修订的材料,即可与自己的旧版本联合使用。过去有些国家在某一版重印时,也作小量修改,既经修改,旧版即显得过时,刚连续修订法之后,就可弥补这一缺点。另外就是过一段时间,出版一卷或二、三卷补卷;每年出版一卷年鉴,把一年来的科技文化上的变化,政治、地理上的变动,世界各国的经济统计资料等等,都搜集在内。

(7)许多国家既有按字母顺序编排的百科全书,又有分类编排的百科全书,或者把按字母编排与分类编排结合起来。

(8)各国大百科全书都很重视索引和参见系统。在条目之首加"提要",条目之末加"参考书目"。开列某一学科的所有重要书名(原著文字),使读者对各种学科既易于入门,又能进一步深入研究。互相参见使读者触类旁通,也易于入门和掌握全面。

(9)为了使百科全书不因某些条目牵涉难题或缺乏定论而拖延出版,外国百科全书一般是采用摆事实供参考的办法,即将几种情况或几种意见摆出来,说明原委,让读者自己去判断。或者说明某某问题"存疑",暂作悬案。例如,《美国百科全书》的总编辑在该书前言中写道:"我的愿望不是要强加观点,而是要提供事实。"《美国百科全书》"将提供一幅过去的和现代的正确而全面的图画。"

(10)百科全书的条目用文字详解之外,也很重视图片。现在各国百科全书日益增加图片,其中包括:照片、线条图、名画复制、图表、地图。彩色图片的分量愈来愈重。还有一种"图解百科全书",每一条目至少用一张图片来说明。

(11)百科全书是常备和必备的参考工具书,故装帧力求坚实、精美,往往还十分豪华。现在一种新的趋向是多出售价较低的普及本,或者在豪华本之外另出廉价的普及本。

(12)有些国家还不能自行出版,便翻译他国较有权威的百科全书,或译全书,或译个别条目(如我国曾出版百余种《苏联大百科全书选译》),近年来新的趋向是某些大国也翻译别国的百科全书。例如美国购得《苏联大百科全书》的版权,着手把它全部译成英文,并翻译苏联的《数学百科全书》、《无机物百科全书》;东德翻译苏联《初等数学百科全书》。意大利和希腊也翻译出版苏联的大百科全书。

几点设想

解放后不久,就有一些同志倡议编辑出版中国大百科全书,科学发展的十二年规划(一九五六年"八大"决议中提到)曾把大百科全书的编辑工作纳入其中,但由于种种原因而未能着手。一九七五年的广州词典工作会议,又曾提到这个问题,但对此未加讨论,留待以后另行研究。

解放前出版的《辞海》,在毛泽东主席指示的推动下,一九六五年出版了改编新版(未定稿),从一九七二年起又对"未定稿"进行修订,按学科分册出版,内部发行,征求意见。《辞海》在范围、内容上还不能满足当前读者的需要。一九六五年出版的《近代现代哲学社会科学人名资料汇编》也和《辞海》一样,都为未来的大百科全书做了准备工作。

目前,有些单位正在编纂或准备编纂一些百科性的词典(例如音乐词典和哲学词典),有的单位翻译外国的百科词典(例如苏联历史百科词典)。这些都是与编纂大百科全书有关的工作。

有好多同志关心和呼吁编辑出版中国大百科全书,并且提出了一些设想。这些设想大致可以归纳如下:

(1)早日着手编辑中国大百科全书,要编的正是大百科全书,而不是小百科全书或者分科词典。有人主张先编一些主要的专科词典或小百科全书,然后在这些辞书的基础上编辑大百科全书。照一般国外的经验,是出了大百科全书之后再编小百科全书,然后再编各种更专门的分科词典。苏联一九二六年开始出《苏联大百科全书》,一九二八～一九三一年出《苏联小百科全书》,一九五〇年开始出第二版《苏联大百科全书》,一九五七年出第三版《苏联小百科全书》,一九五三～一九五五年出三卷本的《苏联百科词典》,一九二七～一九三六年出《工程技术百科全书》,一九二五～一九二八年出《农业百科全书》,等等。如果先编各种专科性词典,可能旷日持久,推迟大百科全书的出版。在编辑大百科全书的过程中,可以由各专科编辑同时编辑本专业的更详尽的专业百科全书,实际上有些国家就是这样做的。或者反过来,正在编辑专业词典的编辑,吸收参加百科全书,对两种辞书都可发挥作用,也就是说,这两种工作可同时并进。

(2)所以希望早日编辑出版中国大百科全书,还因林彪和"四人帮"反党集团的干扰和破坏,十余年来科技文化专门人才的培养脱节,尚存的老一辈的人才逐年减员,今后由于自然规律,这些人才会逐渐衰老死亡,而新的一代的培养又接不上。现在要使大百科全书急起快上,正是针对这种青黄不接的脱节现象。现在不开始这一工作,势必较长时期地推迟延缓。

(3)为了能使大百科全书及早和读者见面,并且考虑到有些条目可能一时定不下来,使全书不能及时出版,建议先出版百科丛书,可定名为《中国人民百科丛书》,不分字母,不分学科,编成一册就出一册,这套丛书经过有关方面和广大读者提意见后,加以修订再出版正式百科全书(英国《张伯斯百科全书》在一八五九～一八六八年的十年间,每周出一册,共五百二十册)。

(4)设想《中国人民百科丛书》在半年之内就开始出版,从一九七九年建国三十周年时,就正式开始编纂《中国大百科全书》,同时丛书仍继续出版。计划到建国四十周年时出全《中国大百科全书》。

(5)有关科学技术的一般条目,外国历史、地理、文化、艺术、人名、书名等条目,可以从外国百科全书中选译,经过修订、加工后,即可采用。据《不列颠百科全书》编辑部的人说,一部百科全书,大约四分之三的条目要经过相当长的一段时期之后才需要修改,只有四分之一的条目需要不断修改。也就是说,一般百科全书的四分之三的条目内容比较稳定,选择各国百科全书中的这类条目来修订加工是可取的。

(6)根据世界各国大百科全书编辑的经验,《中国大百科全书》分学科或知识门类排列较为适宜,这也符合中国自古以来编类书的传统,另加拼音字母、部首笔画和索引。此外,也应采用"参见"、"附见"、"参考书目",长条目前加提纲等编辑方法。

(7) 大百科全书和丛书的编辑工作,由一位中央领导同志挂帅,邀请全国各学科的有成就的专家,组成编委会(约四十~五十人),下设总编部(约二十余人),设总编辑一人,副总编辑数人,负责全部编辑工作;另外设立资料、行政等科室。每学科委托有关大学、学院、科研单位设置编写组,承担编译、定稿工作,其组长一般由编委一人兼任。编委不脱产,总编辑部一部分为专职人员,编写组一般也不脱产。

(8) 编写和翻译条目的稿件,一般付给适当稿费,不以行政方式作为硬性任务派给各单位承担,以免影响本单位的工作,或这些单位不愿接受所给的任务。

(9) 全书字数预计约四五千万字,目前人民出版社一年的排印量即达三千万字,加上丛书排印量,逐年均衡排印,不致影响国内其他书的排印工作。目前纸张供应较困难,估计一二年后可能缓和,不致影响百科全书和丛书出版。

从类书到现代百科全书①

百科全书,也像文化发展中其他事物一样,是随着经济、政治的发展而出现的。

中国最古的百科全书类型的辞书《尔雅》,历经几代人的整理和增补,到了汉代才算完成。它最初在西周出现,是随着周朝政制的确立而开始编集的。周王朝一统天下伊始,有必要把过去的各项制度、典籍文献加以汇集和概括,为新朝建制立章,继往开来,有所规范和依据。以后,历代凡是有所作为和远见的帝王,也莫不在这方面积极倡导,配合经济、政治的发展,敕令编撰百科全书类型的典章巨著。秦始皇在确立"书同文"、"篆改隶"之外,虽没有编出重要文献,但吕不韦在秦王统一天下的过程中,在门下食客中组织"写作班子",广为搜集,各记所闻,编出了一部《吕氏春秋》,对先秦的历史和学术知识有所整理,为后来类书之出启发了思路。汉武帝继高祖创建一代基业之初,由司马迁撰写《史记》。这部大史书,既包括自古至汉的历史、重要人物的本纪、世家和列传,又遍及各种典章制度,甚至包括了货殖、律历,几乎可以说是百科全书型的史著。魏文帝曹丕继魏武帝曹操的事业,废汉立魏,在建立曹家王朝之始便下令编撰《皇览》,遂开中国类书之嚆矢,成为中国古代百科全书类型的巨编。唐、宋编撰的类书,在种类和数量上愈来愈多。这些编著都力求总结前代和概括当代的已有学问和知识。如唐高祖时编的《艺文类聚》,太宗时编的《文思博要》,武则天时编的《三教珠英》(后改名《海内珠英》),宋太宗时编的《太平御览》,真宗时编的《册府元龟》,都是篇帙浩繁的类书,辑佚荟萃,分类条理,为后世积累了大量珍贵的资料。永乐皇帝改建明朝政权,迁都北京,急于在武功之后巩

---

① 本文是姜椿芳为《百科全书编纂概论》一书写的序。——编者注

固文治，稳定社会，以示升平，先编《文献大成》，后增编为《永乐大典》。这部包罗万象的类书巨著，不仅是我国那个时代文化昌盛的重要标志，而且成了世界百科全书史上的一颗灿烂的明珠，至今尤为东、西方百科全书编纂家所乐道。巩固了清朝统治的康熙皇帝，先编《渊鉴类函》，继承了历代的类书传统，后来又集中儒臣、学士编撰《古今图书集成》。这部集类书之大成的多达万卷的巨编（在他的第二代雍正朝完成出版），至今还为人们所广泛使用。

鸦片战争之后，海禁大开，中国文人接触到西方文化，对已盛行近百年的现代百科全书发生兴趣。这种现代类型的百科全书除传统的文学艺术内容外，更为重视科学技术知识，而且知识介绍超越国界，对外国事物也广蓄博采。中国的有识之士，认识到励志图强的华夏古国需要的已不是局限于本国古籍和考索文史知识的类书，而是像法国《百科全书》和《大英百科全书》类型的包罗古今一切人类知识的百科全书。无疑，这是一种合乎世界潮流、适应时代需要的良好愿望。

西方主要国家过去虽也编辑出版过各种百科全书类型的辞书，但现代意义的新型百科全书是从十八世纪中叶开始的。当时西欧几个比较先进的国家，随着产业革命的兴起，科学日见昌明，市民阶层逐步登上历史舞台，深感封建专制和宗教迷信束缚社会前进。新兴阶级积极要求自由、平等和民主。在这种经济、政治和文化迅速向前发展的形势下，以资产阶级唯物主义哲学家、思想家、文艺家和编著家狄德罗为首的一批法国倡导启蒙运动的学者，以编辑出版百科全书为突破口，向欧洲的封建专制和神学桎梏进行冲击，形成了著名的百科全书派。狄德罗主编的法国《百科全书》从一七五一年起开始出版。这部百科全书对每个社会领域、科学知识部门从思想观点上进行了检查，批判旧的、陈腐的经院哲学和神学，提出合于新时代形势、比较科学的观点和意见。这部百科全书遂成为新兴阶级要求改革的檄文和号角，动摇了法国和西欧各国的宗教迷信和封建王朝的思想基础，终于在十八世纪末叶在法国掀起了资产阶级革命，其影响随后遍及整个欧洲。资产阶级登上了政治舞台，资本主义统治了世界。然而，这个资本主义世界为了夺取市场而向个世界扩张，也就是这个资本主义的侵略势力，冲破了中国长期闭关自守的大门。

在十八世纪中叶，随着新的形势发展，西方一些主要国家也各自出版了自己的百科全书。这些百科全书又反过来促进了各国经济、政治和文化的发展。百科全书在资产阶级革命中发挥了自己的作用，在无产阶级革命中也起了自己的作用。十月革命后,列宁就提出要编辑新的百科全书。内战一结束,苏联便着手编辑《苏联大百科全书》,以马克思列宁主义为指导思想,检查资产阶级在各个学科和各个领域里的旧观点,用辩证唯物主义和历史唯物主义观点撰写条目,编出了为社会主义建设服务的新型百科全书。当然,向时代进军,还有其他许多方面的大军,百科全书只是其中的一支部队,在一定意义上起着"先锋"的作用。

鸦片战争以后的中国,客观上已有编辑出版百科全书的需要,但是中国就从这时开始,一步一步地沦为半殖民地、半封建的国家,政治、经济、文化都失去了独立性,实际上已不具备编辑出版这样一部必须动员全国学术界和各个领域力量才能奏功的巨著的条件。

清朝末年,曾有从法国留学回来的人士筹划编辑百科全书(初名"学典"),经过四十年断断续续的尝试,始终都没有成功。二十年代初,上海商务印书馆曾计划先翻译当时称为《大英百科全书》的《不列颠百科全书》,但只译了一部分,因人力、财力不足而中断。二十年代末和三十年代初,商务印书馆、中华书局等出版机构又在这方面进行努力,为编辑百科全书准备资料,出版了《万有文库》、《中华文库》、《ABC丛书》、《中国新文学大系》等一系列丛书,编辑出版了一些小型的"百科全书",如《家庭常识》、《日用百科全书》(后又有补编和重编)、《少年百科全书》等书。中华书局以二十年的时间(一九一六~一九三六年)编辑出版了百科全书型的辞书《辞海》。中华人民共和国成立后虽屡有编辑百科全书之议,由于条件尚不成熟而搁置,一九五六年党的第八次代表大会通过十二年科学发展纲要,其中就包括有编辑百科全书这一项目,后又因为种种原因未能实现。十年动乱,对于这种文化事业的创举当然更是无从说起了。

林彪、江青反革命集团被打倒后,党中央和国务院于一九七八年决定编辑出版《中国大百科全书》,成立总编辑委员会领导这一工作,并设立中国大百科全书出版社进行编辑出版的具体工作。中国人民编辑出版自己的现代百科全书的长期愿望,直到一九七八年党的十一届三中全会之后才真正具备了实现的条件,得以全面展开编写工作。

鸦片战争以后,从十九世纪四十年代到二十世纪四十年代末,中国人民经历了苦难的整整一个世纪。一九四九年全国解放,结束了半殖民地半封建的反动统治,中国出版界有了可能考虑编辑出版大型百科全书。但中华人民共和国成立后又经过了迂回曲折的整整三十年,才有可能真正着手这一工作。

这个"可能"是来之不易的。它标志着古老的中国终于在中国共产党的正确领导下,开始了一个百业俱兴、振兴中华的新时期,标志着多灾多难的中国人民终于进入了把自己长期梦寐以求的无数应兴应革事业予以实现的盛世。

这个正在开始的盛世使一再推迟的编辑出版百科全书的事业有了可能。在这个意义上可以说,《中国大百科全书》是我国新时期的重要标志之一。

随着大型综合性百科全书的出版,儿童、少年、青年的综合性百科全书也在纷纷筹划或已开始出版(有的先用丛书的形式)。专业性的,如医学的、农业的、军事的、城市建设的、企业管理的种种百科全书也正在加紧编辑;除自己编辑的百科全书之外,还翻译了外国的百科全书,如美国的《科学技术百科全书》、《苏联军事百科全书》,正在排印的还有《简明不列颠百科全书》和《苏联百科词典》;许多百科全书型的辞书,如《中国历史大辞典》、《中国人名词典》、《中国地名词典》和社会科学、工程技术和文学艺术方面的辞书都在陆续出版或正在编印;《中国文学大系》、《中国戏曲大全》、《中国美术集成》等文艺领域里的基本建设也已着手编集,即将陆续问世;反映建国以来三十多年各个学科、各个部门、各个领域发展情况和成就的《当代中国》丛书正在全国范围内广泛和深入地搜集资料和加紧撰写;《马克思恩格斯全集》、《列宁全集》正在重新编译修订,即将开始出版;中国无产阶级革命家毛泽东、周恩来、刘少奇、朱德、邓小平、陈云等同志的选集、文集正在陆续编辑出版;各种年鉴,如《中国百科年鉴》、《中国文学研究年鉴》、《中国经济年鉴》、《中国出版年鉴》、《中国戏剧年鉴》以及许多其他学科的年鉴也在纷纷出版;另外还陆续编出尽可能系统、全面介绍当前世界一切门类、学科最新知识和最新成就的手册和资料汇编。目前我国出版界争相编辑和出版大型的政治、学术全集和大型百科工具书,已经蔚然成风。即使这些书还存在这样那样的缺点,有些还嫌简单粗疏,有些缺门还没有迅速补齐,但是这种风气、势头和趋向,却表现了我国知识界对社会主义现代化建设事业的奋发精神,同时也表现了我国盛世之初的新时期在政治、经济和科学文化事业上的空前繁荣的局面。这种精神和这种局面的特点就是:对过去的一切作出全面的总结和概括;向人民提供集大成的知识总汇;对未来提出空前广阔的新起点、新方向和新目标。总之,百科全书以及其他大型的编著出版物,正是一个新时代之应运而生的产物。

百科全书的编辑和出版,是一件复杂的和科学的事情。世界各国出版的各种现代百科全书,恐怕已不下千种。国外虽然有一些研究百科全书历史的论著,我国也有不少研究和介绍包括类书在内的文史工具书的书籍,但遗憾的是至今还没有一本全面讨论百科全书编纂理论和编辑方法的著作。我国百科全书事业正方兴未艾,怎样编好具有中国特点、能满足我国读者需要的百科全书,确实是当前迫切需要解决的问题。为此,我们必须总结和吸收先人编撰传统类书的经验,尤其需要借鉴和参考世界各国编辑百科全书的经验和方法。在这方面有大量的资料需要搜集,有大量的问题需要解决。例如,我国的百科全书怎样突出自己的特点,以及百科全书的编撰体例、框架设计和条目拟定、条目释文的体裁、检索系统的编制方法、编辑工作流程等等,都需要研究和探讨。百科全书的编撰人员,甚至百科全书的使用者,对于百科全书的性质、功用和编纂方法应该有比较系统的知识,应该了解世界主要国家编辑百科全书的历史和经验。因此,编写一本能够回答这些问题、介绍中外百科全书编纂历史和经验、概述百科全书编辑技术和各种体例要求的书,无疑是当前所十分需要的。

《百科全书编纂概论》就是这样一本书。自然,它的内容还不够充分,可能还存在一些缺点,但这毕竟是我国探讨百科全书编纂学问的第一本著作。这本书的作者金常政同志本是百科全书的爱好者,多年来曾翻阅了一些外国百科全书,萌生过编辑百科全书的想法。党中央和国务院决定编辑出版《中国大百科全书》后,他就参加了筹建工作,参加了有关全书的调研和总体设计等。他不仅参加了《中国大百科全书》最早一卷《天文学》的实际编辑工作,之后又参加了其他若干卷不同阶段的编辑工作。对于近年来我国筹组的几部大型专业百科全书,他也曾应邀担任了编辑、咨询工作。本书就是他在百科全书研究和编辑实践的基础上写成的。这是一本概括地论述百科全书及其编纂理论和编辑方法的书,可供百科全书和辞书工作者参考。

编辑现代百科全书在我国是一项新兴事业。这一事业正在迅速发展,各种类型的百科全书的出版,将为我国人民普及和提高科学文化水平发挥巨大作用。但是在这个编辑出版的领域里,从理论到实践还需要进一步探讨和研究,希望能写出更多的专著。

《中国大百科全书》及其出版社在草创阶段的一些情况

一九七五年四月十九日,我出狱的那天,中央编译局的负责人王惠德、叶直新、张仲实同志来看我。我谈起在狱中的设想:编译局已经译出了《马克思恩格斯全集》、《列宁全集》、《斯大林全集》,是否可以用现有的编译力量,配备一些有专业知识的编辑,编辑中国还缺少的大型工具书——百科全书。他们说,编译局还有编译三大全集第二版的任务,无力搞百科全书。于是我就按照编译局当前任务的安排,参加《列宁全集》的校订工作。同时,我还是心心念念想推动编辑百科全书的工作。一面搜集和阅读有关外国百科全书的资料,一面向一些熟识的、可能对百科全书有兴趣的同志宣传我的设想。我给乔木同志打过电话,分别向倪海曙、唐守愚、梅益、于光远、王子野、许立群、胡愈之、王益、陈翰伯、黎澍同志等谈过这个问题。大家都很赞同这个思想,有的同志还半开玩笑地说:我们都是中国百科全书派,积极支持这个事业。

许立群同志说,他可以开张名单,召集一些同志座谈一下这个问题,或者把关于编辑百科全书的设想,写成文字,分送给有关同志征求意见。

王益同志当时是人民出版社的社长。百科全书的排印量,大概几千万字,人民出版社现在一年的排印量就有三千万字,用两三年时间就可以出版百科全书。他的意思是说,当前中国的排印力量,没有问题。至于发行问题,当时没有考虑,因为心目中不存在疑问,只要书出来,自然可以交由新华书店发行。排印、发行没有问题,主要的问题在于编辑。出多少卷,包括哪些学科,怎样组织编辑力量?这些问题必须有一个比较具体的设想和计划。

在一九七六～一九七七年两年中,我主要是调查研究国内外有关百科全书的资料。倪海曙同志转给我一份周有光同志送给他的介绍美国编辑出版《不列颠百科全书》第十五版情况的资料（实际上是出书的宣传品），里面有不少可供参考的材料。《苏联大百科全书》第一、第二版和《苏联小百科全书》，以及《苏联百科词典》也是主要的参考书。我请编译局懂英文、法文、德文、日文、西班牙文的同志找这些国家的百科全书的资料，或给我翻译一些，或给我口头讲述一些。美国图书馆协会出版的年鉴①，其中介绍各国出版百科全书的情况，也很有参考价值。关于中国历代编辑类书的一些资料，清末民初中国出版过的几部百科全书类型的书，特别是一九三六年出版的带有百科全书性质的《辞海》，都提供了不少可供参考的信息。

我根据所掌握的不太完全的资料，写成文字，几次易稿，逐渐形成建议书这样的材料②。一次中宣部开会，讨论出版等问题。于光远同志鼓励我"大讲特讲"，但因时间紧促，没有来得及讲。我对朱穆之部长说，我送书面材料给他吧。他说，他一定转到有关方面去。

我给中宣部和出版局送去的书面建议，被于光远同志看到，他立刻打电话给我，说我们所谈的问题，你已进行了调查研究，这个材料将尽快发表在社会科学院刚出版的《情况和建议》上，第二期即刊出。

《情况和建议》刊出这个材料后，引起好多同志的注意。乔木同志让当时的出版局局长王匡同志来找我，我们在编译局的会议室里谈了几分钟，决定由我写出正式的倡议书，送出版局。我连夜改写，由倪海曙同志抄写，第二天一早，就由他亲自送到出版局。出版局请科学院和社会科学院会签，联名向中央提出。我本来想请科委也参加签署，童大林同志说，由科学院出面就可以了。这事是在一九七八年四月二十号左右。倡议书一到中宣部，中宣部出版局局长边春光同志就在建议书上签批了拟请朱语今、曾彦修和我为筹备人员，尽速筹备此事。建议书送到中央常委，李先念同志等都画了圈，表示同意。在五月初，批准文就发给了出版局等主管单位。王匡、陈翰伯、王子野、许力以同志等通知我去开会，商议之下，很快就作出了决定：成立一个出版社，配备三四百人的编辑和工作人员，并成立以胡乔木同志为总编委主任的总编辑委员会，领导编辑《中国大百科全书》的工作。乔木同志本想请方毅同志出任主任，方毅同志固辞不任，还是请乔木同志担任。乔木同志召集筹备人员开会，提出了原则性的

---

① 指《工具书指南》。——作者注
② 即《关于编辑出版〈中国大百科全书〉的建议》一文。——作者注

编辑方针,立即展开筹备工作。

向中央提出的总编委主任、副主任名单(最初还有齐燕铭同志的名字)、编制三百余人,出书六十卷,十年完成任务的报告,经中央和国务院批准。文件传到中组部,当时组织部部长胡耀邦同志批示要尽快为中国大百科全书出版社配齐干部。

《中国大百科全书》草创阶段,一路绿灯,是进行得很顺利、很迅速的。

出版社开始的时候没有干部,没有经费,没有办公的地方。陈翰伯同志告诉我们,要办一个出版社首先要有三个条件:搞人事、管经费、办行政的人。我借用编译局的阎明复同志,借了编译局的一辆汽车,一起坐着车子去找文化部刚退休的严玉华同志,又和她一起去找文化部退休的财会人员李庆文,把她们一起拉到出版局,借出版局的收发室做联络点,算是有了办公和财会人员。向出版局借了四十元钱,作临时花销之用。

王子野同志和版本图书馆商量,借用他们在东总布胡同作仓库的两间平房做临时办公室。出版社就这样因陋就简地开始创建起来。

最重要的问题是百科全书的编辑工作如何开始。

筹备人员除我外,还有朱语今同志和曾彦修同志。他们从西安和上海陆续赶到北京。还有一位朱庭光同志,他表示不愿参加。以后又陆续调到和聘请到刘尊棋、倪海曙、周有光、唐守愚等同志。这些同志连日开会讨论编辑方针、计划和一些具体工作。

编辑方针和计划,在倡议书里已经提出:综合性的百科全书、按学科大类分卷编辑出版、计划五十~六十卷,以十年时间编成,在一九八九年国庆四十周年时出齐。这是原则性的、笼统的计划。怎样具体进行?有人主张把全书的全部计划包括各学科各卷的框架条目都详细商讨、确定后,逐步编辑出版;有人主张边搜集资料、边组稿、边编辑、边出版。因为既然决定按学科分卷出书,就不必等候全书计划全部确定后再着手编辑出版。可以一个一个学科分别编,分别出,出几卷,包括哪些学科,可以先有一个大体上的规模。几次讨论,先定为六十二卷,后来的两年中又陆续增加到七十二卷,最后定为七十五卷。

从哪一卷开始编写?一九七八年秋,中国天文学会在上海开年会,编辑部的人到上海去参加这个会议,向天文学界的专家学者们提出编中国第一部百科全书,是否可请天文学界的同志发轫,先编第一卷《天文学》?天文学界的专家热烈响应,愿意着手先编这一卷书。

这样就开始了边筹备、边搜集资料、边编辑(一个一个学科地)、边排印、边出版。同时把有条件可以上马的十二个学科,组织专家,开会讨论,定出框架条目,着手组稿、写稿、讨论、改稿、定稿,送印刷厂发排。

原上海出版局副局长汤季宏同志联系,利用小三线的印厂(在安徽绩溪县)作为排印基地,并且在上海成立了分社。上海市委推荐陈虞孙同志为副总编辑,汤季宏同志为副社长,在上海负责编辑工作和出版工作。

所以这样做,是因为北京不能建立印刷厂,上海市内当时也不允许成立印刷厂。而小三线的这个海峰印刷厂是上海下放的,有一批技术水平较高的排印、装订技师和工人,适合做技术要求较高的百科全书的印装工作。

凡是有条件上马的各学科,开始展开工作后调进各种专业的工作人员,同时又有好几位原来在社内做领导工作的人员调出去,社内情况有些变化。有人主张,百科全书不必这样编,也不必出这么多卷,或提议少出几卷可提前全部出版;或提议可推迟出版。

在一九八二年,社内主要负责同志开会,决定"三不变"方针,即:我们编的百科全书是综合性大类分卷,分类出版,不变;全书七十五卷,不变;预定在一九八九年国庆时献礼,不变。

这些是草创阶段的大致情况。

为什么要出《中国大百科全书》

人类靠知识生活。人类进化、发展的历史就是人类知识积累的历史。随着时间的推移,人类积累的知识愈来愈多。为了掌握过去的知识和现在的知识,人类必须具有记录知识的工具——书籍。各种不同的书记录各种不同的知识。知识和书籍愈来愈多,于是出现把各种知识分门别类汇编起来的专书。这种专书既向读者提供系统性的知识,又在编排上使读者易于寻检他所需要的知识,这便是"百科全书"类型的书。"百科"是指"门类"和"科目"的繁多,"全书"是说包括在这部书里的知识"齐全"。

"百科全书"的名称是从 encyclopedia 译过来的,来源于希腊文。en 有"完全"的意思,cyclo 是"圆圈",pedia 为"知识"、"教育",合起来的意思是"在这个圆圈里荟集着所有的知识",也就是说"全部知识都收罗在这部书里了"。

人类很早就编百科全书。无论东方或西方,远在奴隶社会就有大学问家独自写的这种书,后来又有集体编辑的。中国是这样,埃及、古希腊、古罗马也是这样。有人说,《洪范·九畴》、《尔雅》是中国古代的百科全书。不过,这不是现代意义的百科全书。甚至魏文帝敕编的《皇览》(被称为中国第一部类书),也还不是真正的百科全书。类书是分门别类汇集前人的著作;百科全书则是用条目的形式,编成一篇一篇的文章,把各种知识、事物、人物原原本本地加以叙述,特别是把最新知识作系统的、全面的介绍。编辑类书是中国学者数千年的传统,历代所编类书不下数百种,最著名的有唐代的《艺文类聚》,宋代的《太平御览》,明代的《永乐大典》,清代的《古今图书集成》。

西方各国近二百年来都编新型的百科全书,近年出版的这种书,更是种类繁多。美、英、法、德等国有出了十余种或数十种的,日本近来也陆续编纂,大量出版。出类书、丛书,和出百科全书大不相同,在思想、文化、政治上,前者所起的作用远逊于后者。狄德罗、达朗贝尔等主编的《法国百科全书》和中国纪晓岚等主编的《四库全书》差不多是同在一个时期，但前者起了巨大的启蒙作用，它的出版动摇了法国封建社会的思想体系，为十八世纪末的法国资产阶级革命、甚至整个欧洲的资产阶级革命做了思想准备。《四库全书》当然有不可低估的价值，但所起的作用是不能和《法国百科全书》同日而语的。

百科全书反映一个国家的文化面貌。我国一直没有编出这样的书，是很遗憾的。对国内人民来说，也确实有早日出版中国百科全书的必要，这首先是为四个现代化服务，为提高整个中华民族的科学文化水平服务。

出版百科全书是一项科学文化的基本建设。最近二百年世界科学文化的发展，尤其是最近二十年科技的突飞猛进，学科的门类愈来愈多，内容日新月异。人们要获得这些新知识，非有一部包罗万象的"全书"不可。一个人的生命有限，专门从事学习的时间更有限（大、中、小学加在一起不过十五六年），而知识的范围如此广泛，门类如此众多，没有全面地、系统地、概括地介绍各种知识的著作，就无法掌握必要的知识。学科的分类愈来愈细，人们学习的专业愈来愈窄，只凭专业知识而无广博的知识，没有一种便于查阅的、包罗各种知识的书，是不能适应现代生活要求的。要涉猎各种知识，应该备有各种专著，但不是人人都能购置足够的书籍，也不是人人都有收藏千卷万册书籍的地方，即使天天跑图书馆也不能解决问题；如有一部兼收并蓄的书，就能解决这个困难了。今天千变万化的事物，要求人们用最短的时间、最简捷的方法，给自己的疑问找到最急需的正确答案。为了满足求知欲，为了钻研自己专业之外的学科，要有一种既能引人入胜，又能作为向导，引领人们进入新的知识领域的书。它既有分科分目的概括叙述，又给人们开列出进一步学习的参考书目，从而入门进阶、登堂入室。高中以上、相当于大学程度的广大读者，在学习中要有一部旁征博引、可资参考的书，就像得到一位良师益友，使自己的学习事半功倍。人的脑子，即使借助电脑，也装不下无穷的数据和公式，众多的法则和规律，这就要有备忘录式的专书，统计表式的手册。历代文献易于散失，名著巨制应加保存，艺术珍品、地图画幅宜于复制流传，这就需要有一种留之久远、传之后代的文库图集。

上面所说的种种读物、读本、专书著作、参考书、工具书、年鉴、手册、图集画册，综合一起，集其大成者，便是百科全书。有人把百科全书誉为精简的图书馆，称为"没有围墙的大学"，说百科全书是给没有书的人准备的书籍，说百科全书是知识桥梁，是科技进阶，是普及提高的手段，是求精深造的钥匙，是万有文库,万宝全书,就是这个缘故。

综上所述,可见我国迫不及待地需要编辑出版这样的百科全书,也只有出版这样的百科全书,才能对我国社会主义建设的四个现代化,对迅速提高整个中华民族的科学文化水平提供有效的工具和锐利的武器。

我们要编的《中国大百科全书》,就是具有中国特点、中国风格、适于中国广大读者需要的书。所以称为"大百科",就是因为它是一部综合性的、以大学生和相当于大学程度的广大读者为对象的大型百科全书。所以冠以"大"字,是为了准备将来在这部"大百科全书"的基础上再编出《中国小百科全书》以及其他多种类型的百科全书。可以在过去大而多的基础上新编少而精的数卷或一二十卷的百科全书。我们第一次出这样的书,不得不有五六十卷的巨编。《中国大百科全书》准备以学科分类分卷的方式出版,每一学科(一卷或数卷)所有条目则按汉语拼音字母顺序排列,以便读者寻检;每一学科专卷之前有总论和分类目录,以使读者对本学科获得全面的概括的了解;卷末附汉字笔画索引和内容分析索引,使读者能够迅速查到自己所需要的解答。

为了出好这部《中国大百科全书》,为了进行充分准备,我们决定先出版一种丛刊,取名《百科知识》,刊期暂不限定,大约在一个月至两个月之间出一辑,选刊《中国大百科全书》编写过程中的一些试写条目,和为写条目参考的知识资料,广泛征求读者意见。这些条目(或类似条目的长短文章)的内容,范围较广,遍及自然科学、应用科学、社会科学、文学艺术、文化教育等各个门类,其中包括国内外各种科学、技术的基本知识以及最新成就的知识和消息,也刊登一些外国百科全书的情况介绍和样条,发表作者、编者、读者对百科全书内容的讨论意见和交流经验的文章。此外,还分出一小部分篇幅,刊登一些论文、回忆、笔记、小品等。所刊登的文章力求做到思想性、知识性、趣味性并重。我们希望本刊能体现毛泽东同志一向提倡的"古为今用,洋为中用"、"百花齐放、百家争鸣"的方针。

我们热烈欢迎专家、学者和广大读者投寄上述各种稿件,并且希望大家对《中国大百科全书》提出建议和意见。为了出好《中国大百科全书》,首先要出好为它服务的《百科知识》,恳切希望大家为我们这个丛刊多写稿件,多提意见。

原载《百科知识》1979 年 5 月 1 日

中国第一部百科全书

一

中国过去非但没有出版过完整的百科全书,而且连百科全书这一名称也没有。

自古以来,无论中外,都有编著百科全书类型的辞书的传统。这种类型的书编出之后,在名称上煞费苦心。一般称之为辞书、辞典,但这个通称不能概括它们的特点,于是就想出各种各样的名称。我国先哲用《尚书》、《尔雅》这些名称。战国末期吕不韦和他的门客合编的包罗很广的《吕氏春秋》(或称《吕览》),"春秋"一词就颇有特点。西汉的《淮南子》,东晋的《抱朴子》,虽也有点百科全书著作的意味,但从书名上是看不出来的。魏初的《皇览》是中国第一部完整的类书,属于古代百科全书类型,书名表明专为皇帝浏览之作,"览"字也有概括各方面知识的含义。《两京赋》与《三都赋》,篇幅虽不大,但把三都、两京的宫室、街衢、草木、虫鱼等都巨细无遗地歌咏在内,也有些百科全书的性质,篇名就毫无关系了。可以作为"美学百科全书"看待的《文心雕龙》,为了表达此书所包含的内容,起的书名颇有匠心。唐初的《艺文类聚》、宋朝的《册府元龟》、明代的《唐类函》、清初的《渊鉴类函》也都在追求一个能把内容概括得更全面的名称。至于《永乐大典》和《古今图书集成》就更明白地标明是类书了。

为了找到最能表明书籍内容的名称,编者驰骋自己的想象,曾提出《锦绣万花谷》(宋代无名氏编的一百二十卷类书),《古今合璧事类备要》(宋代谢维新编的三百六十六卷类书)这样出奇的书名。用《玉海》、《绀珠》、《意林》等联想翩翩的名称的,更是不少。我国二十世纪三十年代开始出版的《辞海》,用广阔深远的"海"来形容收辞之广与深,是一个新的例子。

在国外,有同样的情况。为了把人类长年积累的知识,尽可能全面地搜集起来,编写成书,广为流传。先是由大学问家独自著作,例如公元前四五世纪古希腊德谟克利特、亚里士多德的著作就是这样。公元前二世纪古罗马的瓦洛的文集《学科要义》、泽尔斯的《艺术》、老普里尼的《自然史》都属于这一类。后来在中世纪又出现了不少这种综合性的著作,有个人执笔的,有集体编写的。用"辞典"、"词汇"这类的名称是再也不能概括这种著作的内容了。于是想出《大宝鉴》、《科学初阶》、《科学总录》之类的名称。在寻找概括性书名的时候,出现了一些奇异的名词:《幸福之钥》、《宗教和世俗教范》、《语文学和商业之神的婚礼》。俄国也出现了一个不平凡的书名:《广大园地,……或万有历史原始资料辞典》。在欧洲还出现过《花集》、《欢乐的花园》这样的书名。这些都说明人们在努力寻出一个最适当的书名。

最初提出科学的知识分类法的培根,给他未完成的巨著起了《伟大的复兴》这一名称,仍没有解决问题。直到一五五九年,一位叫斯卡利什的著作家在瑞士出版《百科全书,或神与世俗学科知识》一书时,才第一次用"百科全书"这个名称。但是他的这部书并没有广泛流传,因而百科全书这个名称也没有被人重视。过了一百九十二年,到一七五一年法国哲学家狄德罗编辑出版《百科全书,或科学、艺术与手工艺大辞典》,由于这部启蒙巨著广泛传播而使"百科全书"这个名称被人们普遍接受,从此综合叙述和介绍古往今来各种人、物、事的著作才大多冠以百科全书之名。狄德罗开始用"百科全书"的名称,后面还加上一长串的补充说明。后来别的百科全书也大多数采用这种附加说明的方法。

Encyclopedia 这个词,源出于希腊文,有教育和知识范围之意。随着百科全书编辑的发展与改进,这个名词的含义也愈来愈充实和明确,逐渐取得现今通行的含义:包括一切学科、领域和实际工作部门基本知识的大型著作。

中国在清末民初开始介绍外国百科全书的情况。起初,对名称的确立,也费过一番周折。一九〇六年,李石曾等人拟用"百科学典",后来才渐渐定名为"百科全书"。这个译法虽已通行,但用到专业百科全书上,有时就觉得不很妥切。例如"数学百科全书"、"历史百科全书"、"宗教百科全书","百科"二字嵌在里面觉得不太适当。但把"百科全书"四字作为一个词,用惯了也就习以为常了。

二

中国是第一次编辑、出版综合性的现代大型百科全书。所以称为《中国大百科全书》，是计划在此书之后接着还要编出小百科全书，两三卷或单卷的百科全书，中学生或青少年以及儿童百科全书。在这些综合性的百科全书之外，还将与专业单位一起编一些专业性的百科全书。

正因为是第一次编辑百科全书，没有过去积累的资料可作基础，没有过去的经验可作参考。一切要从调查研究着手，摸索前进。

外国编百科全书已有二百多年的历史，在开始的时候，大多是分学科分类编排，后来逐渐改为按字母顺序排列。我国初次编辑，还得走人家走过的道路，也从分科分卷编起。即使分科分卷编，一个学科，或一个知识领域，不论是一卷或数卷，作为一个单元，还是可以自成一体，在自己的卷内，按照字母顺序排列条目，以便利读者的检索。等到将来编辑第二版时，再把全部学科打乱，完全按照字母顺序排列。在这之后，其他中、小型百科全书，也可不分学科而按字母顺序排列。

又因为是初次编辑百科全书，在资料上，不得不做些"集大成"的工作。有许多条目，在历史渊源、来龙去脉上，不得不多做些系统性的叙述，不像外国已有多种和多版百科全书，新编的可以适当简化。每一学科的编写者，也由于是初次编写，莫不希望把本学科编得全一些，多一些，深一些。这种愿望是完全可以理解的。编辑部虽一再强调，我们现在编的是综合性百科全书，不是专业性百科全书，不能用专业的要求来处理综合性百科全书的分科条目。这些客观情况，反映到《中国大百科全书》的规划和总体设计上，就不得不形成篇幅偏大、卷数偏多。初步确定的总体规划达到八十卷（其中包括索引两卷）。计划每卷一百万字左右。全书将近一亿字。这在世界各国百科全书近年来大多限于二三十卷的趋势下，是一部卷帙浩繁、字数众多的巨编。这种不合乎"世界潮流"的规模是由于前述几种情况形成的。

最新版的《不列颠百科全书》、《苏联大百科全书》和《美国百科全书》都是各三十卷。这三部书，按译成中文的字数计算，各约七千万～七千五百万字。这和计划中的《中国大百科全书》约一亿字的计算有距离，但相差并不太大。

卷数所以多,与《中国大百科全书》用正十六开排印,而美、苏、英等国的百科全书多用更大的开本有关。作为中国第一部百科全书,《中国大百科全书》字数和卷数多一些是客观条件决定的,我们估计,以后会愈编愈精、愈少,将来也可能减到三十卷左右。《苏联大百科全书》第一版六十五卷,第二版五十一卷,第三版三十卷,就是逐版压缩的一个例子。

《中国大百科全书》第一版限制在八十卷范围之内,应该尽量不再超过,即使在编辑过程中(大致以十年为期)需要有所增加,也应该尽量在已定的卷数内平衡调整。

三

出版百科全书是文化科学方面的一项基本建设。出版《中国大百科全书》是历史的必然,客观的需要。出版百科全书是我国历代出过四百多种类书的进一步发展,是为迅速提高整个中华民族科学文化水平服务的,是为四个现代化建设服务的。作为代表具有上下五千年文明史、拥有九亿以上人口的中国的文化面貌,《中国大百科全书》也有早日出版的必要。这就是说,对内对外,都有迅速出版中国百科全书的必要。

《中国大百科全书》应该有自己的特点,全书的条目必须力求用马克思主义的观点,即科学的、实事求是的观点来撰写;应该突出中国的特点,即充分反映中国的历史、科学文化的发展道路、文学艺术的成就,目前的现实情况,特别是今天我国各方面的建设情况;我们的百科全书又是世界性的,在突出和着重中国古往今来的情况外,也适当介绍各国的情况,并重视第三世界各国各地区的介绍。

百科全书应该负担的任务和发挥的作用是巨大的,多方面的,《中国大百科全书》的初编,很难满足一切方面的需求。好在最近一两年来,许多科学文化部门和领域,掀起一个编辑专业辞典、百科全书和手册的热潮,许多单位都在为各自的文化基本建设,积极组织力量,有的已经展开编写工作,有的正在筹备,有的已经编好付排。这一情况是我国科学文化事业欣欣向荣的一个表现,各种专业百科全书和这一类型辞书的编辑出版,将和《中国大百科全书》一起为我国社会主义现代化建设作出自己的一份贡献。

在编辑出版我国新型的百科全书和辞书的同时,有好些科研和出版单位还在翻译适于我国今天需要的外国历史、经济、文学、艺术、科技的百科全书或辞书,这是整个文化出版事业中令人喜悦的另一情况。

中国大百科全书出版社在同时展开三十多个不同学科的筹划与编写工作中,由于工作人员的经验不足、能力不够,需要克服种种困难,方能勉力前进,更需要的是各方面的支援和帮助。计划以十年时间来完成自己的初步任务,一九八〇年能出版的是一卷《天文学》和一部《中国百科年鉴》。《天文学》一卷的正文,连图片和各种索引与附录,共约一百五十万字。《中国百科年鉴》约一百六十万字。这是中国大百科全书出版社筹备两年以来的初步成果,由于前述种种原因,肯定存在不少缺点,作为辞书、工具书,有待继续研究,在今后的工作中逐步改进和改正错误,竭诚希望得到各方面的指正和支持。

照各国百科全书出版单位的做法,在全书出版之后,每年编辑出版一卷年鉴,把一年来国内外政治、经济、文化、科学、艺术等各领域各部门的新材料收罗在内,以补已经出版的百科全书的不足。我们考虑到,我国的百科全书是分科分卷出版,要有十年左右的时间才能把全书出齐,客观的急需,不能等到十年之后才看到科学文化的最新知识,于是打破常规提前出版年鉴,定名为《中国百科年鉴》。年鉴一般是每年年初出版,记录过去一年的事迹和情况,我们一九七九年的年鉴在一九八〇年初才着手编辑,只能在第三季度出版,争取明年能提前到第二季度,后年提前到第一季度出版。年鉴在我国也是一项新的工作,初次编出的第一卷,也肯定存在不少缺点和错误,也有待逐步改进。

中国大百科全书出版社为了交流经验,研讨试写条目,征求意见,以及介绍国内外科学文化方面的系统知识和最新成就,从一九七九年起创刊了《百科知识》月刊。所有这些措施都是为了编出中国第一部百科全书,在没有走过的道路上找到一些依扶的东西。良好的愿望要成为现实,尤其是成为比较令人满意的实践,还有相当的距离。为了编好中国第一部百科全书,除了我们出版社的工作人员自己应该努力之外,还希望得到全国各学科各领域有志于这一事业的专家、学者、教授、科技人员的通力协作。

原载《辞书研究》1980 年第 4 期

《中国大百科全书》有哪些特色[1]

《中国大百科全书》的编纂者继承我国近两千年编撰四百余种类书的传统,参照外国两百年来编辑出版现代类型百科全书的经验,确定了全书的编辑总方针、编纂方法和编辑体例。这一总体设计并经过全书首卷《天文学》卷的编辑实践的验证。

根据总体设计和规划,《中国大百科全书》及其编辑工作大体上具有下列一些特点。

一、一边筹备出版社、一边编辑出版,但全书编纂并非盲目摸索前进。实际上,事先已经有了比较充分的调查研究、全面的设想、初步的规划设计和相当完备的体例规范。

二、考虑到这是中国第一部现代意义的百科全书,缺乏现成的资料和编纂经验,决定第一版采用大类分卷的方式出版。每一学科或知识门类编为一卷或数卷,小学科或门类两三学科合为一卷。编好一卷出版一卷,读者可分卷购置,不必像外国百科全书那样,一次购买全书。

三、《中国大百科全书》是现代类型的综合性大型百科全书。"综合性"是相对专业性而言,它不以各学科的专家读者和专业工作者为对象,不对每一学科或知识门类做巨细无遗的详尽介绍,而只叙述每一学科的基本知识。"大型"是指广及各学科领域、各知识门类和部头规模较大说的。全书计划初版数十卷,卷数从最初设想的四十~五十卷后增至现在限定的七十五卷。每卷平均一百五十万字左右,多者可达二百万字左右,少者可以一百万字左右,全书合约一亿多字。

---

[1] 本文是姜椿芳于一九八五年一月三十日举行的记者招待会上的讲话。编选时已做适当的节略。——编者注

四、《中国大百科全书》是世界内容的百科全书,即所谓国际性的百科全书。各国同类的百科全书都以介绍本国的科学、文化和各方面情况为主,《中国大百科全书》也不例外,即以充分介绍和反映中国自然环境、矿藏物产、工农业经济、历史、科学技术、文学艺术知识为主要重点,同时也相当充分地介绍世界各国的,特别是第三世界各国的情况,不仅介绍各国现状,也介绍自古以来的情况,即以相当详尽介绍中外古今各国的情况为自己的特点。

五、《中国大百科全书》一反外国百科全书界"大条目主义"的传统,不是以大条目(往往篇幅大至数十万字)为主,而是以中条目为骨干,在数量上以小条目(数百字至千字)为多。大条目全面而系统,但篇幅太大,不便读者检索查阅需要的知识;小条目易于检索,但系统性不足。我们采用以中小条目为主的编法,试图避免大、小条目主义两种倾向的缺点。

六、在全书的各学科卷内部,条目一律按汉语拼音字母顺序排列,检索甚为方便。另外,每一学科卷都有本卷全部条目的分类目录,书后还附有条目的汉字笔画索引、条目外文索引、内容分析索引。这四个检索渠道再加上正文条目按汉语拼音字顺编排,共有五种主要检索途径,对读者使用极为方便。

七、《中国大百科全书》每一学科(知识门类)卷都收有一篇总论,称为学科概观性文章。它把这一学科(知识门类)的发展历史、基本内容、与其他学科的相互关系、现代发展水平和未来趋势等做全面概括的叙述,能使一般读者迅速获得对该一学科(知识门类)的全面了解。在总论之后的条目分类目录更非外国百科全书所有者,读者借此目录不仅可以按学科体系查到自己需要的条目,迅速释疑解惑,还可以窥见本学科或知识门类的全貌,对本学科的分支和层次一目了然。

八、《中国大百科全书》十分重视知识的整体性和各知识分支间的内在联系,精心设置了完善的参见系统,使读者能向纵的和横的方向深入,触类旁通,扩大知识视野,使百科全书真正成为钻研学问的桥梁和阶梯,成为获取科学文化知识的教材。

九、《中国大百科全书》的条目,除极少必要的古籍引文为文言外,均以规范化的现代书面汉语撰写,行文力求通俗易懂,表达深入浅出,使广泛的读者都能容易阅读。

十、在许多重要条目之末,开列有参考书目,包括中外可资研读参考的重要图书。参考书目的著录项目包括:作者译者、书名、版次、出版单位、出版地点、出版时间。它使欲求深入钻研的读者可借以找到门径。这种参考书目,连同前述的种种特点,使百科全书不仅成为释疑解惑的工具,并可成为有价值的读书学习指南,使百科全书确实成为"没有围墙的大学"和"平面的图书馆"。

《中国大百科全书》的编纂问题

为了普遍提高各族人民的科学文化水平,为了进行社会主义现代化建设,为了向全世界介绍我国过去和现在各方面的情况,我国需要早日出版百科全书。不仅需要出综合性的百科全书,而且需要出各种专科性的、适合不同年龄和不同文化程度的百科全书。编百科全书,并不像编类书或丛书那样,把已有的各种各样的书籍,分门别类地加以编辑,或综述,或摘要,或收录全书。百科全书要求用科学的方法,系统地、全面地、扼要地叙述,介绍全人类自古以来所积累的各个学科、各个领域的知识,以及今天科学技术所达到的水平和最新成就。因此,百科全书不是一般地"编"出来的,而是创造性地"写"出来的。编写百科全书这样的巨著,既要注意到它的许多特点和要求,又要考虑到我国当前的需要和主客观条件,才能编好和出好。

出什么样的百科全书?

《中国大百科全书》是我国第一部现代类型的百科全书。所谓"大",是指我们先要出一部大型的,以后还要出中型的、小型的,以及其他类型的和各种专业性的百科全书。这部大型的百科全书是综合性的、世界内容的,它包含各种学科、各个领域的基本知识。这种包罗万象、包罗古今中外内容的大型百科全书,必然卷帙浩繁,编起来费时费力。能不能先出中小型的、内容比较简单的百科全书,以应急需呢?不行。百科全书是文化事业的一项基本建设,有了一部大型的综合性百科全书,以后就可以在它的基础上编写出中型的,小型的,中学生的,儿童的,妇女的,以及各种专业性的百科全书。许多外国百科全书出版家采用这种办法。例如,苏联一九二六年开始出第一版大百科全书,一九二八年开始出小百科全书,一九五〇年开始出第二版大百科全书,一九五七年出第三版小百科全书,一九五三年出小型的百科词典(三卷本),以后再陆续出工业、农业、医学、军事等专业性的百科全书。如果不是这样,而是先从小型的开始,那么,以后要编大型的,就要重新搜集资料,重新拟定框架,重新编写,花费加倍的力量。

百科全书内容的编排方法有两种:字顺法和分类分卷法。外国百科全书开始时有按字母顺序编排的,也有按学科分类编排的。字顺法和分类法各有好处,各国出版单位总是根据自己具体情况采取不同的编法,但后来总的趋向是按字顺编排。我们也倾向于字顺法(或者按笔画排列的方法),这样便于读者检索。不过考虑到客观形势的迫切需要,第一版《中国大百科全书》决定采用分类编排法。分类分卷编写,可以编好一个学科(一卷或数卷),就出版一个学科。否则,等到全部编写好,再按字顺编排,或者按字顺组稿,分头编写,就要等到十年八年之后才能出书。

所以采用分类编排法,还因为我国是第一次编纂百科全书,各学科的专家、学者,都是初次从事这项工作,集中力量把各学科分别编出,积累经验,为将来按字顺编排做准备,比较科学和合理。

当然,分类编排法是有缺点的,主要是各学科之间在条目上有些交叉、重复。为了弥补分类编排这个缺点,我们决定每个学科按系统把条目编写好之后,仍按拼音字顺排列出书,另在卷首刊出一篇本学科的总论,在总论之后列出本学科条目的分类目录,读者借此可以看到各个学科的全貌。再加上卷末的汉字笔画索引、外文索引和分析索引,使用起来更加方便。

分类分卷出版的另一个好处是,使用者可以根据自己的需要和爱好选购分卷,作为业务工具和学习读物。而按字顺编排的,就非要购买全套不可,否则无法使用(因而字顺编排法的卷数应力求少些)。

要多大的部头?

现在世界各国的百科全书大多数是逐渐压缩篇幅。例如,《不列颠百科全书》最新的第十五版是三十卷,法国的《拉鲁斯大百科全书》是二十卷。《苏联大百科全书》第一版六十六卷,第二版五十一卷,第三版减为三十卷。卷数逐渐减少的原因是已出的旧版可资查阅,而且随着时代的前进,人们越来越需要简要的工具书。

百科全书开始编辑时,一般卷数都较多。例如,德国《科学艺术百科全书》在一八一八～一八八九年间出了一百八十一卷。法国《分类百科全书》于一七八二～一八三二年出了一百六十六·五卷。俄国《布罗克豪斯百科词典》一八九〇～一九〇七年出了八十六册。直到今天还有大部头的多卷本百科全书。例如,西班牙的《欧美插图大百科全书》自一九〇五～一九三〇年出版了七十卷主卷,接着又逐年或隔一两年出版补卷,现在已出版到一百多卷了。

然而,有些百科全书卷数不多,出版周期却不短。例如,法国拉鲁斯出版社编的《十九世纪大百科词典》,正编和补编共十七卷,从一八六五年到一八九〇年共延续了二十五年;《二十世纪大百科词典》共三十一卷,从一八八五年到一九〇二年共延续了十七年。《苏联大百科全书》第一版六十六卷,编辑周期达二十一年。能够一次编齐出版的,如美国的《不列颠百科全书》,但这也主要是在一九二九年版权和编辑工作完全从英国转移到美国之后。

各国百科全书,不论是二十卷、三十卷或五十卷,编印出版都要持续十余年,到最后出齐时,最初几卷的内容已经陈旧。这种情况,各国百科全书均不可免。原因一是全书编辑时间长,不得不陆续分卷出版;二是百科全书印刷装订要求高,不得不拖长生产周期。为了解决这个问题,外国百科全书出版发行后,每年出版百科年鉴,以资补充。此外,美国的《不列颠百科全书》还采用连续修订法来弥补。它的第十四版连续修订了四十八年,共重印四十一次,差不多每年要重印一次。每次重印,一般是修订百分之十左右条目。

《中国大百科全书》原来设计为五十卷,但是具体编纂工作展开之后,发现应该包括的内容,五十卷容纳不下,不得不增加到七十多卷。卷数为什么会增加?除了因为我们是初次从事这项工作缺乏经验外,还有一个原因是我们的百科全书一卷是一百～一百五十万字,而外国的百科全书以《不列颠百科全书》为例,一卷达二百五十万字(英文折合中文计算)。外国百科全书的开本比我们的大,页数也比我们的多(《中国大百科全书》每卷七百页左右,外国百科全书每卷一千多页)。以全书总字数计,我们的百科全书与《不列颠百科全书》相比是差不太多的。

谁是百科全书的读者?

综合性百科全书的读者对象主要是广泛的非专业读者,或者说,这种书主要是供专业学科以外的读者阅读和检索的。例如,《天文学》这一卷,主要是为非天文学家和广大天文爱好者提供天文学方面的基本知识。至于那些专门研究天文学的专家,则把它作为置于案头随时查检或核对资料的参考工具。因此,综合性百科全书的读者面是极为广泛的。

但是,百科全书也不是所有的人都能够毫无困难阅读的,读者必须具有一定的文化程度。《中国大百科全书》读者对象的文化程度,要求在高中或者相当于大学程度。美国《不列颠百科全书》和其他国家的综合性百科全书,一般是供十五岁以上的成年人使用的,也就是相当于高中以上程度的读者。《中国大百科全书》把深入浅出和晓畅易懂作为撰稿要求,竭力使全书适于广大的读书界阅读和查检,具有相当于大学程度的人自然是更为适宜的读者。在美国,大学生一般都把百科全书作为学习的重要辅助工具,离开百科全书,单靠教科书和讲义很难完成自己的学业。

从尽快为读者服务、为四个现代化服务的考虑出发,中国大百科全书出版社已经做出这样的安排:

一、出版《中国百科年鉴》。国外百科全书出版界的做法是,在全书出齐之后,每年出版一本补卷,把一年来全世界的政治、经济、军事、科学、文化等新情况、新成就、新进展,分门别类地收集在内。我们的办法与他们不同。为了把最新科学文化知识和信息及时提供给广大读者,决定从一九八〇年起,提前出版《中国百科年鉴》。

二、办好《百科知识》月刊。这个月刊既刊登自然科学和社会科学的各种基本知识,也登载有关百科全书的资料,发表一些试写条目,并与各界研讨编辑百科全书的方针、方法等等。

三、争取在四年内翻译出版美国《不列颠百科全书》简编十卷①,并计划编辑、翻译和改编外国一些小型的百科全书(青少年的、儿童的等等)。

---

① 一九八五年出版时,定名为《简明不列颠百科全书》。——编者注

《中国大百科全书》木已成林

《中国大百科全书》的编撰

《中国大百科全书》是以马克思列宁主义和毛泽东思想为指导思想,它不是把马列主义挂在嘴上,用"语录"来生搬硬套各种事物和学术问题。辩证唯物主义、历史唯物主义就是科学的观点和方法论,毛泽东思想就是马列主义与中国的实际相结合,突出中国的特点,适合中国的国情。一句话,以"实事求是"的方法来撰写《中国大百科全书》的条目。

中华人民共和国国务院在一九七八年作出出版《中国大百科全书》的正式决定,并立即筹组以胡乔木为首的总编辑委员会,在这个委员会的领导下,专门成立了为具体进行编辑出版工作的中国大百科全书出版社。这个出版社经过调查研究,按照国务院决定中所指示的原则,拟定了编辑出版方针和计划。

《中国大百科全书》是综合性的百科全书。百科全书基本上分为两种:综合性的和专业性的。综合性的是叙述介绍各种学科和知识领域的百科全书,它应包括古今中外的一切基本知识;专业性的是以一个学科为范围,详尽介绍一个学科的全部知识。我们先编综合性的百科全书,以后再陆续编辑各种专业性的百科全书。

《中国大百科全书》采用大类分卷的编法;一个学科编为一卷或数卷,几个小学科编为一卷。编好一卷出版一卷,读者可以分卷购置,根据自己的需要购置一卷、数卷或全套。现在外国百科全书大多数是把各学科条目按照字母顺序混合编排,几卷或数十卷为一整套。《中国大百科全书》第二版准备全套按汉语拼音字母顺序混合编排,现在则是每一个学科、若干小学科合为一卷,按汉语拼音字母顺序编排。所以这样做,是为了让编成的每一卷或数卷早日与读者见面,而不是等待许多年后全书编齐再一起出版。

《中国大百科全书》初步计划出版七十五卷,共计六十个左右大小学科。所谓初步计划,是打算七十五卷出齐后,再有所增补。计划每卷收一千多个条目,一百二十~一百五十万字,也可多到两百万字左右,全书一亿多字。

《中国大百科全书》计划用十年的时间全部出齐,即准备在中华人民共和国四十周年(一九八九年)时全部问世。《中国大百科全书》中的"大"字,是指在这部大百科全书之后,还准备出版小百科全书和百科词典,以及各种专业的百科全书,各种类型的百科工具书,等等。

《中国大百科全书》的结构决定以中小条目为主,大条目较少,特大条目更少。中小条目数千字数百字,大条目万字以上。世界各国百科全书的编辑方法向来有大条目主义和小条目主义之分。大条目(有长至数十万字者)有系统化的特点,但有检索不便的缺点。小条目有检索方便的优点,但有缺乏系统介绍主题内容的缺点。两者各有千秋,已斗争了百余年。二十世纪七十年代中期出版的美国《不列颠百科全书》第十五版,自称进行了一次百科全书编纂方法的"革命"。这一版共三十卷,分为三个部分:第一部分一卷,是学科目录,称为"百科类目";第二部分十卷,都是小条目,称为"百科简编"(微观条目);最后是十九卷"百科详编"(宏观条目)。它想通过这种方法来解决大小条目主义的矛盾(《不列颠百科全书》以往是主张大条目主义的)。一九八五年出的新版(仍为第十五版)又增加了两卷索引,压缩了详编,适当扩大了简编。可见它的编辑体例还在继续改进中。《中国大百科全书》采用中小条目为主的编纂方法,这是我们的一个特点。

《中国大百科全书》突出中国的特点,充分介绍中国的历史、地理、科学技术的发明创造、文学艺术的成就、历代重要人物、近现代工农业的生产情况;同时面向世界,除介绍第一、第二世界各国情况外,还充分介绍第三世界各国和地区的情况,这是有别于别国百科全书的地方。

《中国大百科全书》根据"实事求是"的方针,对故世和健在的人物,不论其政治态度如何,都按照他们在历史上所起的作用和在学术上的成就,或用专条,或用概述条目中提到的形式,分别上书,对台湾的事物也是如此。《中国大百科全书》为了便于读者系统学习,每一学科都在卷首有一篇总论,称为学科概观性文章，对各学科作概括的叙述。还有分类目录，可使读者对各学科的全貌获得一目了然的印象。卷末附有汉字笔画索引、外文索引、条目内容索引以及本卷简化字和繁体字的对照表。读者通过这几个渠道可以用最短的时间迅速地找到解答自己问题的条目。

已经出版的各卷

《中国大百科全书》正按照社会科学、科学技术、文学艺术、文化教育等大部类，分门别类地进行编辑。编好一卷就出版一卷，因此并不按照门类系统依次出版。平均每年要出十几卷，这是一项艰巨的任务，好在大多数卷已经编好，有的已到最后定稿发排阶段。

一九八〇年出版的《天文学》卷，是全国最著名的老一辈的天文学家主持编写的。编委会主任是南京紫金山天文台台长张钰哲，副主任是已故南京大学天文系主任戴文赛、原上海天文台台长李珩、已故原北京天文台台长程茂兰、北京天文台台长王绶琯。编委会成员有著名天文学家叶叔华、陈遵妫、邹仪新、易照华等。全书一百五十余万字，包括天文综述、天文学史、天体测量学、天体力学、理论天体物理学、天文仪器、射电天文学、空间天文学、太阳、太阳系、恒星和星际物质、星系和宇宙学等十个方面的天文知识。此书出版后，国内外都有好评，英国学者李约瑟、美国学者道格拉斯·林都曾著文赞美。

《外国文学》为两卷，共约三百五十万字，把世界各国文学概貌作了相当全面的介绍，从各国文学史、重要作家和著名作品，到各种文学流派、团体、重要文学刊物，都分别叙述，范围遍及东西方各国，并包括阿拉伯国家、非洲和拉丁美洲各国。参加编辑的都是国内对外国文学十分熟悉和很有研究的专家学者。编委会主任是原社科院外国文学研究所所长冯至，副主任有原北京大学副校长季羡林，原外国文学所所长叶水夫。编委十余人，包括曹靖华、卞之琳、王佐良、陈嘉、叶君健、陈冰夷、戈宝权、杨宪益、朱光潜、楼适夷等，都是外国文学领域的一时之选。此书一出引起苏、美、英、法、德、日等国文学界的重视，他们想不到中国对外国文学如此熟悉，尤其不知道中国已译出这么多外国古代和现代的作品，并作了相当深入的研究。

《体育》卷是在原国家体委主任荣高棠的主持下编写的。他在体委里专门成立了办公室,把全国体院、体育团体的专家、教练和体育科研单位的专家、武术界的前辈集中到北京,多次集会讨论,集中编写。全书既反映了我国体育界的情况,也充分介绍了外国的情况。全书一百五十多万字,总论是荣高棠执笔的。

戏曲和曲艺合为一卷,以戏曲为主。全书将近一百七十万字。中国戏曲艺术的丰富多彩,历史悠久,是举世闻名的。除京戏、昆剧等大剧种外,川剧、滇剧、闽剧、豫剧、粤剧、评剧、越剧、沪剧等地方戏,最多时不下四百种,经过整理筛选,也有三百六十余种,书中都作了概括的介绍。各剧种的有代表性的剧目和著名演员都有介绍。戏剧大师梅兰芳、周信芳、程砚秋,以及许多过去的老伶工,都有专条。各剧种的当代代表人物,如张君秋、袁雪芬、红线女、常香玉等,也都立有专条。

戏曲部分的编委会主任是戏曲理论家张庚,担任副主任和编委的有赵景深、马彦祥、郭汉城、马少波、刘厚生、杨萌浏、王朝闻等专家。

曲艺部分的编委会主任是陶钝,副主任有罗扬、沈彭年、侯宝林等。对南北各地的曲艺,从历史到现状都作了系统和全面的叙述,对相声也作了充分的介绍。

环境科学是一门新学科,又是各地各部门当前面临的一项重要问题。《环境科学》卷在编辑过程中受到各方面的重视。参加编审工作的吴学周(编委会主任)、马大猷、王德铭、申葆诚、曲格平、刘天齐、刘东生等,都是这一新学科各方面的专家。全书除综论外,包括环境地学、生物学、化学、物理学、医学、工程学等方面。全书一百三十五万字。这一卷为当今各地各有关单位解决环境污染问题提供了及时的参考资料。

《纺织》卷是我国著名纺织专家、原纺织部副部长陈维稷竭尽全力主持编写的,他还撰写重要条目,精心审改稿件,因而能在短时期内编成出版。书成之后他就患病逝世,没有能亲眼看到此书出版,本卷编委和参加写稿和编辑的全体人员都十分哀痛。全书一百余万字,把中外古今有关纺织的历史、理论、机械、生产过程和产品都作了详尽的叙述,尤其是有关中国的内容,更为突出。有许多资料和图片是初次引用,颇为宝贵。《纺织》卷编委会副主任何正樟、钱宝钧、陈受之、严灏景、杜燕孙,都是我国纺织界的著名专家。

被称为中国有史以来第一部最完整的叙述法学及其一切有关律法及情况的《法学》卷,是以著名法学家张友渔、潘念之、王岷灿为首的编委会主持编写的。这一卷篇幅比其他各卷为多,达二百三十六万多字。全书包括下列几个方面:法学基础理论、宪法、刑法、民法、经济法、诉讼法、犯罪侦察学、法医学、中国法制史、中国法律思想史、外国法律思想史、国际法、国际私法、国际经济法。

另一部字数较多的是《矿冶》卷,达二百三十九万多字。《矿冶》包括采矿、冶金两大部分。采矿部分包括采矿史、采矿工业、岩石力学、地下采煤、矿山、露天开采、井巷、矿山电气工程、特殊采矿、岩石破碎、选矿、石油开采等;冶金部分包括:冶金史、冶金工业、金属学、冶金过程物理化学、有色金属冶炼、钢铁冶炼、金属加工、金属材料、金属腐蚀与防护、铁合金、冶金物料、能源、焦化、耐火材料、冶金炉等。

采矿部分由高扬文担任顾问,贺炳章为编委会主任。冶金部分由冶金专家陆达为编委会主任。

全书各卷都附有大量的图片。黑白插图之外,还有许多珍贵的彩色插图,不及备述。

百科全书是怎样选条的

百科全书是汇萃人类一切门类知识或某一门类知识的完备的工具书。百科全书作为工具书，主要是供人寻检查阅、释疑解惑的，但它又兼具教育作用，可以作为增进科学文化知识的自学读物。因为要兼顾这两种书的性质，百科全书的设计，特别是百科全书的选条就有它特殊的困难。所谓选条，就是选收什么条目和怎样设置条目。因此，应该先从百科全书的条目谈起。

百科全书的条目

工具书中，词典所收的单元是词目，是以"词"列目。百科全书的基本寻检单元则叫做条目，是某一主题完整知识的概述。百科全书选收的条目首先应该是独立的知识主题或已形成的固定概念。譬如，把教科书中的"帝国主义与战争"这个章目立为条目就不如设"帝国主义"和"战争"两个条目。其次，百科全书条目要便于寻检，同时也要便于编排。例如，把"社会主义制度必然战胜资本主义制度"这个论断作为题目可以写出很大的文章，但作为寻检单元的条目就未必会有意义。读者可能要查"社会主义"或"社会主义制度"、"资本主义"或"资本主义制度"，而不会想到有这样一个推论的条目。再其次，百科全书条目还要便于读者快速参阅。因此，雄辩滔滔的议论文、热情奔放的打情文或夹叙夹议的文章，都不能成为百科全书的条目。

百科全书条目的构成部分有：条头（或称条目标题）、释文、插图、参考书目。条目的释文又有所谓的"三段叙述式"之说，即定性叙述—基本事实（包括重要的人、事、物和数据）—参阅资料（包括参考书目）三个部分，借以适应不同查阅者的需要。

百科全书怎样选条

选条是百科全书设计中的关键步骤。简单说,选条是寻检的逆过程,正如商店进货是销售的逆过程一样。因此就有一个原则,百科全书的设计是从寻检查阅出发,是为了寻检而选条,而不是从撰写、编辑的方便出发,也就是说选条不是为了好写和好编。正如商店进货不是为了好藏和好摆,而是为了好卖。

百科全书收什么条目和不收什么条目,首先决定于下面两种情况:

一、百科全书的类别:综合性百科全书和专业性百科全书、国际性百科全书和地域性百科全书,选收条目各有所不同;甚至分类编排的百科全书和字顺编排的百科全书选条也会有某些差异。

二、百科全书的档别(或称等别):按照惯常分法,百科全书分为高级成年人、普通成年人、中学生(包括家庭教育用)和少年儿童读者四个档级。一部少年儿童百科全书的条目数最多不过几千条,而一部高级成年人档的百科全书条目数可达十~二十万。

百科全书从它最早的形态说起,选条的方法不外有三种:

一、教科书剪裁,也就是把章目、节目等作为条目,把教科书按章、节等"剪"开,再按某种顺序(例如字母顺序)编排起来。中世纪出现的工具书性质的百科全书就有这样编成的。

二、以词典作为基础来选条,把语词排除,留下一切有知识内容的词作为条目,也就是从词到概念。换句话说,是从词目中选百科全书条目。

三、在科学分类法的基础上设计选条"框架",按知识体系选条,然后用词标引条头(可能是一个词,也可能用数个词组配)。这是现代百科全书编者通常采取的选条方法,而以前两种方法来补充和检查遗漏。

百科全书选条框架的设计

"框架"是百科全书选条和编辑的工具。设计"框架"的主要目的是为了选条。什么是框架？不妨试下一个定义：框架是以科学分类（或知识分类）为基础，根据百科全书基本性质的要求把人类知识组织成便于读者快速寻检并表示知识内在联系的条目系统。

自从中世纪培根创立科学分类法以来，就出现了在科学分类法的基础上设计百科全书框架的思想。这对于百科全书编纂技术的发展起了极大的推动作用。科学分类法是框架设计的基础，但不是框架本身。框架设计是科学分类法在百科全书编纂方面的应用，或者说是在百科全书式组织知识方面的应用。科学分类法是人、主要是科学家对客体及其关系的认识；百科全书框架是人，主要是百科全书编纂者基于上述认识，为了向读者介绍知识的方便，为了读者便捷查阅的需要而设计出来的。百科全书编者的工作就在于同学科专家紧密合作，以科学家的科学分类为基础，根据百科全书作为完备的工具书所应起的作用，研究如何把整块知识"切"成"碎块"，碎到什么程度；反过来，如何把很碎的知识组合成块，组成多大的块。总的目的是便于寻检查阅。

往往容易产生的混乱是把框架与科学分类等同起来，从而认为框架设计纯属学科专家的事情。这里不妨对学科专家与编者在编纂百科全书上的不同作用作一说明。罗马人伊西多勒斯把百科全书比做桥梁，即从普通人的文化水平向专家学者水平过渡的桥梁。这个比喻很贴切，它说明，百科全书是知识的中介物，不是"彼岸"。修筑桥梁的人和"彼岸"的人自有不同的任务，不能互相取代。学科专家是站在科学文化前沿阵地上的，他们探索和开辟未知世界的知识"资源"。为了认识对象，研究对象，他们的基本倾向是分，是区分，学科也越分越细。在学科专家眼里，任何科学分类都是不稳定的，有争论的。百科全书编者相对学科专家来说，是"后方人员"（当然，他们在研究百科全书编纂学方面也是学科专家），他们的任务是汇集、归纳和整理已有的知识。为了使读者易于接受和便于寻检，他们也像教师讲求教学法那样讲求百科全书的编纂法。汇集、归纳和整理的基本倾向是合，即把分散的知识合成一个比较稳定的大类，再分解为可供查检的条目。

框架设计的主要目的是为了选条。百科全书选条之难有三。

一、求全：所谓"全"，当然是相对的，说的是能满足适当程度读者寻检查阅的"全"。百科全书贵在全，贵在让读者不必费事到大量的书籍和工具书海洋中去查检他所需要的东西。因此，知识的疏漏是百科全书之忌。收容得全，包罗得广，就会遇到另一个难题——重复。避免遗漏和避免重复是设计框架需要高度重视的两个方面。例如,《中国大百科全书·天文学》在最初提出的初选条目中就遗漏了"微波背景辐射"、"日食"、"月食"等重要条目,而在设计全卷的框架时便发现了。

二、交叉:百科全书把系统知识分解为条目。各个条目之间必然存在"剪不断"的联系,这种联系弄不好会表现为大量的重复、互相打架、互不照应,结果就"理还乱"了。用框架选条,便能确定每个条目的位置,确定它的"四至",即上下左右的疆界,可以看出其他学科分支的哪些条目与本条有关(即横的交叉焦点),从而确定各自侧重的内容。有了框架,便可以根据这些交叉关系为每个条目制定出编写提纲。

三、便查:把系统知识"切"成大大小小的条目,是百科全书便利人们查检的需要。究竟哪些学说、定理、概念,甚至名词术语应该从整体中"切"出来,"切"成多大条目才能便利人们查阅,这要在框架设计过程中决定。诸家百科全书的"切"法不同,各有千秋。所谓的"大条目主义",舍不得牺牲完整性,尽量对一个学科和门类少"切"几"刀",甚至不"切",留作一条,当然系统性好,但就个别问题查检则很不方便;所谓"小条目主义"则要把同样的学科门类条目"掏空",留下概括性的内容作一综述,而它的细节凡能独立的均"切"成单独的小条目,这样查起来当然很方便,但系统性显然受到影响。

百科全书的框架除了是选条的工具,还是指导撰写、支配各部分之间平衡、建立参见系统的工具。最后,《中国大百科全书》为了增强百科全书的教育作用,还把框架改编为各学科、门类的分类目录,给读者一种了解知识体系和分类检索的工具。

框架设计是一个复杂的过程,而且要在以后撰写、审稿、定稿过程中不断修订和调整。框架设计工作主要包括调查研究、确定交叉结构图和编拟分类层次框架,最后形成选条总表,以至必要的修订等步骤。

为了设计框架需要调研的内容是:

一、科学分类体系:自培根以来,科学分类一向就是引起争论的课题。科学分类,或称知识分类,从来就不是绝对的。一方面它因观点的不同而分歧,另一方面它随科学的发展而变化。同一个学科,不同学派,国内国外,会有不同的分类体系。新的学科不断涌现,尤其是那些在传统学科基础上不断形成的新的综合学科。既然要用科学分类法作为百科全书选条框架的基础,那么,进行一番搜集资料,而后加以整理、分析、比较的工作就不可缺少了。

二、专业词典、百科词典以及各国百科全书中的词目和条目表。例如,《中国大百科全书·天文学》就充分地参考了《辞海》的天文学词目表和国外的天文学词典的词目。

三、各国百科全书的知识分类体系或选条框架。例如《不列颠百科全书》就有第十一版的二十四类的"大英百科分类法"和第十五版的"百科类目"(Propaedia)十大类分类法。

交叉结构图基本上是科学分类法的图解,是表现各个学科和分支的划分与交叉关系的框框。它往往是多维的,以《中国大百科全书·天文学》的交叉结构图为例,除"天文学史"外,其他各分支形成研究方法、观测手段和研究对象的三维关系。这就是说,一个分支的内容(涉及到一批条目)可能与其他分支的内容交叉。

框架设计的第三步是拟定分类层次框架,也可以说就是分层选条的过程。先从上层概括条目选起,逐步深入细化,可能深到第六、七层,然后在最后平衡时加以调整,依情况把太专太狭的概念减掉或并入上层有关条目中去。

框架的修订和调整是不可避免的。要求框架设计一次完成,一劳永逸是不现实的。在组稿、撰稿和审稿过程中会发现一些意想不到的矛盾。框架的修订和调整不外是:增、减、分、合、移、改(改变条头)、参(设参见条)。

条头标引

百科全书选条是选知识主题,或者说是选概念,不像以语言中词为对象的词典那样选的是词。既然百科全书框架设计中选的是知识主题或者说概念,那么就有一个用词来标引的问题,用词标引的主题就是条目标题,简称条头(Heading)。这个标引很重要,因为它是检索工具中最重要的一环。恰如门牌与住户的关系,门牌不对头是找不到住户的。一个条目可能有上万字的释文,而用来检索这个条目的标题可能是一个词或几个词。它能不能概括(代表)这个主题或者概念,它是不是大多数人所习惯或通用的,它在编排上和检索上方便不方便,这在标引(即设计条头)时都要考虑周到。

一、选定的词和几个词的组配要能概括或代表这个概念。

二、要规范化,即标引词是人们习惯的或通用的,特别是名词要统一。

三、要根据检索的需要安排词序,必要时可用倒词序,把关键的词移到前面来。

四、简洁,尽量用最少的词标引,一般以不超过三至五个词为好。据统计,新版《不列颠百科全书》和《苏联大百科全书》用一个词标引的条头占百分之五十八,用两个词的占百分之三十二,用三个词的占百分之六~百分之七,用四个词的占百分之一~百分之二,用五个词以上的在百分之一以下。

关于"大、小条目主义"

所谓的"大条目主义"和"小条目主义",代表着百科全书框架设计的两种倾向,与选条有很大的关系。《不列颠百科全书》第十五版是个有趣的例子。《不列颠百科全书》两百年来一向是"大条目主义"的代表,但第十五版却用分编《详编》(Macropaedia)和《简编》(Micropaedia)的办法改变了原来单纯的"大条目主义"的路线。《详编》就是"大条目篇",十九卷收条目四千多;《简编》是"小条目篇",十卷收条目十万多。"大条目主义"的框架多选大主题或上层次概念,把下层次的小主题内容并进大条目之内。

"小条目主义"是"社交词典"派的编法。最早的代表是德国《布洛克豪斯社交词典》。"小条目主义"是百科全书受词典编法影响的结果,百科词典的出现就是具体表现。百科全书选收条目数量增加,条目的篇幅相对缩短。除上述的《不列颠百科全书》和《布洛克豪斯百科全书》外,比较《苏联大百科全书》第二版和第三版也可以看出这一趋势。"小条目主义"的影响,表现为把知识"切"得碎些,使上下层次条目在篇幅上的悬殊小些,从而更便于现代读者快速寻检,但知识的系统性则受到影响。换句话说,作为工具书的检索性增强了,而作为自学读物的教育性减弱了。

我国第一次编现代的大型综合性百科全书,在框架设计上考虑过这两种倾向,但并未绝对地接受哪一种。我们把百科全书的选条看做是寻检的逆过程,从读者可能寻检查阅的需要出发设置条目。以《中国大百科全书·天文学》来看,选收的长条目(四千字以上)占百分之十弱,中条目(七百~四千字)占百分之三十强,短条目(七百字以下)占百分之四十五,参见条占百分之十强。

对于百科全书的编者来说,选条或者说框架设计,是一项至关重要的工作。

这项工作必须在充分向参加编撰工作的专家学者说明百科全书的性质、作用和体例的情况下,与各学科领域的专家学者紧密合作,共同努力,并广泛征求各界人士的意见,不断修订,才能做好。

原载《辞书研究》1982年第1期

署名:姜椿芳、金常政

百科全书条目释文的撰写

写过学术论文、专著、教材和报刊文章的许多学者,都认为给百科全书撰写条目是一个新问题。有人说容易,有人说很难。

从难与不难说起

百科全书是对人类已有知识的记述,并不是个人的创见发明,不是言人之所未言,更不是"阳春一曲",而是常说的"述而不作",是向普通人介绍基本知识。从这个意义上说,百科全书介绍的是"大路货"的知识,对于一位学科专家来说并不困难。撰写百科全书条目的难处,不在于写出什么高深玄妙的内容,也不在于写出惊人的独创性见解,往往倒是相反。

为百科全书撰写条目要受到较多的限制,很不自由,这是一难。首先,作者要受到选条框架的约束。每个条目都要有较严格的"四至",写起来不能枝伸蔓延,否则就要与上下左右条目纠缠重复。上面一层条目如果写得太细,下面一层条目便无话可说。在动笔之前先要研究一下所写条目在框架中所占据的位置,据此拟定编写提纲,确定写哪些内容,舍哪些材料。条目必须在框架的背景上写,而不能看题作文章,一泻千里。百科全书的条目是互相衔接的,互相关联照应的。各种条目只能搭接(合理的重叠),不能大量重复,也不能留有空隙;其次,要受到全书体例的限制。百科全书为了便于寻检查阅,条目有一定的规范化要求。什么是必须写的,什么是不该写的,什么可以多写,什么必须少写,甚至先写什么后写什么,都有一整套的程式要求。不同的学者都要改变一下自己的写作习惯,按照百科全书的章法来写条目;最后,还要受篇幅的限制。

百科全书条目有特长、长、中、短之分,每个条目在框架设计时已规定了字数。任你有怎样丰富渊博的学问,都要加以浓缩和提炼,装进一个条目的有限篇幅里。

为百科全书撰写条目要力避个人的倾向性,这是二难。百科全书在向读者介绍一个知识主题时必须公正客观地提供这个主题的基本内容、基本事实以及在这个问题上的不同观点和不同学说。撰写百科条目时不得不抑制个人的偏爱,更不能感情用事:对自己熟悉的、得意的东西就放开写,对自己不熟悉的、不喜欢的东西就避开写。让有个人学术观点的人来当知识的客观转述者,并不是一件很容易的事。

为百科全书撰写条目要在资料搜集和查对上不厌其烦,这是三难。百科全书向人们提供的是"标准的"知识,或者说是知识的"标准"。它提供的事实和数据必须是经过反复核对,有根有据;它对事物的陈述不是片面偏颇之见,而是博采众家之说。因此搜集荟萃和核对勘定的工作,往往比写作本身不知要多花多少倍的力气。《中国大百科全书·天文学》卷的一位撰稿人为了写一个几百字的短条目而查阅了上百种的文献资料,如果没有不厌其烦的认真态度是做不到的。

为百科全书撰写条目要时刻考虑读者查阅的方便,这是四难。百科全书是供人寻检查阅的工具书,它的大多数读者是为了释疑解惑,带着问题匆匆忙忙来寻求答案或查核资料,希望在最短的时间里用最简便的方法得到某一问题的答案或某一方面的基本事实和资料。这就是百科全书条目的检索性要求,必须让读者查得到,查得快,读得容易。

撰写百科条目虽然有此四难,但只要把握住体例,有了认真的精神,则难中亦有易焉。因为撰写百科条目的难处多在技术性方面,至于条目内容,既然"由适当的人来写适当的条目",自然是作者所最熟悉的,而且百科条目亦不要求淋漓的笔墨和华丽的辞章。

体例工作

一部篇章浩繁的大书,要求体例统一是理所当然的。百科全书是由几万乃至十余万个相对独立的条目组成的,合起来构成人类知识的整体,分开来又可以单独查阅,条目之间又互相联系,彼此照应,因而编撰中的体例工作就尤为重要。

所谓体例,就是关于体裁的规范。百科全书的体例是指导全书选条、撰写、审稿和编辑加工以至成书编辑的一整套规范要求。百科全书的体例工作指的是体例宣传、体例指导、体例控制和体例把关的工作,是贯穿于全书编撰各个阶段的大事。百科全书的体例包括:选条原则、条目撰写要求和书写格式三个方面。本文主要讨论的是百科条目的撰写体例。

百科条目的三个要素:知识性——要有扎实的、"标准"的知识;资料性——要有基本的、精确的资料;检索性——要能查得到、查得快、读得容易。三者都是靠撰写体例来保证的。

英国研究工具书的专家科里申说:"为百科全书撰写条目本身就是一种艺术,在有限的篇幅里要挤进那么多的内容,而且重要的东西一点也不能遗漏,多余的东西一点也不能保留。"他所说的"重要的东西"和"多余的东西",其实就是撰写体例所提出的要求。百科全书的一个条目从撰写到定稿,由专家学者和编辑反反复复地修改锤炼,就是为了把"重要的东西",即百科条目所需要的东西补齐并核对可靠;把"多余的东西",即百科条目所不要的东西删除去掉。

什么是百科条目释文所需要的?

百科全书与词典同属于工具书。工具书是回答问题的书,不同的工具书回答不同的问题。词典的作用是对代表概念的词下定义,回答的问题基本上是"什么"(what),而百科全书则几乎要回答所谓的六个 W 问题(what, who, when, where, how, why)。百科全书条目为了回答这些问题,就大体上要包括下面这些必要的成分。

一、定性叙述,或者说定义加上展开。百科全书的一个条目是一个独立的概念,或者说是一个可以独立来读(或查)的知识主题。绝大部分的概念和主题都应该有一个科学的、合乎逻辑的定义。百科全书是知识的书,同词典相比有较大的篇幅用来解释事物概念,所以在规范化的定义之外有条件再把定义展开说明,把事物概念的重要的非本质属性也加以补充和解释。定性叙述是一个条目的知识性内容的主要部分,又是一个主题的知识纵深的起点,所以是百科条目不可缺少的部分,而且一定是放在条目释文的开端,可以说是"开宗明义"和"画龙点睛"。例如,《中国大百科全书·天文学》中"射电天文学"这个条目的定性叙述就很简练,也很明了:

> 通过观测天体的无线电波来研究天文现象的一门学科。由于地球大气的阻拦,从天体来的无线电波只有波长约一毫米到三十米左右的才能到达地面。迄今,绝大部分的射电天文研究都是在这个波段内进行的。

第一句话是定义,后两句是展开。也有少数条目的条头本身已能顾名思义,如"中国天文学史"条,当然也不必再勉强凑一个定义。

二、词源考证:既然百科全书的条头(代表事物概念或知识主题)是用语言中的词标引的,那么词的来源也是属于这个主题的一种知识。例如,"宇宙"条的词源只有一句话:"《淮南子·原道训》注:'四方上下曰宇,古往今来曰宙,以喻天地。'"再诸如"雅各宾党"、"形而上学"、"美利奴羊毛"等条目,读者对条头标引词的来源肯定是有兴趣的。

三、历史渊源:也就是事物概念的沿革,或者说事物的"来龙"。事物的起源和演化是同事物的性质和现状有关系的,是百科全书介绍知识的一个方面。大的条目可以用专节单设标题(如"简史"、"起源"、"演变")介绍,小的条目则可一语提到,如《中国大百科全书·天文学》中"测微器"条在定性叙述之后有一句话:"1638年前后,英国天文学家加斯科因首先将测微器用在天文望远镜上。"

四、基本事实:所述知识主题涉及的重要人、事、物以及各种有关的重要数据。这是百科条目的主要内容所在,可占条目的主要篇幅。

五、参阅资料:这一类资料不是一切读者都要看的,但对于搜集资料、探寻线索和有深入钻研要求的读者则是很需要的,例如关于所述知识主题的学术争论情况、不同见解、不同观点、权威的展望、预测和评论,等等。

六、插图和图题、图注:对于综合性大百科全书来说,插图只能是释文的附属成分。插图的选用有三个条件:①能节省文字;②有助于理解释文;③本身具有知识性,如古文物,见图可以认识实物。

七、层次标题:这里指的是一个条目的下层知识主题,而不是一般文章的论述层次。层次标题像是街名和门牌,是方便查阅者迅速找到"地址"的手段。几万字的长条目最多可以设置四层标题,并在条目释文之前列出层次标题的目录。一个几万字的条目,洋洋洒洒,密密麻麻,连绵不断,是不会给查阅者带来方便的。百科条目最不宜于让读者自己去分析段落大意。

八、参考书目:是向读者提供的进一步学习所述主题可以参考的书籍线索,是百科全书开向浩瀚书籍海洋的窗口。

什么是百科条目释文所不需要的?

百科全书诚然是卷帙浩繁的大书,似乎比词典大有容纳笔墨的空间。但是人类知识如海,到现代更有"爆炸"之势。用一部书向现代读者介绍人类一切有用的知识,提供各种重要的事实资料,显然仍嫌纸短言长,非百科条目所应有者,只能割舍。下面试举数端:

一、水分。百科条目里的水分指的是空话、套话、不言自明的大实话、大道理,以至"穿靴戴帽"、文牍用语,一句话,就是一切不给人实在知识的叙述。

二、跨疆越界的内容和离题的话。百科全书的全部条目合起来形成完整的知识体系,因此总体框架设计预先决定了每个条目的核心内容和疆界。越界就会和邻条重复,离题便是多余的话。

三、作者的个人议论、褒贬、评价以至于"大批判"。百科全书并不回避对人、事、物进行评论,但一切议论和评价都必须以权威文献为依据,而且不能因作者个人的好恶决定取舍。

四、勉强引用的语录和口号。

五、"过期无效"的或不稳定内容。钻热门、赶时髦的东西往往经不住时间的考验,是百科条目所不宜取者。

六、艺术性的描写,含蓄蕴藉,弦外之音,转弯抹角,故弄玄虚,都非百科全书体裁。百科全书应用直接明了的语言,不宜让读者到字里行间去寻找知识。

七、欧化的语句,诘屈聱牙的古文,或文白夹杂的叙述。

八、烦琐的考证和公式推导。

与编辑方针有关的几个问题

百科全书的编辑方针是全书总体设计的指导思想。全书的体例就是根据编辑方针制定的。因此百科条目的撰写自然要体现编辑方针所确定的原则。但原则毕竟是原则,在百科条目撰写实践中,撰稿人常常提出怎样掌握这些原则的问题。

一、关于读者对象:撰写条目首先遇到的问题是深浅程度。《中国大百科全书》编辑方针确定本书"主要适于高中以上、相当于大学文化程度的广大读者使用。"百科全书的读者对象比普通读物的读者对象要复杂得多。这有两个方面的情况,一个是读者的文化程度(国外常按年龄划分),一个是读者的性质。按读者文化程度说,指的是全书知识深度的起点,也就是说这部书主要不是为这个程度以下的读者编的。但知识深度的起点不等于知识的全部纵深。百科全书应该通过条目提供这种知识纵深。因此,一般条目既有上述文化程度读者一看就懂的内容,也有提高读者知识水平的内容。百科全书是工具书。工具书读者(严格说应该叫查阅者或使用者)的需要与一般书读者的需要是很不相同的。提供给查阅者的某些知识(和资料),不可能为每一个普通浏览的读者所"一目了然"。遇到问题、经过思考而不得其解才来查阅百科全书的读者,对所查知识理解的程度显然和随便翻翻的读者不能同日而语。因此百科条目的释文一般采取"三段叙述式",即:定性叙述—基本事实—参阅资料。这样才能满足不同读者的需要。

二、关于全、精、新:百科全书的"全"当然是相对的,是针对重要疏漏说的。就全书来说,"全"指的是包罗人类知识领域之全。"全",并非"专"和"细",倒是相反。因为"全"主要是靠概括达到的,同样的篇幅,内容越专越细反而难全。就一个条目来说,"全"是指一个知识主题的完整性。"精"是精确加上精炼,已如前述。"新"也是相对的,是受稳定性制约的,不是竞新猎奇之"新",也不是标新立异之"新"。

三、关于突出我国内容:《中国大百科全书》编辑方针规定:"全书要有中国的特点和风格,重视对我国历史文化遗产和科学技术成就的介绍。"百科全书本有国际性百科全书和地域性(国家性)百科全书之分。但是,任何国际性的百科全书也不免更重视反映本国的知识内容。《中国大百科全书》属于国际性的百科全书，又是为我国四个现代化服务的百科全书，它既要充分反映我国的学术知识，又要介绍外国的知识和发展。因此，百科条目的撰写，一般说应是在全人类知识的背景上较充分地介绍我国的知识内容，而不是脱离这个背景，更不是局限于我国的现状和发展水平。

《中国大百科全书》将收十万左右条目，估计参加撰写的专家学者会达到万人。万人著文撰稿合成一部整齐的大书，若是没有相应的章法和协调的努力，那是不可想象的。

原载《辞书研究》1982 年第 3 期
署名：姜椿芳、金常政

怎样编写百科全书的条目[①]

一、什么叫条目？

条目，英文叫 article，俄文叫 Клаузула，就是"文章"或"论文"的意思，也指条约中的条款。把百科全书的条目仅仅理解为论文或文章，看来不妥当，因为这个词有几个含义，在百科全书里就不能说它是文章。我们把它叫做"条目"，在日文里叫做"项目"。

百科全书的条目，虽然不是完整的文章，但它本身却有自身的完整性。关于百科全书的条目，可以打个比方：百科全书像是一架机器，它由各种部件、零件、元件组装起来的。而机器的部件、零件和元件都是分开的，按次序把它们排列起来，有大有小，有上层次有下层次。这些部件、零件和元件就是百科全书的条目。把条目按笔画多少，按字母次序，或按内容层次系统顺序排列起来，就成为完整的知识体系。这完整的知识体系，可分可合。因此，要把条目写好，就要考虑到条目之间的相互关系和衔接。衔接起来才能成为体系，就像机器的零、部件组装起来能够运转一样。否则就不成其为机器，也就是说，这部百科全书没有编好。每个条目上挂哪儿，下联何处，都该有个着落。若上挂无处，下联也无着落，这个条目就悬空了。一个条目既有其独立性，也有其相对的联系性。特别是参见条目，必须和相关的条目衔接得上。参见系统在百科全书中是个重要的成分，因为它能起到使各条目之间相互补充的作用。

为什么要有"框架"呢？有了框架才能知道上挂下联和左邻右舍的关系。

[①] 本文是姜椿芳于一九八〇年四月八日在《中国医学百科全书》编辑委员会第二次会议上的讲话。编选时做了少量的删改。——编者注

有了框架就有了总的层次,写某个条目时就可以心中有数,而不是漫无边际。框架像个罗网。有一位被邀请撰写条目的作家,说他是"自投罗网"来了。到了"罗网"里,就要受到约束。像这样一位老作家,对中国文学和外国文学都很有研究,而对写百科全书条目则有"自投罗网"的感觉,说明写百科全书条目一定要受到框架的约束,一定要在框架的基础上写,并要受各种体例规范的限制。但是,框架也不是绝对一成不变的,通过主编审稿发现问题,框架也可以有所调整;编辑部加工定稿时,发现不当之处,也可能对框架作适当的更改。不过,这样的调整要十分慎重,愈是到后期愈是尽量避免轻易更改。

二、怎样写好百科全书的条目

百科全书有两大类:综合性百科全书和专业性百科全书。无论什么性质的百科全书,基本上都是作为工具书来编的。无论综合性百科全书还是专业性百科全书,都要考虑到便于读者检索。另一方面,百科全书又有教育作用,它也是一种读物。读,就是一个受教育的过程。亚里士多德被称为"百科全书之父",就是因为他所编的为教育而用的书具有百科全书的这种性质。现在我们往往仅顾及百科全书的可读性,常常会忽略其检索性。其实,两者都应该照顾到。

百科全书是把各种知识和各种资料用条目的形式概括地、系统地写出来,而不能像编教科书、讲义或写专著那样,一章一节地往下写。有人说写条目只是把已有的知识加以解说,不能任抒己见,所以不是创作。这是问题的一个方面;从另一方面看,它也是创作。因为我们要把一种知识组织得好,编纂得好,要求结构严谨,文字确切,那就要花很大的功夫。文字要精炼,内容要浓缩,做得像浓缩的鱼肝油那样。浓缩后的体积虽小,但包含的内容及其营养价值一点也不能减少。百科全书就是用简练的笔法,把浩繁复杂的内容写进条目里。从这个意义上看,写百科全书不能不说是一种创作。英国一位百科全书专家科里申说:"为百科全书撰写条目,本身就是一种艺术。在有限的篇幅里,要挤进那么多的内容,而且,重要的东西一点也不能遗漏,多余的东西一点也不能保留。"因此,每一个条目都要按框架的要求来设置,条目之间必须互相连系。撰稿人要把条目的主题和内容要点牢牢地把握住,充分而浓集,去除水分,不要空话,更不要非知识性的感慨和议论。

编纂百科全书是一件伟大的事业，也是一门重要的学问。十八世纪的法国百科全书派用百科全书的形式宣传资产阶级的唯物主义思想，批判封建主义思想，进行启蒙运动。我们今天立志要编好百科全书，就是为了增加广大读者的知识，全面地提高中华民族的科学文化水平。中国除了医学百科全书和综合性的百科全书之外，农业百科全书也正在筹备，其他学科也在酝酿编纂专业性的百科全书。看来，中国过去没有百科全书，今后将要有一系列各种类型的百科全书，这是客观的要求。

有的专家、学者不愿意写百科全书的条目，因为百科全书的限制太多，要求太严，作者手脚受到束缚，难以发挥自己的才能。他们愿意写学术论文、专门著作和科普读物。这样，他们可以畅述自己的观点、心得、体会。著书立说，比写条目方便得多。但是由于客观的需要，尽管不合乎自己的口味，又不合乎向来的写作习惯，他们也都积极热情地参加了这项工作。他们是为了人民的需要而贡献自己的力量。百科全书是一座科学文化发展的纪念碑，把各种科学成就和知识都写到这座纪念碑上，流传下去，为这座纪念碑贡献自己学问的作者也留下了自己的名字。我国古代有许多好的文章和珍贵的文献，历经沧海桑田的变迁，多已散失，而百科全书性质的类书却把这些资料保存下来，流传至今。可见百科全书具有这样特殊的作用，而编者和作者都肩负着这项重要的历史使命。

有些年轻人看了电影，很感兴趣，就把他周围的事情也写成了电影剧本，寄到电影制片厂。制片厂经常收到许多电影剧本，但能用的却不多。这是因为电影剧本最难写，比舞台剧本还难写。舞台剧本又比小说和特写难写，因为小说和特写可以按照自己的意思去写，不受限制。可是在舞台上就那么一小块地方，要表演许多事情就有限制了，而电影剧本的限制则更多。但有些人一开始就写电影剧本，没有走基本的道路——先写特写，再写短文，然后写小说，最后才写剧本。这正好和我们的百科全书有相仿之处，它们的难易是相似的，都是限制多，所以要研究怎样才能写好它。

三、百科全书条目的体裁特点

写任何一篇文章都要有一个主题。同一个主题可以用不同的体裁来写。例如，同以月亮为题．文学家可以把它写成"玉盘"、"冰轮"、"广寒宫"。小说家会写出"嫦娥奔月"的神话故事。科学家则把它写成一篇研究月球的论文或专著。百科全书的作者写这个主题,应该比天文学家写的文章更短小精悍,并且不能用科普式的比喻。百科全书条目应有以下的体裁特点。

(一)思想性:《中国大百科全书》的编辑方针就指出以马列主义、毛泽东思想为指导思想。这不等于说必须引用他们的语录,也不等于说不提他们就不符合马列主义,而是要用他们的立场、观点和方法阐释知识。思想性表现为科学性,那就是实事求是。用辩证唯物主义和历史唯物主义的观点去写,绝不能用唯心的、非科学的观点写。我们不赞成把马列主义挂在嘴上,或把语录写在文章的开头,而是要将马列主义的观点贯穿在条目之中。对于那些唯心主义的东西,要说明历史情况,原始的认识怎么样,中世纪怎么样,到以后又怎么样,这就是实事求是。

(二)汇编性:汇编性就是把一切已有的知识,人或事,都汇集起来写成一个条目,也就是把人类长期积累的知识和经过历史考验得到的定评,把各方面的意见、情况汇集起来,不轻易地取一家之言,要博采众家之说。不限于写自己的观点、心得、结论,而是将不同的观点摆出来,让读者知道在这个问题上有多少知识,有多少不同的观点。假如请陈景润写"哥德巴赫猜想"这一条,最后自然也应把他自己的成果写进去,因为那是得到公认的。作者不能因为谦虚而回避写自己的成就和观点。所谓把自己撇开客观去写,不等于说把自己的观点一概否定。如果自己的观点是大家所赞成的,那就要把它写进去。这个谦虚是有原则的。

中国过去的类书是广征博引各方面文献编成的。西方早期的百科全书也是剪裁一些教科书上的材料。我们今天取材可不能随便剪裁一下,而是要经过研究、考察,决定取舍后有选择地采用。希望我们的百科全书不是照抄、硬搬人家的。人家的材料可供参考,所谓"采众家之说",是要经过消化之后用自己的语言写出来。

(三)客观性:不要主观的推论和推测,不要大批判。尽量少用"也许"、"可能"、"如果"等这些虚拟语句或假定句。条目介绍知识总得有个判断,有褒有贬,要详细查阅历史上的论断。哥白尼、伽里略都是伟大的天文学家,历史上已有定评,在他们名字前面冠以"伟大"二字就是褒。一般情况下,不要轻易地给某些人物加上"伟大"之类的字眼。如果许多人物都伟大,那么"伟大"也就不伟大了。更不要像"四人帮"那样,给人家戴上"反动资产阶级学者"、"反动学术权威"之类的帽子。总之,我们不能轻易地使用褒贬的字眼。英国百科全书家科里申说过,撰稿人只是提出事实,让读者自己去判断,让他们自己去作结论。百科全书就应该这样,个人的好恶,个人所熟悉的、陌生的、赞成的、反对的,都不要影响撰写条目。

(四)"新"与"稳"的矛盾:我们不是写新闻报道或情报资料,不能把一切最新的东西统统写进条目里,而是要经过考察,把那些取得了学术界肯定的东西写进去。例如,耳朵认字、手也能认字等现象,且不急于写进百科全书,需要再看看,需要弄清机制。医学上这类问题就更多,某一病症,某种药物,某种医疗方法,假如尚不肯定,没有经过实践的检验,没有经过更多人的公认,也不宜轻易写进去。有关新设备、仪器的条目,要注意外国广告和说明书上的商业宣传,不可轻易尽信。

(五)概括性:经过提炼、浓缩后的资料,应成为扎扎实实的知识。撰写百科全书条目,要用概括叙述的方法,不用艺术铺陈的手法,更忌哗众取宠,要用朴素的语言把事实说清楚。基本事实要有确切的资料依据。

(六)系统性:百科全书条目不是资料的随便凑合和堆砌,要形成一个主题的完整体系。掌握材料之后,分层次、有条理地系统叙述,避免重要的遗漏。一个主题的知识要有清楚的来龙去脉。

(七)学术性:学术性不是求深奥和求专细,写得让人看不懂而不堪卒读,而在于所写的历史的、现代的知识事实精确,材料丰富。有的作者为求学术性而故意大量使用公式、推导,结果条目写得艰涩难懂,好像这样就深了,其实恰恰离开了百科全书的要求。英国百科全书家科里申说:"百科全书家就是要在渊深的学问与简单的头脑之间找到适当的中介。"这说明了学术性与深浅之间的关系:既要有学术深度,又要照顾到广大读者的水平;让学识水平低一些的人读了得到提高,让学识水平高一些的人觉得有查阅参考的价值。不过,作为专业性百科全书的《中国医学百科全书》还是应该比综合性百科全书要求的深度大一些,而且内容更全一些。一位美国的工具书专家萨尔顿说:"聪明的人经常查阅百科全书;自满的人轻蔑忽视百科全书;愚蠢的人过分依靠百科全书。"正如鲁迅先生讲过的一句话:"博学家必浅,专门家必悖。"这就是说,百科全书既不要以庞杂广博为满足,又不能以专深无度为追求。它要有科学性,也就是要实事求是,深浅适度。

(八)趣味性:百科全书并不排除趣味性,但它不需要艺术夸张手段,不需要奇特的譬喻,而要用客观真实存在的丰富的事实给读者以知识,引人入胜,激起人们求知的兴趣。这就是百科全书的知识趣味性。

(九)百科文体:百科全书条目采用的是一种平易的说明文体:严谨、朴实、简洁、明白、通畅。它不用什么惊人之笔,忌讳华而不实,不要穿靴戴帽,因为这一切并非知识。

四、条目的撰写程式

百科全书是完备的工具书,不像词典主要是回答"什么"(what)。它还要回答"何地"(where),"何时"(when),"如何"(how),"为什么"(why)等问题。条目释文的一开始就要有概括性的定性叙述,比词典的释义更加扩展。如果是长条目,还要把释文中的小标题列出目录,使读者未读条目之前就先对其内容一目了然。

(一)定性叙述:是给读者提供一个基本概念性的解释,可比词典的释义写得舒展一些。

(二)词源知识:说明条头词的来源。例如"百科全书"一词是从英文 encyclopedia 译过来的,源于希腊文。en 是完全的意思,cyclo 是圆圈,pedia 是教育,合起来的意思就是:"全部知识尽在其中了。"有些医学名词来自拉丁文,有意思可考的也应该给以说明。

(三)历史沿革:要把起源和发展脉络讲清楚,也就是事物的"来龙"。

(四)核心内容:要叙述现在已取得的水平、成果、作用、意义。这是条目释文中的重点,字数应该多一点,事实、数据要充分和精确可靠。

(五)展望:对于发展前途不能主观臆测,而是引述世界上公认的权威性的推测和结论。

这样五个方面的程式,长条目理应采用,小条目则不一定项项俱全。在释文中引用外文书时,凡在中国已有译本的就用原译文。在条目释文之后所列的参考书目,中外文著录项目都要写全。

还有图片问题,插图和文字一定要紧密配合。写稿时要注意选用适当的图片,注明出处,填表送交编辑部,由美术编辑安排绘制或拍摄。

五、关于索引编制

索引可以帮助读者查到条目释文内未加标引的材料。百科全书的索引，好像是仓库的钥匙，可用以打开知识之门。索引选题的方法是在条目释文中选出具有独立意义的概念、事实、数据、人名、书名、术语等，制成卡片，整理后排列起来，编为主题分析索引。例如，有许多科学家、作家，在百科全书中并未设置专条加以介绍，而在一些有关的条目释文中提到了他们，这就可以从索引中查到。因此，分析索引愈周密，对读者就愈方便。综合性百科全书一卷中如有一千个条目，那么索引标题大约就有五千条，大致是一比五的比例。专业性百科全书的索引量自然又有所不同，不限于这一比例。索引的编制工作最好从编辑工作一开始就着手，就安排专人负责，以期书编好了，索引也完成了。把索引标题按字母顺序或笔画多少编排起来，最后排上页码就行了。各卷的索引可成为全书总索引的基础。若等书编好再做索引，那就要延长出书的时间了。

六、关于改稿的问题

英国一位百科全书的总编辑来到中国，他在座谈会上讲了一件颇多体验的事情。他说，百科全书编辑部与各学科撰稿人之间存在着一种"斗争"的关系。编辑部老是拿着一个框架或一个"网"去限制作者，而作者却总是想按照自己的意思写稿。结果不是字数多了，就是越了界，写到别人的条目里去了。他说编好百科全书就是编者与作者不断"斗争"的结果。编者向作者"进攻"，作者向编者"反攻"，几个回合下来才能有一种共同认识，而最后改成的百科全书条目才能为双方所基本满意。

编者是不是不懂科学偏要人家就范呢？这也不是，他是从百科全书的性质和要求出发。一个人的四肢五官都要匀称才正常，否则就是畸形。假如百科全书某部分写得长一点、短一点、详细点、简单点，这就不能互相配合，就如同一个人的鼻子大了，耳朵小了，左臂长了，右腿短了，结果成了畸形。百科全书若不从全局考虑，就无法编好。因此，编者与作者之间经常要进行"斗争"，甚至很不愉快,当然最后还是解决了问题,皆大欢喜。不久前,美国《国际高等教育百科全书》的总编辑来京,她说她很高兴,不论走到哪里,遇到百科全书同行一谈,对编书的甘苦大家都有同感。她说:"有些科学家写出来的条目并不符合我们的要求,有的人文字上也不行。你不能说他没有学问,也不能说他写作能力很差,但就是写得不合乎要求。改了他的稿子,他就不高兴。经过多次反复讨论,做了一些必要的内容删改和文字修饰,还是能取得一致意见,大家也就心情舒畅了。"写稿的人不要因为编者改了他的稿子而生气,编辑也不要轻易地随便改动,而是要根据全书的体例要求,找到最适当的表达形式,即百科式的表达形式。经过几度修改之后,取得一个合乎体例要求、保证内容正确、深浅程度适宜的写法。这一过程是必不可少的。中国第一次编百科全书,这方面经验还很少。在写稿之前,把这些情况提出来,讲清楚,问题可能就解决了一半。大家都有个精神准备,并不是对作者不尊重,只是因为百科全书有它的特殊要求。

(一)主编定稿:主编或副主编有定稿的责任,这一点从一开始就应明确。百科全书主要是供人检索知识的工具书,但也不能降低它的教育作用,要强调二者不能偏废。主编或副主编审稿时,要注意内容与体例两方面的问题。对于两方面有问题的稿件,应指明问题所在,如何修改,或共同商改,或将稿子退给原作者修改。主编或副主编不仅要在学术内容上定稿,还要在体例和文字上把关。

(二)学科编辑加工:这是一个相当繁复的工作过程。编辑加工包括文字修改、事实数据核对、学术名词统一、人名地名统一。我们的经验是搞文字修辞的编辑要少而精。所谓文字加工是指对不通顺的地方、不合语法和逻辑的地方、某些水分多的地方进行文字处理。

(三)质量问题:质量第一,好中求快。在编书过程中,要掌握住在什么阶段可以快一些,而不至于影响质量。待我们出书后,读者总会有这样或那样的意见的。最好在出版之前,想尽办法把问题消灭掉。在战略上,我们相信百科全书一定能编出来,而且一定能编好;在战术上,我们则一定要战战兢兢,如履薄冰,严格要求。

各学科、各分卷可以有不同的做法,但要殊途同归。但是有一点不可变更,就是体例要统一,规范要统一,方针要统一。如果在这些方面不统一,编出来的书就不是一部合格的百科全书。一部百科全书是一个整体,不能各卷各行其是,可以求大同而存小异。

（四）撰稿人数：经验证明，一卷书一百多万字，有一千左右条目，由大约一百位撰稿人撰写比较合适。人多了太分散，规范难以控制，不易统一。实践中往往有个错误想法，以为铺得开是走群众路线，大家都有份，人人都满意。但是学术性的书，靠"人海战术"来编是不行的，还是要靠一部分比较有专门知识又有写作能力的人来写。

（五）条目篇幅：框架中规定的条目字数不等于板上钉钉，只要能把条目写好，字数不是不可以有点伸缩性的。在长短的问题上，要防止一种倾向，那就是让，让给别的卷去写。比如，我们历史卷中有一条"司马迁"，定了一个短条。司马迁本是一位大历史学家，当然也是文学家。把这样的人物条目让给"中国文学"卷去展开，在"历史"卷仅留个短条是不适宜的。再如，"历史"卷原来未列"朱熹"的专条。他是位理学家，在历史上起过很大的作用，固然有反面的作用，但讲历史不提朱熹这个人，把他让给"哲学"卷去写，就使"历史"卷失去了完整性。同一主题条目，在不同卷中可以有所侧重，有所伸缩。

（六）重复问题：据说，《中国医学百科全书》泌尿外科分卷有百分之二十条目与其他分卷交叉重复。编写组是以各有侧重的方式来解决交叉问题的，这就很好。采取分科分卷的编法，每个学科的分卷都有它独立完整的体系。读者买一本书，自有求全之心，所以每个分卷都应该注意到它的相对完整性和相对独立性。

中国的百科全书应该有所创造，有所前进。世界各国的许多家现代百科全书中，以我们的百科全书起步最晚。人家的优点，我们应该吸收；人家的缺点，我们要避免。要多看一些外国资料，摸索经验。我们的书应该有中国自己的特点。《中国医学百科全书》中的祖国医学，就有我们的民族特点，中国的西医也有中国的特点。

日本报纸上的一篇文章说：中国百科全书是向世界百科全书挑战。这是因为我们有概括古今中外的气魄。名声一传出去，就一定要把书编好，要有所前进才行。外国百科全书中关于第三世界的材料介绍得比较少，我们就更重视这方面的内容，这也是我们书的特点之一。

百科全书与资料工作

编辑百科全书,这在中国是第一次。在这一开创性的工作迫在眉睫的时候,没有前车之鉴,固然需要一番艰苦的探索,然而,倍感困难的,却是知识领域的现成资料。

资料的积累,需要时间,需要做大量繁杂、琐细的搜集、鉴别、分类工作,需要有长远的眼光和脚踏实地的精神。事实上,中国历代有编辑类书的传统,古老一点的,是从西周起就把前代典章制度、文献训诂尽数汇编,称为《尔雅》的巨著。三国魏文帝(曹丕)敕令编撰的《皇览》(卷帙浩繁达八百万字),是中国第一部完整的类书。以后,历代都有编纂。编纂的方法也多种多样,或者是比较有作为的皇帝下令组织饱学之士编撰,或者是颇有抱负的文人自己广收博引,别出心裁地辑采。从魏至清朝,中国竟编辑了大小类书将近四百种(部分散失了),对卷帙浩繁的资料进行了高度的概括,详细的分类,完成了学术性很高的资料分析与编辑工作。其中许多类书保存了后来散佚的不少书籍中的内容,后人是靠类书摘抄下来的文章得知古人的思想和活动的。在将近两千年的时间里,编出了这么多的类书,真是世界各国绝无仅有的盛事,也是中国人足以骄矜的。因此,现在我们必须补做这一工作。

百科全书的编辑工作,在资料方面遇到了很大的困难,因此必须大力加强资料工作。这项工作的必要性已经有许多事例可以证明。

从这一点来说,中国有研究和保存资料的优良传统。遗憾的是中国资产阶级失去了古人的好传统,在半殖民地半封建的一百多年中,没有建造什么足资现代人享用的资料宝库。然而,历代的"类书",只是摘录、撷拾、转述、选辑前人著述中的事物、词章,已见于旧有书籍中的知识、纪事。它不包括调查研究到的当代新事物,更没有搜罗世界各国的最新情况和成就。而现代百科全书的内容以及编辑方法与类书有很大的不同。它所需要的是全面的、详细的、确实的、具有现代最新情况的材料。

建国以来各系统的有关单位虽重视这个问题,也采取了一系列的措施,但是,资料的搜集、整理、印行,是十分繁重、复杂、艰巨的,非一朝一夕所能见效。而三十五年的风风雨雨,也使得资料工作颇多曲折,常有间歇。十年动乱期间,岂止是间歇,有些破坏是十分惨痛的。保存了几千年的资料,几天之内被毁灭了。上海图书馆保存的大批文献资料,包括许多手稿和历代名医保存的病案和药方,共达四十万斤,竟被视为"四旧",一把火烧得精光!这种毁坏是无法用金钱估计的,是无可挽回的。

现在,资料工作者在劫后余灰中重振故业,振故布新又是需要相当长的时间的。

我们就是在这样一个基础上编纂大百科全书的。我们需要全面的、大量翔实的资料。怎么办呢?不能守株待兔,只有做调查研究、搜集新旧资料,在工作中积累资料。

百科全书的编写,要动员全国各个学科、各个领域的专家学者来参加,依靠各个学科和领域的专家学者撰写千千万万的条目(全书六十多个学科,暂定七十五卷,每卷一百五十~一百六十万字,约十万个条目,共计在一亿字以上)。作者各自寻找自己必需的资料,在编写过程中积累这些资料。也就是说,围绕编纂百科全书而进行的资料工作,是由分散在全国许多地方的不同机构和个人分头完成的。现在参加中国大百科全书编辑工作的,已有一万四千~一万五千人,到一九八九年完成时将达到两万余人。这两万多名专家、学者和辅助人员,组成了一支相当庞大的资料工作的队伍。

大百科全书出版社为了组织编写、编辑、印刷出版,也配备了一个包括排印工人在内的队伍,在这支队伍中,专门从事资料工作的,还只有几十人。这支队伍要把各方面专家编写出来的百科条目,从浩如烟海的资料中找对口的材料进行核对(学术名词、人名地名、事实、数据、人物生卒年、社团、报刊名称、引据的原书和参考书目等等)。为了进行核对和统一口径的工作,必需自行建立资料库,首先是分类的卡片库。

卡片有自己制作的,有抄写别的单位的。卡片的数量不是以千计、以万计,随着工作的发展将以十万、百万计。为了适应工作需要,惯于手工操作的大百科全书出版社的资料室,购置了电子计算机,拟用电脑来储存各种卡片上的各种资料。现在正请有关单位的专家协助我们建立电子计算机系统。

百科全书是以各学科、各知识领域的基本知识写成的以条目为基础的,加上它的参见系统、参考书目,再加上它的学科条目分类目录、中外文对照索引、内容索引等等(一般索引条目为学科条目的五倍)。大百科全书本身就是一整套的资料,是一个相当完整的资料库(百科全书要求把人类的、自古至今的一切知识用浓缩的形式,全部简明扼要地编写在内)。有人说,图书馆是立体的百科全书,百科全书是平面的图书馆。这话不无道理。

应该指出,编纂百科全书必须充分利用中外古今所有的资料库。百科全书有两大类,综合的和专业的。根据这一特点,资料工作的组织和管理、分类和应用,有必要互相配合,互相依赖。

资料工作当然不是专为百科全书而设,也不是专为百科全书服务,它是为全人类的一切事业服务的,包括为工农业生产、军事国防、科学技术、文学艺术、集体、个人生活服务。人类的知识信息愈来愈多,发展得愈来愈迅速,人们的脑子容纳不了这许多知识,也来不及学习这许多知识,甚至来不及掌握最需要的知识。人类自己在不断创造知识,用这种或那种角度来叙述和阐发这些知识。无数的学术论文,都是有所阐发、有所发展、有所发现、有所发明的。这些文章和论文,每分钟、每秒钟都有发表和发现。世界上一天所出现的新观点、新见解,任何人一生也不能完全掌握的。人类的知识已经膨胀到"爆炸"的程度。由此看来,资料工作的重要性和艰巨性就显现出来了。要像编百科全书那样,分门别类地、巨细无遗地、简繁有致地把资料工作做好,做到真正能为人类的一切事业服务,的确很不容易。

为了做好资料工作,人们已经采用了现代的科学技术,用电脑来储存无尽的知识和资料。先存储,再编程序,保证检索,通过卫星传播,通过电子计算机联机在整个地球范围内互通有无,互相补充。人类已经发展到充分利用信息来生活和发展的时代,而所有这一切,都要以做好资料信息工作为基础,所以资料工作是一项很有意义、很有价值的工作。

百科全书的编辑工作,是许多资料工作中的一部分,甚至是一个很小的部分,但百科全书的编辑方法,是可供其他部门资料工作参考的。

百科全书是你的良师益友

唐朝诗人李白在一首诗里说:"天生我材必有用",其实,天生之材还只是原材料,是坯子,要"有用"必须学习。

学问的门类很多,自然科学、社会科学、文学艺术等等,细分起来,更是门类繁多。自学者面对浩如烟海的古今中外知识,只有找到了门径,才能登堂入室,扶梯直上。那么,怎么才能找到门径呢?我看,不妨借助于百科全书。

西方国家把百科全书称为"没有围墙的大学",意思是说,百科全书的内容包罗万象,像综合大学一样,而它又没有围墙,愿进去听课的人,都不妨"进"去试试。

自从法国的大学问家狄德罗在十八世纪中叶编辑出版了《法国百科全书》以来,编辑出版百科全书已经有二百多年的历史。世界上不少国家都编辑出版了百科全书,有些国家近年来出版了十几种、甚至几十种。中国历代不断地出版"类书",这也是百科全书类型的书,只是它们的内容只包括旧有书籍的资辑,没有新的知识。现代意义的百科全书,中国还没有出过;过去七八十年,出版界也曾屡次试编,都没有成功。

我国一九七八年开始筹备出版《中国大百科全书》,现在有的出版社在编辑青少年等综合性百科全书。另外,还有专业性百科全书,如医学百科全书、农业百科全书等,也在编辑过程中。近年中国出版界出现了一个编辑出版百科全书的热潮,为读书界提供了前所未有的大量学术性读物。

百科全书不是一般的读物,在更大的意义上是工具书。或者说,百科全书即是释疑解惑的工具书。它把学科和知识,分门别类地加以分制,每一个学科分制成十几个、数十个分支,每个分支又分成若干个小分支,每一个小分支包括几十个到几百个条目,条目又分成长中短几种,每个条目从几百字到几万字,把各种知识的最基本的内容简单扼要地写出来,竭力浓缩,凡是必要的知识,一条也不遗漏,凡是不必要的,一条也不收。读者从分类目录中可以看到本学科的全貌、学科系统和层次及查到内容连贯的条目释文。我们说:读者可以把百科全书当作系统性的教本用,就是指的这一点。另外每一个重要条目的后面都附有参考书目,因为条目只介绍基本知识,是入门的东西,要加深研究,还要靠专业的著作。这样,百科全书还可以作为自学的教材,知识的范围很广,可用的书籍很多,自学者不可能置备太多的书。但置备了百科全书,就好像在自己的案头设立了一个平面的图书馆。

有的小青年对这套大部头书有畏惧心理,认为非有高中以上文化程度的人才能使用它。其实,即使低于高中文化程度的人,只要有一定的语文水平,至多借助于字典或部分参考书,也还是可以读下来的。

可以说,使用百科全书是自学成才者的一条捷径。百科全书是自学者的良师益友。

原载《自学》1984 年第 1 期

文字改革和百科全书[①]

中国在古代就有大型的类书,但是那跟百科全书的性质不同。百科全书是人类知识的总汇,它扼要地综述人类的知识和历史,指引人们迅速找到各部类和各项目的知识门径。现代百科全书是十八世纪中叶创始于西欧的。当时的西欧已经走出了封建而黑暗的中世纪,正在迅速向新兴的资本主义前进。产业革命和生产的大发展,使广大的知识分子要求更多的知识。适应知识需求的大量增长,有知识启蒙性质的现代百科全书于是出世了。

第二次世界大战以后,第二次产业革命的科技大发展,使知识的积累更加迅速,知识的需求更加迫切,于是指引知识门径的百科全书更加被重视了。许多国家争相出版百科全书,种类繁多,内容新颖,着重反映科技和文化的最新成就。经过多年的不断改进,百科全书成为人类社会现代化不可缺少的指南。

在中国共产党十一届三中全会指导思想的指引下,在粉碎"四人帮"之后仅仅第四个年头,中国有史以来第一部现代百科全书《中国大百科全书》的最初一卷《天文学》出版了。全书总共七十卷,每卷包括插图一百五十万字,计划十年出齐。

文字改革的目的是促进中国的现代化。出版百科全书的目的也是促进中国的现代化。我们是同一条战线上向着同一方向前进的战士!

我们的关系不仅是方向一致,《中国大百科全书》还直接应用了文字改革的成果。我要郑重地告诉各位,全部《中国大百科全书》的正文都是按照汉语拼音字母顺序排列的,每一条汉字条目的上面都注明汉语拼音,还有"内容索引",也是按照汉语拼音字母排列的。我国法定的"汉语拼音方案"是现代化的

[①] 本文是姜椿芳于一九八一年七月十三~二十日在哈尔滨召开的全国高等院校文字改革学会上的讲话。编选时做了适当删改。——编者注

设计,我们利用这一设计使《中国大百科全书》实现编排和索引的现代化。

对一部百科全书来说,条目如何编排,索引如何编订,是一项重要工作。采用现代化的编排和索引技术,不是随便决定的,而是经过了反复研究然后实行的。这里简单地说一下我们的经验。

开始我们也考虑过采用传统的"部首·笔数·字数"排列法。新版《辞海》就是用的这种排列法。方法是:第一工序按部首排列条目汉字;第二工序按笔画数排列同部首的汉字;第三工序按条目字数多少排列条目。这一方法的缺点是:一、部首多少没有标准(新版《辞海》部首表中列二百八十二部,实际二百五十部;《新华字典》部首目录列一百八十九部,实际一百八十八部),同一个字往往可以归入几个不同的部。二、笔画数有不同的算法,汉字简化使笔画数有了变化,排列要跟着改变。三、按字数多少排列,使同源条目不能集合在一起,只能隔开排在不同的地方。例如,新版《辞海》中"马克思"排在第二五八八页,"马克思主义"排在第二六〇二页,中间隔着"马耳他时报"等等条目;"马克思主义哲学"排在第二六〇六页,中间又隔着"马克西米连一世"等等条目。同源条目隔开排列,对读者来说是极不方便的。"部首·笔数·字数"排列法用于卷数较少的辞书还可以,用于七十卷分十年出齐的百科全书,就太不理想了。

于是我们考虑采用"音序同字头归类"的排列法。《现代汉语词典》就是用的这种排列法。方法是:第一工序按照拼音字母顺序把条目的第一个汉字(所谓"条头")排在一起;第二工序把"条头"相同的条目再排在一起;第三工序把同"条头"条目按拼音字母顺序排列。这一方法的缺点是:开头和末尾用音序,中间用形序,而同一音节的同音汉字没有一定的排列次序。(《现代汉语词典》和《新华字典》就很不相同)。

研究了各种不同的排列方法以后,我们最后决定采用"单一的全条目音序排列法"。复杂的、多层次的排列法不利于读者。"单一的"排列法利多而弊少,比较理想。"全条目音序排列法"不仅使同源条目集合在一起,而且几乎没有"重码"和"两可"的问题。对排列和检查两方面来说,这是效率最高的方法,符合排检技术现代化的要求。

当然,"单一的全条目音序排列法"也不是没有缺点的。第一个缺点是今天年纪较大的读者有许多不懂汉语拼音。只能用汉字笔画索引来补充。现在每年学习汉语拼音的小学生和成年学员有两千万以上。十年以后《中国大百科全书》出齐的时候,具备汉语拼音常识的读者必然大大增加。他们是百科全书的主要读者。第二个缺点是条目中有外国的人名和地名,外文拼写法跟音译汉字的注音法不一致。例如 Russell 译成"罗素",而"罗素"的注音是 Luosu,这样的矛盾只能用"两见"的索引法来解决。

限于时间,我只作如上的简单说明。我们的实践证明,汉语拼音字母对排检法和索引法有最佳的功能。对《中国大百科全书》适用的排检法,在电子计算机的检索技术上也一定适用,而且一定会发挥更好的功能。浩如烟海的文献资料,如果没有高效率的现代化检索渠道,人们就只能望洋兴叹了。检索系统是文献资料的钥匙,而汉语拼音字母又是检索系统的钥匙。这一点,在编辑《中国大百科全书》的实践中,我们得到了深刻的体会。

在结束发言之前,我要提出一个请求,请在座各位高等院校的汉语和外语教师们,对《中国大百科全书》的《语言文字》这一卷,大力支持,密切合作,使这一卷能够以较快的速度和较高的质量,在我国现代化的文化事业中作出贡献①。我相信各位一定会愉快地接受我的请求的。

---

① 《中国大百科全书·语言文字》卷已于一九八八年二月出版。——编者注

庆贺《中国农业百科全书》出版①

《中国农业百科全书》首批卷的出版,是农业界、出版界值得庆贺的一件大事。今天的会可以说是一个报喜的大会,庆功的大会。

何康部长说我也参加了农业百科全书的一些工作,这主要是前几年。在一九八〇年前后,农委系统何康同志、刘瑞龙同志,还有农业部、林业部,水利电力部以及有关其他部门的领导同志开会,讨论农业百科全书的整体规划、框架设计、编辑人员调配以及工作计划,到一九八一年才成立了总编辑委员会,着手编辑出版《中国农业百科全书》的工作,这在中国农业历史上是一件空前的大事。经过六七年的努力,目前已经出版了农业气象卷,水利(上、下)卷,同时其他许多卷都在进行编撰工作,不久也将问世。

《中国农业百科全书》首批卷出版其所以值得庆贺,是因为它是具有历史意义的事。我们中国的农业历史固然悠久,但农业领域的历史上却很少有专著问世。在明朝有一位大科学家徐光启,生前编撰了《农政全书》,于崇祯十二年(一六三九年)刊行,这是一部类书,全书六十卷,总共五十多万字,分列农本、田制、农事、水利、农器、树艺、蚕桑、蚕桑广类、种植牧养、制造、荒政等十二门,不过该书所列篇目、名称和我们现在所说的不一样。《农政全书》的刊行,可说是中国农业发展史上的一件值得称道的事情。但是在这以后的三百四十多年间,我国没有出版过更新的、更全面的农业方面的百科全书之类的书,现在竟然出版了。在中国历史上有编撰类书的传统,每个有作为的帝王几乎都要编类书。类书是把前人已经有的各方面知识,包括辞章、故事、各种事件收集起来,编成分门别类地书,那只能说是百科全书类型的书。真正的百科全书是两百多

---

① 本文是姜椿芳在《中国农业百科全书》首批卷出版发行新闻发布会上的讲话。标题为编辑所加。——编者注

年前法国的唯物主义哲学家狄德罗开始编的,是把本国的、外国的、古代的、现代的所有知识都包括进去的百科全书。我国对这项工作没能及早地做。虽说早在清朝末年,民国初年出了一些小型的百科全书,但或者是专业的,或者是不完全的,还不能称为百科全书。到了中华人民共和国成立后的三十年间,虽然有过计划,但未能实现,直到"文化大革命"那场浩劫结束后,主要是党的十一届三中全会后,才兴起了编百科全书的事业,《中国农业百科全书》就是在这个时候开始筹备的。除了像编《中国大百科全书》那样的综合性百科全书之外,也在编辑出版专业性的百科全书,如农业百科全书、医学百科全书,同时开始编撰的还有军事百科全书、体育百科全书等等,还有一些部门和学科也在开始进行,从而形成了中国历史上前所未有的一个编百科全书的热潮。《中国农业百科全书》的众多编撰者可以说是这个热潮中的一支有力的队伍,今天已经出书了,应该向全国人民报喜。

百科全书编撰工作有一个很重要的特点,那就是我们在做前人未做的一种集知识之大成的工作。集大成的工作,就是要向人民,向我们进行的四化建设事业,整理提供古今中外的各种基本知识,分门别类地编成书,把它送到人民手里,便于他们查阅知识和资料,以促进生产建设事业的发展。世界上许多国家生产力的发展,虽有多种原因,但有百科全书这项文化科学的基本建设,是一个重要的原因。一个国家有百科全书和没有百科全书是不一样的,大家看一看百科全书所涉猎的内容的深度和广度,看一看它所提供知识的时空跨度,就可以理解这个问题了。编辑出版百科全书,可以说是一个国家兴旺发达的象征,是一个进入繁荣昌盛的国家所要做的一项基本工程,是为人民、为国家、为未来事业的发展所必需做的文化建设工程。当今我们欣逢盛世,在改革、开放、搞活的政策指引下,正在编撰出版各种百科全书,这无疑地也象征了我们中国也进入了繁荣昌盛的新的历史时期,我们正在做集大成的工作,在做对人民、对国家有益的事情,从这个意义上讲,我们应该热烈庆贺《中国农业百科全书》首批卷的出版。

农业百科全书各卷的编委、参加撰稿和编辑工作的同志,是很辛苦的,要付出大量的劳动,因为百科全书是一种很难编的书。国外百科全书的编者也说,世界上最难编的书就是百科全书。因为难,有些国家、有些人就不编了,只好去查阅其他国家出版的百科全书,但越是文化不发达的国家,精通外国文字的只能是极少数人。我们是拥有十亿多人口的国家,为了进行现代化建设迫切需要编撰百科全书,用它来普及和提高全国人民的文化科学知识,形势逼人,非编不可。但是编百科全书,要费时间,要费很多人力、财力,有时计划定了,还会因某些条件不相适应而拖延时间,这是难如人意的现象,因为编百科全书是很不容易的事。我们编出农业百科全书第一版以后,再编第二版、第三版就比较容易了,把它进一步编好也就有基础了。虽说今后比较容易,但还会有各种困难,因为赶上时代的发展,把当代最新的科技成果都吸收进去,篇幅太大,就不得不把过去写的篇幅进行压缩,凡重要的知识却一点也不能遗漏;而多余的则一点也不能要。这样给读者提供的是一部篇幅不太大,而知识内容完全、丰富的书。要做到这一步,也就很不容易。由于略知编撰百科全书的艰辛,因此,要向参加编辑工作的同志表示感谢。百科全书的出版工作是繁重的。农业出版社承担了这项艰巨工作,适时地把书送到读者手里,这是很多同志辛勤劳动换来的成果。我作为一个参加百科全书工作的人员,在此对农业出版社领导、对印刷厂的领导和工人同志表示感谢。在座的新闻单位的同志们,你们为中国农业百科全书的编撰出版做了不少宣传工作,扩大了这部书的社会影响,我向你们表示感谢。

今天在座的同志们,特别是农业系统的各位同志,我们可以说是中国的百科全书派,不是两百多年前法国狄德罗的百科全书派,那时他们是带着一个推翻封建社会、建立资本主义社会的任务而编撰百科全书的;而我们今天是把新知识送到人民手里作为文章题目,为社会主义经济建设服务,可以说我们是新的百科全书派。今天,何康同志的讲话,使我想起几年前在农委办公室开会的时候,他风趣地提到法国狄德罗为开展思想启蒙运动,从编撰百科全书而成为百科全书派。我觉得很有意思,希望我们编撰百科全书的人,包括出版工作人员,也包括支持我们的新闻出版界的朋友们,我们都是新中国的百科全书派,大家要齐心协力提高百科全书的质量,以繁荣我们的文化科学事业,也就是奋力促进我国整个经济、文化建设事业繁荣昌盛。

从历史大辞典到百科全书

人们对于自己过去的历史,无论古今中外,都是极为重视的。人们就是立足于过去的历史,创造现在的历史,开创未来的历史。人们很自然地竭力想要掌握过去历史的知识,从古以来人们总是想尽办法把历史事实记录下来,推而广之,尽可能详尽、翔实地把各种科学的、生产的、斗争的知识及其历史发展过程记录下来,广为传播,长久流传。时至今日,人们要求有更适用的历史知识的工具书。

《中国历史大辞典》就是适应今天人们需要而编辑的最新型的历史辞书。

常言道:"一部二十四史不知从何说起。"用二十四史来形容冗长而复杂的、难以说得清楚的事情。记述中国历史的已经不是二十四史,而是二十五史、二十六史;史书应该记述的已经不是上下五千年,根据新发掘出来的地下资料,需要记述的又增加了几千年。

今天人们学习、工作的范围和程度,也比过去为广为深,用于掌握知识的时间更为短少,对于历史知识的学习,需要有既系统而又全面,更要简明扼要,便于随时迅速检阅的最新型的辞典。

《中国历史大辞典》应该是,并且正是这样的辞书。

把浩如烟海的中国历史知识,用科学的方法,以辞目的形式,繁简适当地编成辞书,是中国历史学界的创举。如果把这一前所未有的工作看做开端,我们还必然要求史学界做进一步的工作:在这个大辞典的基础上编出《中国历史百科全书》来。

有人把《史记》以及其他断代史看做是百科全书,因为《史记》、《汉书》、《唐书》、《宋史》等史书,不仅叙述历史事实、人物传记,并且把食货、艺文、官职、科举、学校、刑法、兵制、少数民族等项目详尽地编写在内。当然,这还不是现代意义的百科全书。说《中国历史大辞典》是一个开端,正是指今天史学界从浩繁的几千年的历史记载中分析、提炼、掇要、归纳成为一个一个的辞目,它就是现代百科全书型的辞书,就是历史百科辞典。继续向前发展,编出专业性的历史百科全书,则将是史学界更高阶段的努力方向。

百科型辞典和百科全书有繁简、深浅、广狭、大小之分,但编写的要求和原则则是相同的。综合性的百科全书,像《中国大百科全书》中的历史卷,在编写原则上也是大同小异的,它和其他几十种学科并列合编,主要介绍中国历史的基本知识。

所有这些类型的历史辞书,有兄弟姊妹关系,有好多共同性的方面,都将是中国史学界在概括和传播中国历史知识工作进入最新阶段的重大学术贡献,是开创历史学术研究领域新局面的重大建树,是充实社会主义精神文明的一项不可或缺的工作。

正是要从这个角度出发,在政治和学术上,十分严谨地编好《中国历史大辞典》。

《辞典》与《全书》不同,辞典的辞目释文字数远较百科全书的条目为少,但辞典的辞条数量要比全书的条目多得多,内容也细得多。在总的方面,辞典要像全书那样编写,要十分注意在极简短的辞条中叙述系统的历史知识,给读者指出线索,可以借此找到进一步深广的知识。《中国历史大辞典》在辞目中列出几条书目,有时还指出章节和页码,是很好的做法。《大辞典》是成千人参加的集体工作,辞目出于不同撰稿人之手,编辑部要十分细致地从体例上、规格上要求做好统一的工作,年代、纪年、人物的生卒年和事实的起迄年既要准确,又要前后统一。辞条释文的体裁和文字要有一种创造,适合今天读者的需要,由于取材于历代史书,用字文白夹杂是不可能完全避免的,但必须有意识地竭力避免,艰涩的字眼和句子要舍弃,不能单从"简要"出发,把旧书上的句子完全照搬过来。

常常容易出现问题的地方,如互相交叉的辞目,少数民族的历史和居住地区、地名和疆界的变迁沿革,不仅要从准确和统一方面考虑,尤其要从政治上考虑。

辞典是为广大群众查阅、校对、释疑、解惑的,必须用种种方法便于读者检索,要有几种索引,让读者顺着不同的检阅渠道都可以迅速查对自己需要的、有时是急需的事实和知识。从这里产生一个想法:是否可以在辞典之前或辞典之后附一个辞目分类目录？分朝代，每一个朝代又分项目，列出辞目，注明页码。辞典一般是不用目录的，按笔画或拼音字母顺序排列辞目，本身就是"目录"，但《中国历史大辞典》不是一般辞书，而是专业辞书，尤其是中国几千年历史的辞书，使用者先有具体要求，然后去检查一定的辞目，这是一个方面，也有不知道要查什么辞目，对着浩瀚的烟海，不知从何着手，是否像字典的"检字目录"那样，借着分类目录，"顺藤摸瓜"，找到辞目。而且有人要用这种辞典作为学习的参考书，只有分类目录，才能帮助读者灵活使用这一专业辞书。作为百科全书型的历史辞典，《中国历史大辞典》也是可阅读的书。似乎也应考虑这一点，这样做，占用篇幅较大，是一个困难，也许可以考虑一种有所兼顾，采用大类分目的方式（不是全部辞目的目录）作为折中办法来解决这一问题。

  作为参加一些《中国大百科全书》编辑工作的人，提出上述不成熟的意见，供《中国历史大辞典》的编辑同志参考。

原载《中国历史大辞典通讯》1982 年第 3 期

创新局面　传新知识　跨新步伐

领导我国社会主义现代化事业的坚强核心——中国共产党从一九七八年十二月十一届三中全会开始,实现了具有深远意义的历史性的伟大转变,接着在一九八一年六月的六中全会上通过了建国以来党的若干历史问题的决议,贯彻实行了一系列拨乱反正的重大政策,在一九八二年九月召开了开创新局面的第十二次全国代表大会。同年十一~十二月间召开了五届全国人民代表大会第五次会议(全国人民政治协商委员会会议同时举行),通过了被称为合乎国情、顺乎民意的治国安邦的新宪法,和为我国工农业年总产值翻两番的宏伟目标起步前进的第六个五年计划。实现了这样几件大事的一九八二年可以称为伟大的一年。

跨入一九八三年,伟大的中国人民将以雄伟的步伐在祖国历史上少有的安定团结、人心振奋的热烈气氛中,欢乐而紧张地从事社会主义物质文明和精神文明的建设伟业。

在精神文明这个名词之内,包含着极其广泛极其丰富的内容。以共产主义为核心的思想建设,包括对人民群众进行革命理想教育、道德教育、纪律教育、历史教育、传统教育、法制教育、公民权利义务教育,等等。

胡耀邦同志在十二大所作的《全面开创社会主义现代化建设的新局面》报告中说:"……精神文明,它表现为教育、科学、文化知识的发达和人们思想、政治、道德水平的提高。"

五届五次人民代表大会通过的《中华人民共和国宪法》说:"国家发展社会主义的教育事业,提高全国人民的科学文化水平。"(第十九条)"国家发展自然科学和社会科学事业,普及科学和技术知识,奖励科学研究成果和技术发明创造。"(第二十条)"国家发展为人民服务、为社会主义服务的文学艺术事业、新

闻广播电视事业、出版发行事业、图书馆博物馆文化馆和其他文化事业,开展群众性的文化活动。"(第二十二条)

赵紫阳总理在人民代表大会上所作《关于第六个五年计划的报告》的"第六个五年计划的基本任务"一章的第三节"关于教育、科学、文化事业的发展"中,提出了许多发展教育、科学、文化事业的具体要求和措施。

所有这些都说明党和国家对于精神文明的建设,特别是对于教育、科学、文化的建设十分重视,提出要求,确定措施,并把种种规划和规定用法律条文固定下来。

科学、技术、文化知识是多方面的,包罗万象的,我们用"百科知识"这一名词来概括,并出版《百科知识》月刊,配合《中国大百科全书》的编辑出版工作。面对全面开创社会主义现代化建设新局面的任务,按照第六个五年计划的具体规定,执行新宪法所确定的国家大政方针,我们必须抖擞精神,奋发努力,精心规划,锐意经营,广泛组稿,扩大发行,来办好、编好、出好以介绍和传播百科知识为职志的《百科知识》月刊。

《百科知识》创刊于一九七九年五月一日,现在跨入第五个年头了。在将近四年的四十一期(第一年只出五辑)中发表了一千五百篇左右大小文章,约请全国各学科各领域的许多专家学者撰稿,介绍了社会科学和自然科学各个门类的知识。回顾过去将近四年的时间里,我们编辑部的工作人员,深感工作没有做好,对读者和作者有不少考虑不周、不够尽职的地方,在处理稿件上也有缺点和错误,在此万象更新的一九八三年肇始之时,应该好好为改进工作而检查过去。

在创刊之初,我们曾提出出版这个期刊是为了编辑《中国大百科全书》做充分准备。除了刊登一般介绍社科和科技知识的文章外,也选登一些《中国大百科全书》试写条目,征求读者意见,与读者、作者讨论编写《全书》的有关问题,交流编写经验,并提出《百科知识》要为编辑《中国大百科全书》服务。

在过去的四十一期中,我们开始曾遵循这一方针。随着时间的推进,在读者、作者、编者的督促和协助下,又做了不少改进,逐渐形成现在的面貌。

现在看来,《百科知识》作为一个广泛发行、供广大读者阅读的期刊,就不能单纯从"配合"《中国大百科全书》和为它"服务"这一角度来处理文稿。当初提出的部分任务,实际上属于出版社内部刊物的范围,是编者与作者之间通讯的内容。

根据这一发展情况,现在可以概括地说:中国,亟需出版百科全书,但此书内容浩繁、篇幅巨大、费时费力,计划出版七十余卷(约一亿字左右),争取十年出齐。作为传播知识,便于使用者检索的工具书,这样的速度难以适应客观的需要,于是从一九八〇年起,编辑出版了《中国百科年鉴》(我社上海分社编)。把一年来国内外的百科知识和资料系统而全面地汇集在一起,提供给广大读者。一年一度出版一本年鉴,还是难以满足客观的需要,于是从一九八〇年起,把一九七九年作为丛刊出版的《百科知识》改为月刊,把国内外的各种知识和有关资料,每月一期地送到读者手里。

从内容上和编法上,我们认为还是应该从"百科全书"这个角度来考虑。《百科知识》刊登的文章,既有介绍中外古今各种知识的文章,但又不是百科全书上的条目;刊物上的文章既应有编写百科全书条目的学术性、准确性、全面性和系统性,又要着眼于提取最新知识和资料,即要有新闻性和引人入胜的趣味性。但这种介绍和反映基本知识和最新知识的文章也不是一般科普读物,而是通俗化了的社科和科技的学术性文章。换言之,《百科知识》所刊登的,应该是百科全书性的文章,《百科知识》应该是百科全书化的期刊。从《中国大百科全书》新编各卷中,选取适合期刊的条目(或者经过增删改写)还是可以而且应该首先在《百科知识》上发表的,既可使读者先睹为快,也可起征求意见的作用。

《百科知识》在将近四年的时间内,逐步具有这种性格与风格,今后还应在这条道路上前进。从本期起,我们希望能更自觉地在这方面努力,并且能够有所创造有所进步。希望读者在阅读过程中继续不断地给我们提意见;并希望作者给予更大的帮助,从自己专业的学术的角度,捉取各个领域、各个角落的最新最尖端的发现与成就,撰写客观上极为需要的、深入浅出的文章。

在新的一年中,《百科知识》要遵照党与国家提出的新目标、新任务、新做法,在传播各种知识方面,做出成绩来。希望作者和读者支持我们,为编好和出好这个刊物跨出新的步伐,为传播新知识服务,为开创社会主义现代化建设的新局面作出自己应有的贡献。

原载于《百科知识》总第 42 期,1983 年 1 月 22 日

《辞书研究》的光荣使命

辞书是一切工具书的通称。举凡字典、词典、类书韵书、目录题解、通鉴索引、图谱图表、宝鉴统计以至百科全书,都是辞书,或者说都是工具书。

中国人在二三千年前就得到一个结论:工欲善其事,必先利其器。对于一切制造和工程的进行和改进,首先考虑工具的改进和完善,造出利器来克服生产上的困难。在学术文化的发展上,中国人早就知道编纂工具书的重要。古有《尚书》、《尔雅》之编,后有辞书类书之编。西周的《史籀篇》是最早的字典。随着时代的前进,文化的发展,辞书愈编愈精。辞书的改进是文化发展的产物,辞书又反过来为文化服务,为文化的更进一步发展起促进的作用。

新时期,在党和国家的提倡和推动、组织和计划之下,近年来辞书事业有空前的发展。《辞海》修订版的全部出版,《辞源》的陆续问世,《汉语大词典》的加紧编纂,标志着我国工具书的编辑出版也开始了自己的新时期。

《中国大百科全书》的开始陆续出版,接着各种专业百科全书和青少年与儿童百科全书的着手筹划,各种专业辞典一部接一部的问世,说明辞书的繁荣时代已经来临。

适应这个新时期、新天地的新情况,《辞书研究》的出版标志着辞书事业跨进了新阶段。繁荣的辞书事业必须有一个研究性的、指导性的、建设性的刊物,这是《辞书研究》的光荣使命。《辞书研究》的重要意义还在于在我国开创了辞书科学。三年的辛勤劳动,编者三年的锐意经营,对辞书事业的推进作出了自己积极的、卓有成效的贡献,今后还将作出更大的贡献。

我们盼望《辞书研究》进行更专门、更深入的研究，为我国辞书事业的飞腾发展，为迎接科学文化事业的新高潮，因而也就是为"四化"大业的加快开展作出自己应有的贡献！

原载《辞书研究》1982 年第 5 期

化祝贺为力量

编纂辞书是一门学问。编好一部辞书,单有学问还不够,要有一整套科学方法,这种方法是一套完整的工艺,也可以说是一种要求很高的艺术。在今天世界各国,特别是在苏联和部分的西方国家,编纂辞书已成为一门科学,称为辞书学。我国过去在编纂辞典型、类书型的书籍方面有悠久的历史,但是还没有把这种学术性、工艺性要求很高的工作,形成一种科学。今天的中国,要求建立这一学科。《辞书研究》这一刊物的出版,在这方面进行了大量的调查、研究、探索、开拓、借鉴、立论等开创性的工作。《辞书研究》的五年,是辛勤耕耘的五年,有成绩的五年。今后要做的是继往开来的更艰巨的工作。我们要为《辞书研究》的五周年庆功,更要对今后提出希望与要求。

首先,要把辞书学这门学科完整化和完善化,团结国内参加编纂各种辞书的专业的和有志于此的编辑家,进一步进行调研探索,总结经验,借鉴国外,多多发表与此有关的论著,积极努力把中国辞书学建立起来。在这方面,《辞书研究》肩负着不少努力组稿、呼吁、概括的重任,并要设法多多编辑出版一些专著,通过上海辞书学会的专家们展开这方面开创性的工作。

第二,要大声疾呼,要求有关部门成立辞书学研究所。吁请中国社会科学院、上海社会科学院,早日考虑筹备成立这种研究所。客观形势不容许这项工作"慢慢来",这方面现有的有研究的同志们可以先通过座谈等方式结合起来,呼吁和推动有关方面把筹备组成立起来。希望《辞书研究》所在地的上海市的社会科学院首先出来推动这一工作,其他各省市有条件的也可以陆续发起筹组这项工作,因为有些省市有辞书学研究的人才,也有编过或正在编纂各种辞书的人才。

第三,我们过去呼吁过,现在还要积极建议教育部门和有条件的大学和师院早日着手研究、筹备、成立辞书系的工作。我国正在全面盛开地、锐意猛进地进行四个现代化的宏伟事业,各种辞书,包括各种工具书、参考书、百科全书以及手册等是开创这一伟业的重要手段之一,是先行者之一,是这一事业的组成部分,为了多编、多出、编好、出好各种辞书,必须培养这方面的专业人才;认识到这一缺门空白,就必须急起直追地创立这一部门。《辞书研究》有责任在这方面多提意见,多作呼吁,并且应该号召在这一领域有见解有经验的专家学者积极地提出方案和规划,向有条件的大专院校推荐人才。这不是可以"不着急"的事情,也不是可以"等着慢慢来"的事情。相信党,相信领导一定会办,认识到必须办和快办的人,也应该主动地、积极地、自觉地来奔走和呼吁,《辞书研究》的编者、作者有责任走在前头,不怕难、不怕非议来奔走、来建议、来推动这件事,并且推荐那些志愿和胜任的同志给主管部门和有关单位去担负这种工作。如果要化祝贺为力量的话,我不揣冒昧地向庆祝自己奋斗五周年的《辞书研究》编辑部的同志和你们所联系的专家学者提出这样的祝愿!

原载《辞书研究》1984 年第 3 期

《中国大百科全书》学科卷讲话辑要

我们的编法和客观性问题[1]
——在《物理学》卷分编委会座谈会上的讲话

关于《中国大百科全书》的设想、要求,已在不同场合以及几种报刊、杂志上作过一些介绍,不多谈了。现在主要介绍一下目前需要做的工作。

一、《中国大百科全书》的规模和编排方式

百科全书在我国是第一次搞。过去我国只出版过一些介绍各科常识的篇幅不大的百科全书类型的书。《辞海》也还是辞书性质,其中有关的社会科学、自然科学也都只是词目,限于解释名词。现在我们除了编写综合性的大型百科全书外,还将编写小型的和专科性的百科全书。我国过去没有出版过现代意义的综合性百科全书,所以我们开始搞的第一部不得不稍微详细一点,篇幅多一点。目前世界各国综合性百科全书的倾向是逐渐减少篇幅,一般约二十~三十卷;而早期则是五十~六十卷。他们之所以这样减少篇幅,是因为他们的百科全书已有较长历史,出版过很多版,例如《不列颠百科全书》已出到第十五版,已有不少详细的条目,新版可以大加压缩,而重点介绍最新知识。初步设想我们的《全书》共六十卷,另加索引两卷,每卷一百万字左右,这样六十二卷就要六千多万字。但进入具体工作后,又觉不够,有膨胀的趋势。例如索引二卷能不能打住,还要实践;物理学原定二卷,现在不行,要增加一卷力学,变成了三卷。这样,恐怕六十卷就不够了。

---

[1] 本文是姜椿芳一九七九年三月十二日在《中国大百科全书·物理学》编委会座谈会上的讲话;周家骝、楼遂整理,文中小标题为整理者所加。——编者注

外国百科全书绝大部分都是按字母顺序排列的,原因是学科之间的交叉多,边沿学科多,采用字顺排列,这些问题比较容易解决。当然编写时还是按学科分别进行,编好后才打散,按字顺排列。我们的百科全书采取这种编排方式,当然方便得多,但这样一来就会旷日持久,要六十卷的各科内容全部编好之后才能排列,短时间之内不可能出书。如果按学科分类分卷编写,而一个学科中的条目则按字顺排列,编好一卷就出一卷,这样可以早一些陆续把书印出来,可以对实现四个现代化作出自己的贡献。华国锋同志提出要尽快提高全民族的科学文化水平,这样,《中国大百科全书》自然应该快编快出才是。

二、《中国大百科全书》的编辑出版是客观上的需要

世界各国大都出版百科全书,且有的国家还不止一种。不同国家、不同出版社所出版的百科全书,性质不同,特点各异,或者在不同方面有所侧重,有综合性的、专科性的,甚至有学龄前儿童用的、妇女用的百科全书,等等。我国虽有《辞海》这样的辞书,但更需要有一部综合性的百科全书。

北京图书馆备有大多数国家的一些主要百科全书,可是没有中国的百科全书。联合国图书馆也没有中国的百科全书。这样对我国的看法是有影响的。因此,从国内国外各方面看,都需要快些编辑出版我们的大百科全书。

出版《中国大百科全书》是历史潮流,客观需要。"快"是一个要求,但怎样编辑却是首先要解决的问题。现在世界各国的百科全书大都是按字母顺序排列条目。我国是初次编,有必要先按学科分卷出版。分科分卷出,各学科之间的交叉很多,还有一些边沿学科如何安排,怎样解决好这些问题,费时、费力;而且这种编排本身就不是很科学的,做起来总是困难重重。但我们不得不走这条路,一方面因为我们过去没有出过这样的书,无所依据,为读者着想,分科分卷比较适合;再者为早日出版,可以编好一卷出一卷,不必等到全部编好再按字顺排列,从而提前和读者见面。

我们原来的设想与现在的情况有些不同。原来设想各门学科可以有一卷、二卷等等,比如生物学,可以先出一卷植物学,再出一卷动物学等等。但生物学的总论放在什么地方呢,而总论又是需要的。又如文学,如果搞一卷中国文学,搞一卷外国文学,但文论放在中国文学还是外国文学里,就是难以解决的问题。

中国文学还分少数民族文学、民间文学、儿童文学,外国文学也要这样做。文论中要讲浪漫主义、现实主义,这些提法中国过去都没有,是从外国介绍进来的,中国文学和外国文学不能截然分开。这样就又回到原来的出发点,就是要先把中外文学全部编好,再把条目打散按字母顺序排列。生物学也要先把各分支学科全部编好,再把条目打散排列。物理学看来也得走这条路。今天请物理学家在这里讨论一下,物理学究竟分几卷才合适,是否不以分支学科分卷,而是浑然一体,按字顺排列。我们设想每一学科的开头要有个总论,让读者对这门学科得到一个概貌。然后是分类目录,使读者对于本学科有更进一步的全面了解。以后才是主体——按字顺排列的条目,最后附以几种索引。应该有一个汉字笔画的索引,因为有些读者由于口音不同或不习惯汉语拼音,他们使用汉字笔画索引比较方便。有些人习惯用四角号码检字法,也考虑加一个四角号码的索引。还有分析索引,特别是对于长条目中叙述到的许多问题,更需要有一个分析索引,供读者寻检。百科全书要方便广大读者的使用,有了这些索引,读者就可以很容易查到他所需要的条目。为了查阅方便,在长、中条目的释文中还应有适当的小标题,在条目开头先来个目录。

三、《中国大百科全书》的性质、特点和要求

外国百科全书常常报道这样一种情况,即某些专家是通过百科全书的学习和指引而成为专家的。所以《不列颠百科全书》第十五版中提出,百科全书是"没有围墙的大学"。谁都可以进入这个大学去学到东西,它是桥梁,通过它既可以辅助自己的专业的学习逐渐深入,又可以学到自己专业以外的知识,并进一步深入进去。西方提出一种见解,生活在现代,世界上的知识是如此之多,应当终生学习。这就是我们所说的"活到老,学到老"。但拿什么来学? 学习的最好教材就是百科全书。把人类自古迄今的全部文化知识,加以综合而集其大成者就是百科全书。百科全书是终生学习的教材。这就提出了我们的百科全书的读者对象是谁的问题。我们决定以大学生和具有相当于大学程度的人作为读者对象。这样在编写时对于内容的深度、术语名词以及公式的应用等等,就可以有一个分寸。并且文字还要写得深入浅出,具有百科全书应有的独特体裁。所有这些问题,已经有了一些体例性的材料,现在正在整理,将来编写的

同志可以人手一册，就方便得多了。

在编写我们的百科全书时，要借鉴外国的经验。外国百科全书中的条目有长有短，长的达数十万字。有些百科全书采取大条目主义，以长条目为主。我们采取中条目主义，一般条目都不太长。我们把条目分为五类，即特长、长、中、短、参见。少数特长条目的字数可超过十万字，长条目在二千到二万字之间，中条目为五百到二千字，最小的短条目字数在五百字以下。我们首先编的是《天文学》，现正在编写中。条目字数虽然有规定，但一写起来往往会超过。大家都希望写得完整一些，这就必然会长一些，结果总的字数就多出来了。五百字的短条目，多一点没关系。当然应该尽量压缩，以不超过为是。文字要压缩，就是说要把水挤掉一点，但也不能挤得太干，把条目写得干巴巴的，应该有文采。有个字数限制就可以有个约束，使得整部书得到大体上的平衡。特长条目也可超过十万字。例如中国历史、外国历史一类的条目就是这样。《不列颠百科全书》第十五版中，中国历史一条写了二十万字左右。

外国百科全书各有它们自己的特点，我们的百科全书也应有中国自己的特点：最重要的是思想性强，以马列主义为指导，用科学的观点，即辩证唯物主义和历史唯物主义的观点写一切条目。其次是中国从古至今的科学文化的发展要突出。再次是要注意第三世界各国和地区的历史与情况，以及其他等等。

《中国大百科全书》有一个总编委会，现总编委会的主任、副主任已经确定，还要增补几位。总编委会委员一下子还不能确定下来，主要是因为各个学科分卷还没有展开工作，不能仓促地定下来。

各个学科可以成立分编委会，也可以不必马上成立分编委会，可以先成立筹备组，先把分支学科的编写组成立起来。由分支学科编写组草拟学科的分类层次框架和条目目录。有了框架，一个条目的上下左右位置和关系就清楚了，写起来就会有层次、有分寸。我们《天文学》一卷的框架，层次有五六层。着重写一、二、三层，再下面分得太细的可以少写或不写。有了框架、层次，就能够知道每一个条目的上面是谁，再上面是谁，下面是谁，再下面是谁。就是说，把曾祖父、祖父、父亲、儿子、孙子的关系弄清楚了，撰写人就容易写自己所要写的条目了。这样也比较容易确定字数，定下长短之后，再定由谁来写某一条目。胡乔木同志提出，找最适当的人写最适当的条目。这样可以写得更好、更快、少返工。一个条目写好之后,就由它所属的那一个分支学科编写组的主编审查定稿。主编是这一分支学科的专家,对于该分支学科的内容及撰稿人情况都很了解,他会适当安排和审稿。主编审稿、定稿之后,由各分支学科开会,共同审阅、讨论、平衡、定稿。这是一次学科定稿。分编委也一起参加,解决一些遗留问题。最后再由出版社编辑部进行文字、规格、技术方面的加工定稿(学科编辑、文字编辑、规格统一人员同时进行)。由于撰稿人很多,文体不可能完全统一,尤其是术语、人名、地名必须统一,数据和有关资料必须核定,语言必须规范化。所以编辑部必须进行这样一次加工。

有的分支学科的问题,如果主编解决不了,可由分编委会解决,如再不行,最后还可拿到总编委会解决。

四、一个原则问题

还有一个原则问题,就是在撰稿时应站在什么立场。前面说过,我国百科全书的特点之一是用马列主义的观点来处理全部条目的撰写,现在再特别强调一下这一点。西方各国的百科全书强调公正,不偏不倚,不倾向任何主义,否则就不算公正。其实这是资产阶级的偏见,而不是公正。我们是唯物主义者,不隐瞒自己的观点,我们的观点是有倾向性的,这就是唯物主义,辩证唯物主义的观点、科学的观点。我们反对把马列主义挂在嘴上、写在字面上,反对抄几句马列主义、毛泽东同志的语录;而是要把科学的实事求是的观点,贯彻到我们的百科全书全部条目中去。

英国早期的百科全书提出,可以把不同的观点列出,不作结论。如天文学中关于天体、星辰等等问题,可把不同的看法都写上。同一个条目可以写两三个条头,由不同学派的人来写,这是科学的做法。百科全书是工具书,应当实事求是地把各种比较完整的观点全面介绍给读者,不能只定于一家之言。例如关于中国奴隶社会与封建社会的分界,可以把各家不同的观点都写上。又例如有一些人物,不能因为他后来反动了,百科全书就不收他。百科全书中所收的人物,是否只限于死人、不收活人。《辞海》只收死人,不提活人;我们决定无论死人、活人,凡有成就、影响、贡献的都收。外国百科全书的倾向是活人条目越来越多,连尼克松水门事件也写进去了。我们的《天文学》收入了四个活人,现在已有一位去世①。有一个建议,有些有突出成就的比较年青的科学家也可以写进去。中国的科学家,只要其一生为科学作出了贡献,培养了新人,发表了著作,在国内或者在国外有一定声望,都要写入百科全书。

每个条目之后都要署上撰稿人的名字,既是文责自负,也是尊重这位撰稿人的劳动和贡献。我们中国许多科学家的成就,不一定比外国的低,我们应该对外宣传他们。我们原来考虑中、长、特长条目才署名,现在决定短条目也署名。总编委、分编委,以及分支学科主编、副主编的名单都要在书上公布。

写百科条目与写别的东西不同,它是作概括性介绍的。有的人不愿写,认为是写科普,有失身份。其实百科全书具有权威性,读者都认为它是可靠的材料来源。国外许多科学家都争取为百科全书撰稿,认为它是一部系统地传播科学文化知识的专著,是读者可以据以自学的好书。在国外,不仅学校、图书馆、学者个人备有百科全书,许多家庭也都购置。没有这样的书,很多疑难问题难以解决。

我们现在出版百科全书一下子还做不到满足种种必要的要求,但以后要逐步想尽办法出版不同性质、不同专业的百科全书。今天我只是提一提这些问题,简要谈谈百科全书的编写设想。在你们各位专家面前我们是小学生,提出来的意见请大家讨论和批评。

---

① 指程茂兰同志,戴文赛不久亦辞世。——编者注

百科全书的教育作用[①]

中国向来是编类书的,近两千年编出了大大小小四百多种类书。类书是把已有的书分门别类归纳和摘录,汇成利于查检的文史工具书,科学技术知识较少,更没有外国的东西。清末鸦片战争以后,中国人见到了《大英百科全书》(现译《不列颠百科全书》),觉得这比类书更能适应现代的需要。有了想要编百科全书的想法,而没人再编类书了。一九〇五~一九〇六年,吴稚晖等人发起编百科全书,搞了计划,但未编成。直到二十年代,商务印书馆和中华书局才开始编一些应用性的知识书,但也只是《万有文库》之类的丛书,后又编了《辞海》,但仍未能实现编现代百科全书的理想。抗战期间,李石曾等人在重庆想编百科全书,但没有钱。抗战胜利后,他们到上海还计划编,国民党一心打内战,哪有钱办这样的事。解放后,胡愈之同志倡议编辑出版百科全书,但当时条件不成熟,后虽列入十二年规划,却一直没有动。

编百科全书,我国的知识界是有积极性的,也有人才和能力,但这还要很大的组织力量和财力。中国过去编类书,大多是皇帝下敕令编的,如魏文帝下令编《皇览》,明永乐皇帝下令编《永乐大典》,清康熙帝下令编《古今图书集成》。这些都说明完成这样大的文化建设工程需要有强大的后盾。现在,我们党中央和国务院已决定编辑出版《中国大百科全书》,我们已具备了这方面的条件。

《中国大百科全书》不仅反映中国的水平,也要反映世界的水平,要包括世界最新的成就,知识要全面。有的知识我们现在还没有,世界上有的,我们也要介绍。如果我们的百科全书没有最新、最高水平的材料,那拿出去会贻笑大方。

百科全书究竟有什么作用?除了它的主要功用,即现代信息时代检索知识

[①] 本文是姜椿芳一九八〇年十月六日在《中国大百科全书·交通》编写组联席会议上的讲话。——编者注

信息的工具书,它的教育作用是值得重视的。有人通过读百科全书,引起了某个方面的兴趣,后来在掌握百科全书系统知识的基础上根据它所列出的参考书目,深入钻研,结果成了专家。我有一个学生最近从上海来,他原来是学外语的,搞外交的,在十年动乱期间在牛棚里读《不列颠百科全书》,根据百科全书指引的线索深钻遗传学和生物学,现在已是上海知名的生物学家。

中国有句古语:活到老,学到老。外国有种说法叫终身教育。这种教育的最好教材就是综合性百科全书。外国人说百科全书是"没有围墙的大学",这种大学人人都可以进。有这样一座"大学"开设在家里,活到老学到老就很方便了。外国人一般科学文化水平较高,他们的教育条件好是一方面;二百多年来,英、德、法、意、美各国出了不少百科全书,也起了相当的作用。不能说百科全书可以代替教育,但它能起到普及基础知识的作用,起到向专门家过渡的桥梁作用。外国有本国的百科全书,还翻译别国的百科全书。美国有《不列颠百科全书》、《美国百科全书》,在国外都有很大影响,可是还买了《苏联大百科全书》第三版的版权,为了扩大知识面和了解对方,把全书三十卷翻译成英文出版。

西方重视百科全书,是推动他们文化发展的原因之一。如法国狄德罗编的《百科全书》,用唯物主义的观点批判了宗教,动摇了封建主义的思想基础,推动了工业的发展,为法国资产阶级革命做了思想准备。就在同一个时期,中国清朝的乾隆皇帝下令纪晓岚编《四库全书》,却远未起到那样大的作用。

《交通》是《中国大百科全书》中的一卷。它既有经济学的内容,又有科学技术的内容,与其他卷的交叉问题不可避免。因此,在编纂中要处理好交叉重复问题,尽量避免不必要的重复。有些内容不得不割让一些。例如,关于汽车、机车、船舶制造的知识,主要是放在《机械工程》卷去讲。

用条目的形式介绍心理学知识[①]

  为了编《中国大百科全书》，这么多心理学界的老前辈今天聚集到一起，这是令人非常兴奋的事情。我们知道，多年来心理学家就难得有一次盛会了。我想打个比方，当然比方总是不太恰当的，我们的心理学家年事已高，可是几十年来却膝前无子，或者很少生儿育女。原因大家都清楚。因此，召开这次会议，对于心理学这个学科也是很有意义的。我在心理学方面不能说多少话，但是对心理学几十年受到的不该受的遭遇有了现在的转变，还是感到愉快。

  我们现在编《心理学》这一卷，主要要依靠各位老前辈，在座的中青年专家很少，我对此有不少感触。我们曾做过一些调查研究，感到有两个学科比较困难，一个是心理学，一个是社会学。为什么心理学会有这样的遭遇？为什么会把心理学这门学问全看成是唯心主义的东西？是不是心理学的"心"字使人产生了这样的条件反射？可能还有些别的原因。怎么能把研究人类思维规律及其生理基础的学问说成是唯心主义？这门学问实际上对人类精神文明的发展，对工农业生产和其他各种事业的发展都有很大的益处。那么多年，一个科学学科竟被人放下了，以致造成目前这样青黄不接。许多心理学家老了，而新一代的心理学家尚未培养出来。现在我们要编百科全书的《心理学》卷，就不得不请心理学界的老专家老当益壮，承担起更多的责任。

  现代世界上的图书有千种百种，但信息时代有一个基本倾向，那就是人们需要快速获取知识，因为现代知识实在是太多了。从头到尾读一部书，需要花很长的时间，让急欲了解一个问题、一个概念的读者，去读专著、教科书是困难的。如果把各种书所介绍的一切问题、一切知识都用简明易读、系统完整的大

[①] 本文是姜椿芳一九八一年十二月十一日在《中国大百科全书·心理学》编委会成立大会上的讲话。——编者注

小条目表现出来，那么查起来读起来就方便多了。用条目的形式介绍各种知识，这就是百科全书的方式。百科全书把这样编写出来的各种知识主题的大小条目，按字母顺序编排起来，成为一种供人随时查阅、随时系统学习的完备的工具书。人类的一切门类知识，一切学问，都可以编为百科全书。例如，去年苏联就出版了一部《十月革命百科全书》。十月革命是历史事件，当然意义很大，然而却能用百科全书的形式来表现。这部书的内容包括十月革命前前后后的事情：参加的人物、革命过程中开过的会议、各次战斗、帝国主义干涉，等等。日本还把《资本论》编成百科全书的形式。百科全书的基本特点，就是知识全面，易查易读。

百科全书既然是用条目的形式介绍基本知识，怎么写条目就是重要的问题。就是说怎样写才科学，才合理，才有系统。所谓系统，就是根据有系统的框架撰写条目，条目之间互相衔接，不至于使一些问题遗漏。要保证条目的系统性，就要靠百科全书的体例来约束。百科全书的体例说明条目的性质、体裁和结构，什么是条目不可少的，什么是条目不应有的，什么应该先写，什么应该后写，什么是核心内容，应该充分，什么是边缘内容，应该简略。此外，条目还应在框架的背景上写，这样才能不致越界与相邻条目重复，才能守住明确的"四至"。撰写百科全书的条目，也是一种专门的学问。编百科全书，就是要把专家的专业学问与百科全书这门学问结合起来。我相信，我们的心理学家懂得百科全书读者的心理，会写好《心理学》卷的条目的。

紧迫感和要打破陈规旧律[1]

一、编写百科全书要掌握在哪个层面上及编写的方式方法

百科全书要适合相当于高中以上及大学层次的广大读者阅读。有许多干部，尤其已经工作了几十年的人，甚至于我们许多领导层的人，一定说他上过高中，上过大学？不一定。但是他这几十年所接触的，所掌握的文字，专家编的他能够读懂。广大读者能够读懂，这就是我们编写文字要掌握的层面，由浅入深，深的东西我们也要用比较浅的语句把它写出来。

因此编百科全书是一个专业性的工作，是一个相当艰巨的工作。学者教授们愿意写也习惯于写学术论文、专著、讲义，但是写百科全书就有困难，因为它的字数有一定的限制；超过了，整个计划就被打乱了。它要求较浅，又要把基本知识写出来，尤其比较深的东西，也要介绍出来。用什么方法去介绍，一些科普的东西你可以打比喻，可以用生动的形式把它写出来，用多种说法来表示。百科全书是一种工具书、参考书，它可以读，又可以查阅，所以它的语言，它的编写方式，与你写学术论文、专著、讲义不同，要求不同。

外国有些人这样讲，"要编成百科全书是几个回合斗争的结果"。写的人这么写了，编辑的人要作二次修改，我们的编辑、主编要改，改了结果还不行，还要几次反复，才能够把它写出来，有的也可以很快就写出来。这个编写的过程，将来我们也得详细的再谈，还要找一些专人来和大家谈。

要注意的是具体编写的方式方法。有这么一个经验：一个分支，你组织了

---

[1] 本文根据姜椿芳在一九八二年一月三十日《中国大百科全书·数学》编辑工作会上的讲话录音整理。——编者注

二三十个人写,比如说我们现在的框架条目,参考一些外国的百科全书,条目搞出来了,请几位先试写些具体的条目,这些条目写出来给大家看,讨论、研究后,这一条他懂得了要这么样写,没有问题,他就会去写其他的四条五条,大家就知道用这样的方式写这么一个题目,用这么多字数比较合适。

我们编辑部的同志也经常会跟分支主编联系,甚至有些撰稿人我们也需要去联系,共同把这个过程做好。

二、每卷限定在一百万字左右

每一卷有多少字呢,我们研究定下来一百万字左右。现在许多学科进行下来,大体上总要超过一点,一百二十万。篇幅要缩小。有些学科,你若出两卷吧太多了,出一卷呢字数又超过了,我们就定个名字叫"扩大卷","加强卷"吧,这样子这个卷还说得过去。《天文学》卷出了一百二十万字,实际上加上插图和附属的一些材料、目录等等,合起来大概一百五十万。我们《数学》卷是多少,照现在的计划是一一一五个条目,一百五十万字,现在不算图就有一百五十~一百六十万字,不能太厚,无论如何不能超过一百八十万字,超过了就太厚了,装订起来也有困难,拿在手里很重。

有些学科出两卷,像现在正在排印的《外国文学》是两卷,正在编的《中国历史》是四卷①,《外国历史》是两卷,《农业》是两卷,可是现在有些人一再要求增加,昨天还收到一封信,搞兽医的:"你分给我三十万字怎么行,起码五十万字",他讲了一大堆理由。要求多、全,这可以理解,但是作为中国的百科全书,总要有个限制,适当增加一点也有必要。具体问题,具体分析,具体解决。但是我们《数学》这一卷一百五十万字左右,图也相当重要,数学里面需要有公式,还需要有彩色插图。像外国的数学家,中国的数学家,有些头像插图,还有带文字一起的,编的过程里面都要考虑到图,不要文字都弄好了再配图。

在整个的编写过程中间,会遇到一些问题,我们现在定的计划,无非就是,条目定下来给各分支掌握,现在是各分支自定的。那么这次会议要平衡一下,把它定下来。等到在编写的过程里面,可能会发现我们原来定的计划,定的条

---

① 出版时,定为三卷。——编者注

目与实际不完全符合，可能有的要并，有的要分。但是总的方面大体上就是这样。这个工作以后在实践中间，逐渐修正。把稿子写好了，先是分支编写组的主编、副主编来审稿，初步定稿了，遗留的问题，由《数学》编辑委员会开会讨论解决问题。编委们主要由分编委的主编、副主编组成，共同讨论问题，有共同语言，容易解决问题。不会使参加编委的同志负担太重，也不是全书都要他审查，抽查，主要是解决遗留下来的问题。

定稿时，在文字上修辞，我们编辑部也要参加，还要做一些核对的工作。印刷厂现在要求很严了。你是定稿，你就要写得很清楚，你要全，不能缺斤少两，以后就不能轻易改动了，改动还要罚款的。意思就是说，定稿要加工，文字上要修饰，规格上要统一，尤其是学术名词、人名、地名、数据、事实要经过核对，这样才可以拿出去。

三、国外百科全书的出版状况，中国百科全书出版的紧迫感

百科全书不应该有错误。百科全书要很严格地按照科学的要求，你数学里面是什么就是什么，讲得清清楚楚。中国的百科全书不是单单为了中国读者，是代表我们中国文化面貌的，这个书是要出口的，每一个国家的百科全书，都代表这个国家人民的科学文化面貌的，那么我们的百科全书出去，外国人也很重视。

现在，许多国家听说我们在编百科全书了，很感兴趣，中国这么一个大国，过去在他们的百科全书中反映中国情况的很少。我刚才提到的美国编的《不列颠百科全书》，它那里面有一条"中国历史"，英文字是十五万字，译成中国字大概将近三十万字，有时候可能还超过一点。它是一个大条。他们是费了很大的劲儿，找了许多专家写的，有些是华裔中国学者。他们为什么这样做？他们考虑：中国是一个很重要的国家，中国历史有这么多年了，我们不能简单。这是他们最长的条目，那是很讲究的。他们是为了要做到《不列颠百科全书》不仅仅是美国的，而且是英语世界的，现在还要超出这个英语世界，变成世界性的百科全书。

在欧洲有许多国家，也在出百科全书，而里面最缺乏的就是中国条目，《不列颠百科全书》有"中国历史"这个条目，还有其他一些有关中国的条目。我们

现在专门成立了一个编辑部,在翻译它的"简编","简编"译本将在国内出版。

我们初步看了,他们不了解我们的现状。他们在《不列颠百科全书》里面怎么写的呢:"胡风——中国共产党领袖之一,后来犯了错误,死了。"就没了。第一他不是共产党,第二更不是共产党的领袖,犯了错误倒也不至于。他们就这么写。比如张作霖这一条:"张作霖是山西人",又是什么……"张作霖是辽宁海城人"。出生年月不准确,生的地方不准确,其他的更不用说了,并且量很少。我们查了一下,对照了一下,像欧洲几个国家,反映中国的条目,像中国历史上的各朝代,或者是文学家,或者是诗人,他们能够反映的数量太少了。他们说:"中国又没有百科全书,我们到哪去找啊,找那些人写东西,似是而非,不全"。这种外国的笑话多了,美国还出了一个《兰登百科全书》,它介绍中国说:"近代史上的胡适之把西方的知识介绍到中国来了,毛泽东根据他介绍过去的东西,在中国发动了革命,取得了革命的胜利。"我们看起来,这样介绍中国,只好笑一笑。

《不列颠百科全书》出版公司和我们定了个协议,希望将来中国百科全书出来了,有关中国条目他们可以翻译,在英语世界发行。他们希望中国的百科全书早点出来,因为他们要中国的材料。所以我们的百科全书出去,人家非常重视。《不列颠百科全书》,有些条目如"胡风",是急需要得到我们的材料的。现在"胡风分子"这些问题解决了,这个我们不说他了,将来在我们百科全书里可能有他的一条。

法国的《拉鲁斯百科全书》印得非常精美,每一页都有彩色的图,文字比图还少,我们拿来看中国的这部分,可是这些图里面,有一个例子,我在别的地方也提过,孙中山和宋庆龄坐在一起拍的那张照片,上面的文字说明是:"孙中山先生和他的夫人宋美龄"。我们看了只好笑,它印得这样精美,这是关于中国的事情,笑话有得是。就是因为我们没有百科全书,我们也不能太责备人家。所以我们有必要编一部中国百科全书,就是介绍中国的。

好多外国人到中国来一看,他们从前以为中国没有的,原来也有。有一个法国歌剧方面的团体,到中国来一看,奇怪——中国也有歌剧,还演过西方歌剧,从来没听说过。最后和我们定了协议,他们派了导演和舞台设计等等这些人来中国,帮我们中央歌舞团排了《卡门》这个戏。

我们因为没有这样的书介绍,他们不知道。我们就需要大胆地介绍,人家说我们这个没有,那个没有。最近从英国回来的周采芹,周信芳的女儿,她是专家。我们中央戏剧学院请她回来讲课,她也排了出戏。后来我们见到了她,告诉她我们上海演过什么外国戏,她不知道,她说外国人都不知道。我们要把自己介绍出去。

所以百科全书就要把中国的实际情况,历史上的,现代的,文学艺术方面的,统统介绍出去。我们古书上有不少东西都要介绍出去。我们在《文心雕龙》里讲的美学,比西方讲的早得多了,人家不知道我们有这本书,更不知道里面讲些什么,我们的中国文学早就把它讲出来了,所以我们要大胆地介绍中国。

数学在中国历史上是很悠久的,我们条目框架里面,关于古代数学史,篇幅占得相当多。对《天文学》卷,人家注意的是我们介绍中国古代的天文史。中国有哪些成就,图片上也介绍了,有哪些仪器,哪一代有什么,我们的历法是怎么样,许多都是惊人的东西。所以我们的国人要上书。历史上的人物,人家不知道的,我们要把他写出来。这是向国外宣传中国,让国外的人都知道,他们也在找这些材料。

《天文学》卷出来了,当然也有一些缺点。英国的自然杂志,在世界上是很有分量的,李约瑟和另外一个人一起写了一个评论,对它的评价还是很高的。他也提出了一些意见,这些意见主要就是有些人物应该介绍得详细一点,有些图片应该放在什么地方,放的太前或者放的太后了,都会有些要求。

我们也不要飘飘然了,缺点还是有的,就是说外国人很重视中国的百科全书,希望能早点编出来,尤其希望把中国的东西翻过去,人家很需要从这里面找材料。

四、"人物上书"要打破陈规旧律

有一点,就是我们这部书,要打破一些陈规旧律,别的问题不谈,就谈一个"人物"。

人物,美国的《不列颠百科全书》出第一版的时候没有人物,二、三版也没有人物,他们反对在百科全书里有人物。后来有人物,是去世了的人物。近年来西方各国的百科全书,《日本百科全书》都有了变化:不仅仅是去世的人物,在世的人物也要有,而且在世人物的比例越来越高。因为今天在科学上,或者在艺术上取得成就的,往往是许多年轻人,这些人有了成就,因为他还活着,或者是他还很年轻,就不上百科全书了,不行,现在的倾向,活着的大科学家,有成就的科学家,在百科全书里要有他的名字。世界各国都是这样的了。就是我们中国的《辞海》,还是只有去世了的人物,在世的人物没有。在第二版就是毛主席同意了舒新成的意见,修订《辞海》的时候,他们有一条,在世的人物要有,所以在它的那个未定稿里有。但文化大革命后修改时,改来改去,那时康生的意见:"有许多条目不稳定",所谓不稳定他是一个借口,就是有许多事你不要提了,另外有些活的人根本不能要。他说:"没有盖棺,没有定论,有些人还变成反革命了"。就是到了前年,《辞海》出修订版,还是根据这一条,也遇到了许多困难、麻烦等等,它确定了这么一条,就是在世的人物一个也没有。我们编百科全书确定的是:在世的人,学术上有成就,政治上也有地位有成就的,可以上百科全书的,还是应该上,不能因为他活着就不要。

甚至于近世,他是反面人物,但是在历史上有他一定作用的,也是要有。那么就是说,不能够用过去那个教条的,形而上学的,甚至简直不能称为什么学科的"科学"的观点。像苏联的《百科全书》,有些人物成为反革命了,名字不能有。一个叫贝利亚的,赫鲁晓夫上台之后不久就把他打死了,从此以后,国内任何书上不再提到这个贝利亚,《百科全书》里没有了,所有的书里都不再提了,这个人在地球上就没有痕迹了。像布哈林、托洛茨基这些人,也都没有了。我们过去也是学他们,有些人他出了什么事情的话,就没有了。

我们认为像"四人帮",在我们百科全书里面,这些人还是要有。它起了一个反面的作用,我们客观地写他们。林彪曾经是怎么怎么,后来又怎么了,几句话就可以讲完了。那么我们在世的学者、科学家们、文学艺术家们怎么写?已经出的《天文学》卷里上了四个人。另外,所谓"活人上书"有几种形式,一种有专条,专门有他这么一条;另外就是在一个比较综合性的条目里面提到他;在哪一个问题上,有谁谁,有什么贡献,可以提到几个人;或者在一个专门的问题上提到几个人;也有的他是编委的人,也有他是撰稿的人,所有撰稿的人不管写长、中、短条的都要上书。

有些学科的同志,对这个决定有意见,他碰到这个问题就觉得困难,讨论来讨论去,决定采取消极法:就是"不要",活人一概不上书。省得麻烦,这个人上去了,那个人没有上去……

《戏曲·曲艺》卷,戏曲是针对地方戏,中国地方戏有将近四百种,京剧也有,你上谁好,昆剧、粤剧、豫剧等等。后来没有办法,说还是要上,初步决定上六个人,几个大剧种,一个剧种上一个人,豫剧是常香玉,越剧是袁雪芬,粤剧是红线女等,六个人,我们觉得不行。

有些学科必须多一点。《数学》比《天文学》范围要大得多,人也多得多,有世界声誉的数学家,中国有不少。假设外国人看了,某某人在数学这一卷里没有,人家也奇怪,出了什么问题了。不能没有,这一点我们要明确,麻烦就麻烦点,要反复讨论。

五、要投入一定的时间和力量,把《数学》卷编好

关于数学方面的人物,我们确定要上哪些人,我们再慢慢选。百科全书的工作现在开始了,我们这些编辑部的人也都是外行,也是从调查研究着手,现在有五十个学科开展工作,数学到今天这样的情况,还是走在前面的。数学是很重要的一个学科,数学界的同志也很重视,几位头号的数学家都来领导这个工作了,我相信数学这一卷会编得很好。今天的会议是要把编辑委员会的名单定下来,在定的过程中,有些意见,我们编辑部的同志与数学界的有关同志,一再交换意见,提出方案,今天给大家宣读一下,确定了,我们发聘书,之后的还可以增删。

编好百科全书的《数学》卷,也是数学界的同志本身的一个事业,要投入一定的时间和力量,把这个《数学》卷编好,时间安排得好,就能比较快的把它编出来。原定在去年要出的四卷,结果只出了两卷,而剩下的呢,在今年年底出,好像也有点困难,还得明年年初才能出。原定一百二十万字一卷,增加了图片等等的,大概要一六〇～一七〇万字一卷,总数算起来要三百八十万字。

这个超过了我们原来的计划,但是我们适当考虑,也算是加强卷吧。《体育》卷我们也编好了,就要发排了。《环境科学》卷也编得差不多了,今年要发排了。冶金、法学、戏曲今年都编好了。《数学》卷,什么时候可以审稿,定稿,加工,什么时候可以发排,大家研究安排一下。

我们和数学界的同志交换了意见,把数学的编辑委员会人选的建议提出来,现在给大家宣读一下。

数学编委会名单,按姓名笔画排列,主任华罗庚同志,苏步青同志,我们有两位主任,按照笔画,华罗庚,苏步青两位主任。副主任:段学复、冯康、吴文俊

谷超豪、陆启铿。委员：王元、王寿仁、王梓坤、邓东皋、卢庆骏、叶彦谦、田方增、白正国、冯康、成平、华罗庚、齐民友、江泽坚、江泽涵、许国志、孙本旺、严敦杰、苏步青、李国平、杨乐、吴大任、吴文俊、吴新谋、谷超豪、张广厚、张禾瑞、张素诚、陆启铿、陈希孺、陈景润、陈德泉、周毓麟、赵访雄、胡世华、胡和生、柯召、段学复、侯振挺、秦元勋、夏道行、徐利治、曹锡华、龚昇、梁宗巨、越民义、程民德、谢邦杰、廖山涛、潘承洞。

编百科全书我们也不是专家，但是百科全书有些要求，不得不向初次编百科全书的同志提出来做参考。在数学方面拿我个人来讲，在专家面前是小学生了，我们也有一些从事数学编辑的同志，那也是资质很低的，要请大家来帮助。从百科全书的角度和大家来谈这个问题。百科全书能够按期编出来，对我们国家，对人民是一个重要的贡献。

六、编《百科全书》是一项光荣艰巨的任务，团结一致，通力合作才能把它编好

百科全书就像一个科学文化的纪念碑，我们从事了一辈子科学文化工作，并不是要成名成家，把自己的名字刻在这个纪念碑上。而是对人民负责，人民也需要知道我们科学家做了些什么，我们科学家有哪些人，要世人知道。有世界声誉的数学家们，在我们的百科全书上如果没有名字，这是说不过去的，历史上的，今天的都应该有。百科全书的工作是一个光荣的工作，是一个重要的任务。我们需要团结一致，互相配合，通力合作把它编好。

四点经验[①]

总结各学科卷编辑工作的经验教训，可以得出以下四点值得肯定的基本意见。

第一，依靠部门领导重视是关键

哪个学科卷所依靠的领导部门和参加编写的有关单位领导重视，哪个学科卷的工作就比别的卷进展得快。

《军事》卷得到军委、各总部、各军兵种及各大军区领导的重视，成立了阵容强大的编委会，并委托军事科学院宋时轮院长主持编委会工作，军事卷编审室的全体同志做了大量的工作，许多有实践经验和军事素养的老同志投身到这一工作中来，所以《军事》卷进展很快，进展很好。一个学科卷的工作往往依靠好几个单位，其中必须有一个为主的，有一个中心。在有的卷的工作中，一些单位常常互相推让，结果没有一个中心，那个卷的编纂工作就受到影响。《军事》卷的编写工作，在全军共有二十三个大单位参加。由于军委重视，建立了编审工作的领导核心，把编纂《军事》卷的工作当做军队的一项基本建设来抓，工作就有了进展，不断取得成绩。这使我们很受鼓舞，并从中学到好的经验和好的做法。

第二，组织健全是落实编写任务的保证

《中国大百科全书》各学科卷正式开始工作之前，都先成立学科编委会（或筹备组）、编写组（设主编和副主编）。有了组织，有了负责的人，每步工作就可按计划进行。否则，单靠开一些会，议论一下，会后各回单位，仍没人负责，工作很难开展，任务不能落实。《军事》卷成立了编委会、编审室、编辑

[①] 本文是姜椿芳一九八二年七月十二日在《中国大百科全书·军事》卷第二次编辑工作会议上的讲话。——编者注

组,有了健全的组织,工作任务就有了保证。《体育》卷也和《军事》卷相似,荣高棠同志出来主持,在国家体委成立了编辑办公室,《体育》卷工作进展就快。当然,军事是两卷,包括的内容也广泛得多。据统计,仅"军事技术"部分就涉及八十多个专业。"军事理论"部分属于社会科学内容,范围也很宽。《军事》卷涉及到社会科学、自然科学和技术领域的许多学科,是个综合性学科卷,难度很大。《军事》卷由于编审组织健全,已经有了一个良好的开端,计划进度是有保证的。

第三,编制框架条目表,调查研究要先行

据我所知,《军事》卷在设计框架和编制条目表之前是做了充分的调查研究工作的。调查研究首先是了解本国情况,了解世界各国编百科全书的情况。《军事》卷的同志对我国的有关辞书和世界主要百科全书的军事内容,都做了分析研究,而且还翻译了不少外国百科全书上的资料,收集了大量的国内资料,特别值得指出的是设立了条目的专题资料档案。《军事》卷的框架条目表就是在这样充分的调查研究的基础上制定的。框架条目表的编制过程,本身就是广泛收集和积累资料、分析研究资料和反复修改补充的过程。在收集积累资料上欠功夫,不仅影响框架条目表的编制,而且会影响条目的撰写。写出的条目就难免内容单薄,资料性不足。到那时,难免又回过头来补充收集资料,走一条反复迂回的道路。如果《军事》卷不是从一开始就强调在收集资料上狠下功夫,就不会有现在这样顺利的局面。

第四,早抓、抓好重点条目的撰写工作

《军事》卷有重点条目三百多条,约占全卷总条目数的大约百分之十三、总字数的大约百分之三十七。这些条目都是全卷内容的支撑点,撰写难度很大。《军事》卷编委会决定及早抓好重点条目的撰写工作,这是科学的做法,符合百科全书编纂工作的规律。我们出版社编辑部也意识到重点条目(称为骨干条目)的重要性,但一直没有做到像《军事》卷这样扎实、细致地提前来抓。我们有的卷做法恰恰相反,没有狠抓重点条目的撰写工作的落实,结果一般条目写出来了,而重点条目却拖到最后,因而影响全卷成书。像《军事》卷这样先抓三百多个重点条目,先组稿撰写,先组织讨论审稿,反复修改定稿,这种做法值得总结推广。

今天开的第二次编辑工作会议是个关键性的会,回顾过去一年的工作,安排今后的工作。编百科全书,实际上是几十路大军同时奋进,随时会出现一些新情况和新问题,有时并不那么顺利。《军事》卷的编辑工作证明,军队同志有优良的传统,有组织能力,有指挥才能,我们要向你们学习。

大类分卷的编法与交叉重复[①]

字典、词典这类工具书自古就已存在,只不过最初没有这样的专名,中国直到清康熙敕编《康熙大典》才有了这个正式的书名。既然字有典,词有典,那么科学呢?知识呢?现代科学文化知识的"典"就是百科全书。中国古代的百科全书性质的著作,称为类书,我们的先人自古就有编撰类书的传统,魏文帝曹丕敕令编撰的《皇览》被认为是我国"类书之始"。我国自魏至清,历代都有大大小小不同类型的类书编撰出来。但到清朝末年,类书不再有人编了。二十世纪初期,商务印书馆编出一部《辞源》,那仍还属于词典性质,中华书局不甘示弱,你出"源",我出"海",就是《辞海》,不仅讲词的源流,也讲新事物和新含义,那就很浩瀚了,可以认为它是词典与百科全书的"混合编制"。

类书这种形式,就是把已有的重要文献、典籍分门别类摘录编纂起来,但科学技术的内容不多。我们《中国大百科全书》第一版,根据我国编者、作者和读者的具体条件,决定采取大类分卷的编法。这也可以说是继承了类书编纂的传统吧。我们的百科全书既要论古,也要谈今,既要讲中国,也要讲外国,而同传统类书最重要的区别是更重视科学技术内容,特别是最新的科技知识。我们现在要编的《电子学与计算机》卷就是这方面最重要的卷。

大类分卷的编法是一种折中的方法,即把现代占主流的字顺编法与教科书式的分类编法结合起来。学科或知识门类分卷,而在各学科卷内条目是按汉语拼音字母顺序编排的。大类分卷的编法不能说是很科学的方法,但从目前具体条件看是合理的和可行的。这样可以尽快和读者见面,有利于满足读者的需要。像已出版的《天文学》卷,天文学家和天文爱好者们几乎是已人手一册,而

[①] 本文是姜椿芳一九八二年七月二十九日在《中国大百科全书·电子学与计算机》编委会筹备组扩大会上的讲话。——编者注

搞戏曲的人就不必买。这就比一套完全按字顺编的百科全书方便多了。可以照顾读者的购买力。

大类分卷的编法有一个全书的整体性与各学科卷的相对独立性的矛盾问题，这表现为全书各卷的交叉重复问题。例如《天文学》卷有天体物理学和天体力学等核心内容，这就会与《物理学》卷和《力学》卷交叉重复。各学科卷都追求各自的独立性和完整性，把与相邻学科的边缘内容能拉进来都拉进来，于是无限膨胀。试想，如果这样放手编去，就会给整套购买全书的单位造成很大的浪费。因此，就一定要考虑到全书的整体性，要协调，要合理处理交叉问题，尽量减少不必要的重复。各学科卷对核心的分支应该充实，对于边缘的分支则要简略。试举《心理学》卷的例子。这一卷与《教育》卷就发生了争论。《心理学》卷坚持把教育心理学分支留给自己，《教育》卷则把教育心理学看作为自己的核心内容。最后，经过协调，两卷都不能没有教育心理学的内容。教育心理学作为完整的心理学科的一个组成部分，在《心理学》卷详细展开。作为心理学在教育方面的应用，《教育》卷中适当简略。《外国文学》与《戏剧》卷也出现了这个问题，许多文学家既写小说又写剧本，你把他放在哪里？这就要有具体分析，他的贡献和成就重在哪个方面，这一条就在哪一卷中写得全面充实些，而在另一卷中从简或不设专条。道理讲起来容易，但在具体实践中处理起来就困难了。例如，我们《电子学与计算机》卷也遇到这样的问题。《航空·航天》卷也有雷达、通信、导航的内容。怎么办？《电子学与计算机》卷不能没有这些内容，这就要和《航空航天》卷编委会协商，各自侧重什么，重点各自放在什么层次上。必要的重复不可避免，但要适当掌握。

还有一个问题值得谈谈。我们编《电子学与计算机》卷，不是编电子学与计算机专业百科全书。我们编的是综合性的百科全书中的一卷（实为二卷）。综合性百科全书的对象不是电子学的专家，而是给非专家即外行读者读的，比如搞经济的、搞机械的。因此，我们这一卷的内容和表达就不能太专门化了，不能偏专偏深。编完《电子学与计算机》卷，我们将来编电子学或电子计算机的专业百科全书那就另当别论了。

电子学与计算机学科内部分支怎样划分，这属于框架设计问题。什么叫"框架"？"框"，指范围框框，学科或分支包括的知识范围；"架"，就是架构，就是层次，分了层次才能到条目。有了框架，不仅可以分支划界，上下层次划界，条目如何写也有了依据。有了框架这个基础，全卷选的条目分开来各自成为独立的一个个主题的系统知识;合起来构成完整的知识体系。

编百科全书还有许多别的问题,如政治观点问题,统一性问题,《电子学与计算机》卷可能还要注意文字表达的问题,特别要避免"翻译腔"。另外,百科全书的条目不是学术论文,不是个人研究成果的表述,不同的重要观点都要有所反映。条目稿件要经过集体讨论和反复修改。

我们现在处于一个如人们常说的信息时代,电子学和计算机都是信息技术的基础。我们总编委会和出版社对这一学科卷很重视,电子学和计算机学术界的专家们对此也非常重视,这都是编好《中国大百科全书·电子学与计算机》卷的有利条件。

编好《教育》卷①

今天主要是请董老（纯才）来讲讲，现在却要我先讲，我就先说几句。第一，热烈欢迎大家到会；第二，感谢你们的辛勤劳动。各位都是教育界有成就、有地位的专家，能见到大家很高兴。我对教育是外行，受的教育也不多，编百科全书是摸索前进。有的同志说编辑是杂家，其实是杂而不成"家"，孤陋寡闻。

现在，编百科全书，编年鉴，在世界上很热门，国内也正在兴起这一热潮。百科全书在国外是学生必备的工具书和参考书。有的学生买不起还可以租用。《教育》卷本身就是对教育事业的一个重要贡献。在座的是从全国各地来的专家、教授，大家前来参加审稿工作，非常辛苦，非常认真，这情景是很感人的。

教育现在是我国的四个战略重点之一，出版《教育》卷是配合教育改革和精神文明建设的，意义十分重大。现在我国对外国教育的研究是不够的，在我们的《教育》卷里如何介绍外国的教育，是会受到外国人注意的。这部分条目最容易出现问题，一定要注意编好审好。过去我们对东西方各国的情况，特别是西方国家的教育情况了解得不够，比较闭塞，要介绍最新的成就就比较困难。我们一方面要对国内读者负责，一方面要考虑到我们编的是国际性的百科全书，如有错误，必会影响我国的声誉。我们可以参考外国的百科全书和年鉴，但最主要的还是从学术刊物和其他渠道获得资料。但是对这些资料必须进行分析，进行核对，有的可能已经过时，有的可能被人否定了，因此一定要在这上面多下些工夫。

有人说，我们研究外国的东西比外国研究中国的东西多，这也有一定的道

---

① 本文是姜椿芳一九八三年一月十八日在《中国大百科全书·教育》编委会成立会上的讲话。——编者注

理。我们从鸦片战争就开始研究外国了。我们的《外国文学》卷出版,外国人说没想到我们翻译了那么多外国的作品,做了那么多的研究。外国人甚至对我们有歌剧都感到惊讶,因为这是欧洲的传统剧种。教育方面也是这样,但最主要的是介绍最新的东西。对于古代的东西,我们的资料较多,但我们更要注意新的研究成果。有位美国教育百科全书的总编辑来访,他们要介绍全世界的大学,但对中国的大学了解太少,要求我们提供资料。解放前,我和一位外国人谈起教育问题,感到人类的教育事业经历过艰难的时期。从前教育没有教室,甚至是在露天树下讲课。我国古代教育与外国教育相比,有些方面更为出色。因此,对我国的教育一定要认真介绍。对这方面内容,外国读者会有兴趣的,国内学生也需要了解自己的历史。

《中国大百科全书》现在还有个问题,就是成本高,个人读者多买不起。出版社正在抓一项重要的改革,就是要在精装本外出简装本,彩图少一些,以降低成本。这对于《教育》卷的扩大发行是很有利的。

《教育》卷的作者都是老师出身,写文章非常在行,这正是《教育》卷的优势所在,因此《教育》卷是有条件编好的。

审稿中要注意的几个问题[①]

审稿工作是编纂百科全书的一个重要环节,对条目释文起"把关"作用,是保证和提高百科全书质量的不可缺少的一道工序。《军事》卷就其学科内容来讲是有其特殊性的,我们是外行,确实没有发言权。就审稿工作原则来讲,我想百科全书总的审稿原则基本上对各卷都是适用的,在审稿中是否应注意以下几个问题。

第一、关于指导思想问题

我们编纂百科全书的指导思想是马克思列宁主义、毛泽东思想。《军事》卷的同志们无论在设计框架条目和撰写条目释文中都十分重视贯彻这一指导思想。无疑,在审稿中也会贯彻这一指导思想的,这是我们做好审稿工作的关键。另外,我们党和国家当今的方针和政策也是我们在编书中应该遵循的。例如,我们国家在政治、军事、经济建设和外交等方面的现行政策等。关于在编纂百科全书中如何具体体现这个指导思想问题,我们在编书过程中一再研究,一再征求各方面意见,并在实践过程中予以注意。我们初步看法是:一不能孤立地摘引马列主义的词句,把它放在条目释文的首末,而是运用马列主义的立场、观点、方法;二是我国百科全书的基本观点不同于欧洲国家,也区别于苏联。美国出的《不列颠百科全书》可以说是世界上最老的百科全书了。说它是最老的,无非是它从第一版一直出到第十五版没有间断过。我们社正在翻译《不列

[①] 本文是姜椿芳一九八三年四月二十七日在《中国大百科全书·军事》卷第三次编辑工作会议上的讲话。——编者注

颠百科全书》的简编部分(10卷)。在工作进行过程中,遇到了一些问题。从中可以看出,我们和他们的观点不一样,如讲到"议会"、"宗教"等,都是两种截然不同的观点。苏联出版的一些百科全书中介绍他们的一些人物,介绍我们中国的历史,甚至是两国边境问题等,他们与我们观点也全然不同。我们对这些问题是用摆历史事实,用事实说话的办法。我们坚持的是历史唯物主义和辩证唯物主义。

第二、关于条目释文的准确性问题

百科全书是半经典性的,是给人们作依据的,因此要求百科全书条目释文要准确,也就是说百科条目释文要给读者以全面、系统、概括的知识,而这些知识又是准确的,而且准确性要高。与其他学科相比,军事学科的准确性要求更高,行军、作战等命令的下达都是有科学根据的,十分准确的。俗语说,"军中无戏言",就是这个道理。所以我们说,高度的准确性更是《军事》卷的特点之一。我们在审稿中要注意这个问题。我们通常说条目释文要有学术性、系统性和概括性,但这些都必须是在准确性基础上才能显示出来。在其他卷还遇到这样的问题,那就是本学科的人对一些条目释文发现不了什么问题,可是请另外具有一定水平的人冷眼阅读后会发现不少问题。这可能是"旁观者清"的缘故吧。

还有就是注意解决条目与条目之间的平衡问题。在审稿中单独审一个条目可能看不出什么问题,可是将一个分支内的同类条目放在一起审,往往能发现问题。另外,一个分支内的条目释文由主编审定,最好还要请另一个分支的同志看,也可能看出问题。至于领导同志不可能全部都看,那只能是抽重点条目看,往往也会看出问题来。这样可以发现不平衡的问题,解决后达到平衡,与此同时要解决重复交叉问题。

第三、关于百科全书的体例规范问题

同志们对百科体例都很熟悉并很好地掌握了,在撰稿之前和撰稿过程中都十分注意这个问题。现在到了审稿阶段了,同样也要重温体例要求。全书编写条例是个总的规范要求,它还不能完全适应各学科卷的特点,有的学科卷根据各该学科卷特点提出了更具体的规范要求,《军事》卷也有适合本学科卷特点的具体的编写要求。同志们在把条目特定内容与百科规范要求结合方面做了大量细致的工作,也取得了很好的成绩与经验。

第四、关于文字表达问题

百科文体究竟是怎样的,这是个探索中的问题,尚无定论。我们已先后出了几卷百科全书,这个问题虽有些看法,但还没有定型。外国编纂百科全书已有二百余年的历史,我们拿到他们的百科全书也会发现许多不一致的地方。资本主义国家的百科全书出版公司是商业性质的,为了抢时间快出书,就组织一些学术界的权威负责编。各学科的专家不能完全按照体例写。他们在学者与编者之间也有争论,也有弄得不愉快的事情。如果他的权威很高,叫他改他不改,那就采用原稿。资本主义国家的做法在我们看来不合理,是过分自由化的做法。我们当然不是这样的,如《天文学》卷的总论"天文学"条目是邀请天文学界的四位权威人士一起撰写的,写后多方征求意见,反复多次修改,最后定稿。这样一个总论性的条目公开出版后博得了国内外的好评。百科文体问题将来是要解决的,但目前还定不下来。这方面我们还没有丰富的经验。我们在文字方面总的要求是,用现代汉语撰写,要求逻辑严谨,文字精练朴实,符合规范汉语语法与常用修辞手段,不排斥古汉语中富有生命力的词汇、语句和成语。

在审稿时应同时审查图,文和图同步审是很重要的,图题、图注等与释文一定要一致。我们在释文中都要配一些图,图不是为了装饰,而是帮助我们更好地向读者说明问题,介绍知识。现在外国编百科全书有个倾向,那就是图越来越多,而且都是彩色的,而彩图和文字能同时印刷,就是除了文字外可以同时印几种颜色,图幅有大有小,有的占半页、有的占四分之一篇幅。还有的占满一整页篇幅(边缘不留空白),我们通常叫"出血"。我们认为,这样一些百科全书是以图取胜,以图引人注意,以图吸引年轻人读书。我们编的这部百科全书,黑白图可以和文字同时印刷,而彩图不能,彩图是单独印刷,印后当作彩色插页一组一组地夹到书里装订在一起,因为我们的印刷技术还做不到彩图与文字同时印刷。

总的说来,审稿是关键性的一环,对提高释文质量起重要作用。我们要注意政治观点问题、学术内容问题、体例规范问题、文字表达问题。图也要跟得上,图和文要形成一个有机的整体,下一步的工作要做得更周密、更认真、更细致、更深入。

精确性是百科全书质量的第一标准[①]

这是一次全国大音乐家的学术性聚会,有的同志不远千里而来,我们表示热烈欢迎,更表示感谢。吕骥、贺渌汀和赵沨同志还未赶到,或因临时有点事,或因病,或者正在路上。

编《中国大百科全书》,音乐有其重要的地位,这对于我国音乐界也有重大的意义。这是音乐这一艺术领域一项集大成的工作。在音乐方面,我们过去有词典和其他的工具书,却没有百科全书,无论是综合性的还是专业性的。这个空白,现在要由我们在座的各位大家来填补。

在我国,每逢盛世都有人编出集大成、继往开来的大书。《中国大百科全书》可以说就是这种集大成、继往开来的巨著。音乐方面也是一次知识上、学术上的集大成,要把古今中外的音乐知识集在这一卷书内。目前是编综合性百科全书中的一卷。我建议,以后在这个基础上进一步发展,由音乐界组织力量,再编一部音乐百科全书。一般说都是这样的规律,先有词典、手册等工具书,在这些工作的基础上编出综合性的百科全书,再在后者的基础上编出专业性百科全书。例如,《苏联大百科全书》就是在第二版之后开始编各学科的专业百科全书的。

编百科全书,除了"全"和"新"等要求,精确性是第一位的。百科全书可以说是知识的"标准",读者要用它来解决怀疑的和弄不清楚的问题,有人拿它作为评判的依据,有人拿它作为教材。百科全书必须要让人们信得过,它提供的应该是可靠的、准确的知识信息。精确性,无论是在政治观点上还是在学术上,都是绝对必要的。精确性,是百科全书质量的第一标准。因此,在百科全书编

[①] 本文是姜椿芳一九八三年五月五日在音乐学科编委会成立会上的讲话。——编者注

辑工作中，对于稿件中的学术观点，要经过较多的专家反复讨论研究；对于稿件中提到的事实、数据资料，要经过不厌其烦的核对。在知识内容上，凡是重要的都不能遗漏；凡是多余的，不可信的，都不应该保留。这些要求，正是编百科全书比编其他书的难处所在。我们有责任把《中国大百科全书》编成一部在质量上高水平的百科全书，我们有责任使音乐集大成的工作达到现代的高水平。《音乐·舞蹈》卷的音乐部分，应能反映中国音乐的面貌，表现中国对世界音乐的了解、吸收的情况。

因此，我们参加编百科全书的专家们就要有一种不怕麻烦的精神。我们编辑部的同志会不断来催稿子，写得不符合要求的，还要反复修改，有时不是改一次两次。这样做的目的，就是为了编出一部高水平、高质量的百科全书。我希望大家能体谅，能和我们紧密合作，顺利地完成音乐部分的选条、撰写、审稿、编辑工作。

中外古今编纂百科全书的特点[①]

首先感谢今天各位来参加这个大会！其实在座的各位都是专家，有些同志已经参加了编写《中国大百科全书》的工作，有的甚至还参加了最初筹备百科全书的工作。今天在座的许多同志是从事语言文字研究的，也使用过外国的百科全书。所以对百科全书的了解不会比我少。

《语言·文字》卷编委会现在成立了，今后的工作就由编委会担当起来，我们出版社的一些编辑人员要协助大家做好这个工作。要感谢各位，在座的很多专家都是六七十岁，七十以上了，八十岁的也有。南北各地的语言文字界的专家们，能够荟萃在这里，这不仅是大百科全书的一次很重要的盛会，也是语言文字学界的一次重要的聚会。向各位年高、外地来的同志表示欢迎，表示感谢！

一、国外出版界很重视《中国大百科全书·外国文学》卷的出版

说到编百科全书，一九七八年由党中央和国务院做了决定，要编出中国的第一部的大百科全书。具体公布大概是一九七九～一九八〇年。后来就成立了一个总编委会，以乔木同志为首。但是要想把这个总编委会成立起来，遇到不少困难。首先是不了解各学科的情况，不了解各学科的专家学者的情况。所以总编委会没有成立，先成立了主任、副主任的一个小的委员会，十来个人。现在五年过去了，大部分学科都展开了工作，可以说有六十来个学科，都展开了工作，情况多少了解一些，名单也初步拟定了。初定是三四月能开一个总编委会

[①] 本文根据姜椿芳一九八四年二月二十一日在《中国大百科全书·语言文字》编委会成立会上的讲话录音整理。出席会议的有语言学家王力、吕叔湘、季羡林、许国璋等。——编者注

的成立会。在总编委会下面,有各学科的编委会,今天成立的是《语言·文字》卷的编委会。我国在相当长的一个时期里,想编、试编百科全书,结果遇到了种种困难,以前是缺乏条件,或者说有条件,但没有办法组织起来,都没能够编出中国的百科全书。现在我们才开始编,已经是晚了一些,党和国家现在支持这件事情,这件事情终于展开了!

刚才季老①提到外国文学,因为季老是《外国文学》卷编委会的副主任,参加了不少具体工作。这部书是两卷,三百六十多万字。在百科全书的计划里面,数字量算是比较大的。这两卷书出了之后,自己虽然发现有这样那样的缺点,问题不能算少,但在国内外的反映,特别是听到一些国外的反映,他们是很重视的。去年中国派了一个代表团出席莫斯科的国际书展,陈原同志去了,听到一些情况。很多国家包括苏联很重视。他们看到中国百科全书上写了这么多他们国家的文学情况,对苏联的过去及现代作品、作家都有适当篇幅的介绍,感到很惊讶!最近,外国文学研究所的张羽同志专门去苏联考察。在各地开会时,都能听到他们议论《外国文学》卷的内容。人家在进行很详细的研究。乌克兰研究后说,你们《外国文学》一共有多少条,多少字,哪些作家上去了,卷前的介绍,概观性的大条,是怎么介绍他们的情况等。看到中间居然还介绍了立陶宛的文学,连总论里还会有他们的作家,共有九条之多,他们说在苏联大百科全书上,也没有这么详细介绍。我们统计下来只有五条,不知他们怎么算的。有许多作家在历史上还是有名的,但在他们国内却被遗忘了,看到中国作为十亿人口的大国出的书,居然介绍了他们的情况,还介绍得相当详细,很兴奋,这个心情,我们可以理解。在德国,也有这个情况。最近北大的严宝瑜同志到德国去开会,人家说:中国受了文化大革命时期的宣传、影响,已经对西方的文学不重视,现在排外,不准和外国通信,不要外国人的东西,尤其不要外国古典的东西。恰好严宝瑜同志带了两卷《外国文学》,拿出来给他们看,里面有德国古典的,有对歌德以前的及现代的一些情况介绍,这些人看了都很敬仰。我想《语言·文字》卷,两年后出来,同样会受到各方面的重视。外国的学术界都很希望这部书尽早出来,可以为大家提供不少资料。国内的同志,也可以用它来做参考工具书,靠它来查阅他们感兴趣的、有疑问的知识;也可以作为教材、课本

---

① 季老指季羡林,《中国大百科全书·语言文字》编委会主任。——编者注

来读。

二、中国编写百科全书型类书的历史沿革

中国古代的类书

在中国编百科全书之前有类书。中国的类书在世界范围来讲,是很发达的,比外国要早。曹丕曾下敕令编的《皇览》,是中国第一部完整的类书。在他以前也有不少类书,有许多虽然不叫类书,类书的名词到后来,恐怕到了晋还是宋,才有类书这个名字。过去各式各样的名称,就像字典,到了《康熙字典》才有"字典"的名称。中国人有编百科全书型类书的传统。中国的文人,中国的专家也像世界上的大学问家一样,一开始就要把各种知识能够尽量地写在一本或几本书里传下来。有人说,《史记》在某个意义上说,也是百科全书型的类书,因为它除了写历史之外,还写了经济、地理、天象、文学艺术等。像吕不韦,当时组织了一个班子写了《吕氏春秋》,他把许多科学知识也都放进去了,指南针是磁勺指北等等,还讲到许多合金,最近有人去看了西安出土的秦始皇墓,里面的铜马车,有金、银,还有许多合金的东西。有人还说,并不是到曹丕的时期才有《皇览》这样的类书,在汉朝同样也有类书。像《淮南子》属于百科类型的专著。《两都赋》、《两京赋》、《三都赋》里面山川、建筑、街道、草木鸟虫都讲。这也是百科类型的书。就是说,中国的著作家向来是要把各种知识集中起来,写成书,传下来。据统计,一共有四百多种,这些书名都有,但是传到今天大概是一百种。真正我们使用的,只是清朝的《古今图书集成》,编得更加完整,可以说它是类书。《永乐大典》——外国人说它是中国最大的,或者世界上最大的百科全书。留下的已经不多了,字数是很多的,约有几亿字。它是分类抄录、归纳写成的,有的类似丛书。丛书最大的是《四库全书》,也是分类编的,有些外国百科全书条目里,说《四库全书》是中国最大的百科全书。看来中国人有编类书的传统。

中国近现代百科全书型的类书

中国现在才开始编百科全书，以前也出过一些。那是小型的，零星的或者是家用的、日用的。三十年代在上海商务印书馆、中华书局等都出过这些类型的书，虽然用百科全书的名字出的书，还不是现代意义的百科全书，或是我们中国所需要的百科全书，仅是试出过。今天在座的倪海曙，编了一个中国百科全书的历史沿革。根据这个历史沿革我们知道，在清朝末年、民国初期、二十世纪初，已经有人计划编中国的百科全书。当初的名字不统一，因为想翻译一个适当的名词，没有找到，后来才逐渐的形成了一个名词，叫百科全书。

一九〇六年，清朝末年的时候，就有李石曾、吴稚晖这些人，在法国学习了一些西方的新知识，看到法国哲学家狄德罗编的最早的、完整的百科全书——《百科全书，或科学、艺术与手工艺大词典》，于是计划在中国也要出，结果没能出成。当时李石曾编了一本书，叫做《近代名人》，六十个名人，中间有狄德罗，讲他编百科全书这件事情。中国有一个叫杨子杰的读了这本书，特别是对狄德罗的介绍，他很受启发，很受感动，他下决心要翻译法国《百科全书》，用了十四年的时间，一直到他死，翻了二百多万字，有的是分着出了，但不是用百科全书的名义。后来他的儿子杨家乐，过去在南京中央大学，现在台湾，他又继承父业，还在这方面努力。

王云五在二十年代末、三十年代初，也决心在商务印书馆出中国的百科全书。可不是那么容易，他最先是翻译英国的，过去叫做《大英百科全书》，现在英国把版权卖给了美国，由美国出了。用旧名称——《不列颠百科全书》，所以我们不叫它大英百科，不能说美国出的大英百科全书，这个语言上就有矛盾，我们一般就叫它《不列颠百科全书》。王云五决定先翻译，然后在这个基础上编出《中国百科全书》。结果没有能做成，没有办法收集那么多材料。听说先是找了一批英语、汉语成绩比较好的大学高年级的学生和刚毕业的人组织起来翻译，他决定把全部都翻出来。把翻出的稿子给高水平的人一看，不行，要重来，没有修改基础。假设翻译修改整个《不列颠百科全书》，商务印书馆五百万银元的资本要花掉三百万，这事情是不能做下去了，就停下来。后来他搞了一些丛书，最后他搞了《华英大字典》。他在台湾，后来去世了。前几年台湾出了社会科学、科技及历史方面的百科全书，共几十本，也算是台湾出的百科全书中的一种。现在还有国家《环华百科全书》，围绕着整个中华，叫《环华百科全书》。我们也看了，比较简单。数量也不是太大，究竟是出来了。

后来李石曾也一直努力，直到抗战胜利，回到上海，还预备把这个工作组织起来做下去。结果解放战争开始，这个工作又停下来了。解放之后，中华人民共和国的出版总署，就建议出中国的百科全书，和乔木商量，因刚建国，事情繁杂，又没能提到议事日程上来。今天在座的陈原同志后来发现了一个材料，说当时确实有出版计划和具体安排。一九五八年之后，大家都知道，三年经济困难时期，这个工作又搁下来。等到我们搞四清之后，经济开始恢复，已经一九六六年，又开始十年动乱的文化大革命，这个期间更不可能搞百科全书。不过在这个时期，一九五六年、一九五七年开始搞的辞海修订工作仍陆续地在进行着。

一九七八年，中央做了个决定，在新的条件下，考虑到必须要出这么一部书，要成立总编委会，成立中国大百科全书出版社。总编委会，以乔木同志为首，算是一个比较高层的机构。算是国务院的，还是党的？没明确的讲。但不是在社会科学院的和出版局的领导之下，而是一个独立的——中国大百科全书出版社，是在出版局下面的一个出版社，经费、人事、印刷出版、发行都在出版局的领导下进行。出版局现在不是只属于国务院的了，是文化部的。而编书是由乔木同志为首的总编委会领导，乔木很忙，他只是做一些原则性的、决策性的意见，有问题和我们共同考虑，他委托了几个人，办这些事情。

《中国大百科全书》的三限定

编写第一版《百科全书》要做到时间、字数、卷数三个限定。

时间限定在一九八九年出齐

目前为止，出了六卷。《天文学》一卷、《外国文学》两卷，《体育》一卷，《戏曲》一卷，《环境科学》一卷。下个月要出的是《纺织》卷，已经发排的是《法学》卷，要发排的是《矿冶》卷，今年要发排的还有五六卷。同时今年还要发排我们翻译的苏联百科辞典，七百五十万到八百万字，它是一卷本，综合性的案头的百科全书。另外,我们和美国不列颠百科全书出版公司定的协定,翻译他们的《不列颠百科全书》中间的《简编》,他们的《简编》是三十卷中间的三分之一,十卷。我们有所删节,预备出八卷,加一卷"索引",九卷,在四月里就要发排。最初的两三卷,都翻好了,校对也差不多了,现在做一些编辑方面的收尾工作。今年出书量比较大,到现在为止,百科全书才出了六卷,和我们总的计划相差太大。

我们当初计划是出五十~六十卷,这个数字从哪儿来的呢?第二版《苏联大百科全书》是五十一卷;西方《百科全书》有的六七十卷,有的七八十卷;像西班牙的,已经出到一百卷,现在是一百卷以上了,还在出。《不列颠百科全书》第十五版是三十卷,《苏联百科全书》第三版三十卷,像法国的最受欢迎的《拉鲁斯百科全书》是二十卷。我们计划的五十~六十卷,比他们要多。我们已经进行了具体的安排,包括哪些学科,一个学科要包括多少字。在工作过程中,不是逐渐缩小,而是逐渐膨胀了。现在计划要搞到七十五卷。七十五卷比外国的要大得多了。已经上马的大概有六十多卷。虽然现在只出了六卷,但是已有六十多卷上马了,工作量大概已完成一半以上,分别处于不同的进度,有的刚成立编委会,像我们今天的《语言·文字》卷;有的在组稿;有的还在筹备;有的稿子都有了。

现在开了六十多卷,大部分的稿子都有,要校对,要讨论,要改,要改得符合百科全书的要求,这个工程比较大。计划在一九八九年出齐。现在十分之一还不到,还剩下六年,能不能够出齐,这是我们从事这个具体工作的同志需要研究的问题。许多同志研究下来,有的觉得有点为难,但是我们现在不动摇,还是要按期出齐。

顺便提一下,印刷排版是一个大问题。书编出来,排不出来,不符合我们的要求。书编好了,一九八九年出不来,这是一个问题。上海有个印刷厂,以前利用安徽的一个三线战备工程,小而全,上海优秀的排印力量,装订力量,比较好的设备,都放在山沟里,现在必须运回上海。在新厂没有建成以前,我们建一个过渡厂,厂里要包括排版厂、铅印厂、胶版厂。现在的生产能力,一年是三千万字,我们假设要一年出十二卷,今后非要一年出十二卷不行,出十二卷就等于出月刊,一个月出一本。这个印刷厂干得了干不了?假设有两千万字拿出来就行。印刷厂一个不行,可以再委托别的厂,可是铅字、铜模、字形都要一致才行,这些问题,我们在逐步想办法解决。

字数每卷限定在一百万左右

编的方法恐怕也要改,我们参观了美国的不列颠百科全书出版公司,也派人到苏联大百科全书出版社去参观过,了解了他们的一些情况。曾经也有人到日本去看过。比较下来,我们的做法当然有些不科学,不合理。在摸索前进,要改。拿一个最简单的问题,我们最初计划是一卷一百万字左右。左多少,右多少?右是八十万到一百万,左到一百二十万。可是现在已经突破了。一百万字挡不住,一卷至少要一百二十万。假设再加上图、附录、索引,要一百五十万字一卷。现在好多卷书都已超过,像刚才说的《外国文学》,就到了一百八十万字一卷,两卷三百六十万。现在有些卷还在超,正在进行的《文物·博物》,它要二百万字,各学科的人就要求我们另外再出一卷。字数在膨胀,内容多是一个因素,但是学科在膨胀,这跟指导思想有关系。要求多、细、全,这个和我们综合性的百科全书的要求,不完全一致。

我们《语言·文字》这一卷,照现在的情况,不超过一百万,就算是最合乎我们理想的,现在的字数报上来还缺两个分支,是八十万字,加上那两个分支就到一百万字了。

中国是第一次编大百科全书。我们编的是综合性的百科全书,各学科都有,所谓人类的全部知识都用百科全书的形式,用条目的形式把它编出来,范围相当大。另外一种百科全书是专业性的。文学就是文学,历史就是历史,军事就是军事。这种专业的百科全书,求细、求全。我们现在从事编书的人,一编就想编出个专业的百科全书,而不是综合性的百科全书。所以造成这个情况是由我们的计划、我们的整个安排引起的。

外国的综合性的百科全书,全部按照字母顺序来排,不管你哪个学科,编好了,就按照这个字母顺序排。它是考虑一卷多少字,多少厚薄,而不是说有的可以一百五十万,有的可以一百八十万。而且它的计划,确定了是三十卷,一卷多少,就是那么点字数,不能膨胀。苏联的一个经验,他们编第二版百科全书,也觉得膨胀得厉害,该怎么出第三版?他们先出最后一卷。就是把这个路打断了,就到最后一个字母,不能再增加了,人为的来限制自己,不要扩大。可是我们现在做不到,我们是按照学科来出的,一个一个学科,都想搞得全一点、多一点,这也是一个好的情况,但是免不了倾向于专业百科。我们一再要求大家,我们编的是综合性的,不是专业性的,去限制他,束缚他。但是束缚不住,还是有所扩大。

专业与综合经常在斗争,弄到现在,我们出的百科,不管是《天文学》还是《外国文学》,外国人一看,中国出的百科全书,怎么这么全,这么多。外国综合性的百科全书都没介绍到这样全。所以刚才说,乌克兰、立陶宛、德国,看我们介绍这么多,他们的百科全书里面也没这么多。《天文学》拿出去,简直是差不多是一部专业的《天文学》。有许多人是赞美,甚至《不列颠百科全书》的总编辑前年到中国来,他说:看样子我们不列颠也得这样出。这当然是另外一个极端了。现在中国编的大百科全书,是综合性的,其实编呢,编得有点像专业性了,但是我们也不能让他变成真的专业性。真的专业性,内容还要多。很像是有一点综合,又有一点专业。我们就叫他"准专业"或者是"准综合"。但现在我们被许多人要求:我这个学科不是一卷,要两卷、三卷。比如《经济学》卷,计划是两卷:经济学,部门经济,世界各国的经济这些方面。《世界经济》独立一卷①。《经济学》现在两卷不够,要扩大成为三卷,那么经济学就一共四卷。《中国历史》三卷,《外国历史》两卷。外国历史的同志就说,中国历史内容多,可以三卷,那外国历史涉及这么多国家,你就出两卷,不够啊。我们还在压,还是限于两卷。《生物学》有四卷②,地球科学有六卷。缩也缩不了,因为每一卷里面包括好几个学科。

字数多一些,卷数多一些,是不是真的就比人家的三十卷,不列颠的或是苏联大百科的多?多多少呢?我们从字数上算下来,我们的七十五卷要超过一亿字,大概一亿多一点。《不列颠百科全书》假设翻成中文,是七千五百万到八千万字,就说我们的卷数比他们的多,但是字数并不超过太多,原因呢,就是他们的开本大。我们是小十六开,他们是大十六开,甚至有的是大大十六开,它的字小,这是有所不同。而且内容,我们字数多,除了《中国历史》、《中国文学》,就是人文科学方面的,我们的量比他大。另一方面,我们确定一个原则,中国的当然是主要的,世界各国的都要有,第一世界、第二世界要有,人家不重视的第三世界,我们也要有,而且量还不少,所以我们出去的书,人家一看,外国文学把东亚、南亚、北亚、西亚、西南亚,这些国家的文学都充

---

① 《世界经济》出版时,未纳入《中国大百科全书》系列,定名为《世界经济百科全书》。——编者注

② 出版时,缩减为三卷。——编者注

分地介绍了,非洲的、阿拉伯世界的、拉丁美洲的,都相当详细地介绍了,这个量就大了。美国的也好、苏联的也好,在这方面没有这么大的篇幅,这个也是使我们增加了字数的原因。我们要编的书是六十多个学科,可能要达到七十个学科,七十五卷。即使将来再增加,我们也要打住,要增加是内部调整。七十五卷出来之后,假设还要增加哪个学科,再临时加上。而这个七十五卷,要在一九八九年出齐。我们要有时间、字数、卷数三个限定,使它们不要超过,假设要超过,那是以后的事情。

卷数限定在七十五卷

现在按照学科来分、来编。到第二版,按照字母顺序来编,那就不会是七十五卷,我们计划不会是三十卷,可能是四十卷左右。因为有一些东西,交叉重复的没有了。第二版的字数比现在要少得多。第二版的大百科全书,更符合现在世界各国的趋向。因为这个趋向也是很科学,很自然的。你量大了,用起来不方便,不要说售价高了,许多人负担不了,就是存放起来也有困难。第一版七十五卷,你出了第二版,又是四十卷,你摆哪儿去,怎么摆?

自从中国大百科全书在一九七八年开始筹备,一九八〇年出书以来,中国的出版界开始了一个热潮,这一个热潮就是许多学科、许多科研单位、许多出版社都要出百科全书了。有的出专业的,有的出综合的。医学百科全书已经在出了,农业百科全书今年也出一卷,那是专业的。我们搞一个《建筑》卷,建筑这一卷里就包括城市规划。城市规划部说:不行,这个不能包括在《建筑》卷,至少我要搞一卷《城市规划》。协商了许久,决定出一卷《城市规划》,可以把它作为百科全书的一卷,那是卷外卷。它是《城市规划》包括了建筑。《建筑》卷认为,城市规划内容包括在《建筑》中。《城市规划》应当重编。又如:电子学包括计算机,计算机的技术发展得很快,计算机比电子学的规模还要大得多,所以电子计算机要另外出一卷[①]。相反的,它不但和它并行,还超过了它,诸如此类的问题不少。所以我们还是确定这么一个规模,出七十五卷。

[①] 出版时,《电子学与计算机》为一卷。——编者注

世界各国编写百科全书的历史沿革

人类有一个美德,通过知识,然后积累知识来使自己逐步的向前发展。从古以来有大学问的专家们,都要把这些知识变成书,在当代散布,为后代流传。据调查,埃及早在公元前,十七八世纪就已经有辞典,有百科全书类型的书,但是现在看起来是不完整的。中国周公就开始编《尔雅》,他们把周公以前几代的典章、文献整理后,又逐渐增加,带上一些知识性的东西。孔子在公元前六世纪到五世纪,已经编了不少书。西方在公元前五世纪到四世纪古希腊的德谟克里特,从四世纪到三世纪的亚里士多德也写了不少书。古代的学者每个人各种学问都懂,而现在就越来越专了。西方有些国家把亚里士多德称为百科之父,但是也有人认为,应该是德谟克里特比他早一百来年。到十六七世纪,西方编的书大多属于教育方面,教育必须要编百科全书类型的书,那还不是现代用的百科全书。现在意义的百科全书,西方国家一般都认为是从狄德罗十八世纪中叶编的《百科全书》开始,当时它不是真正的百科全书,它叫《百科全书,或科学、艺术与手工艺大词典》。

一五五九年有一个德国人叫斯卡利杰,侨居法国,用法文编了一部书就叫《百科全书》。可是这部书大概编得不够好,没怎么流行。过了一百年后,又有人用法文出这类的书,可能也是德国人,也没有流行开。一七五一年开始,狄德罗编的《百科全书》,才是今天真正的百科全书类型的书,离现在有二百多年了。《不列颠百科全书》在法国的《百科全书》后面。因为狄德罗遇见伏尔泰、孟德斯鸠等许多人,是法国的启蒙运动者。文化中心那时候,法国都是一些唯物主义者的科学家、哲学家、数学家等,启蒙运动者——他们称为百科全书派,出了法国的《百科全书》,宣传唯物主义的思想,当然是资产阶级的,有一点形而上学的唯物主义的观点。把过去所有的学问都重新检查过,用新的观点来写条目,这本书在狄德罗主持下编了二十一年,十七卷,加十一卷的图。有图也是从狄德罗开始的,合起来是二十八卷,后来他不参加了,由别人继续写下去,大概一共有三十五卷,它是宣传资产阶级的自由主义、自由竞争、反对宗教、反对封建的这么一部思想上很进步的书。

之后英国人才在爱丁堡出了《不列颠百科全书》。第一次只出了三卷,这套书在思想上预备抵抗法国《百科全书》的保守主义的,用封建思想来对抗它。可是后来这部书也不得不走向狄德罗那样的路,重视工业、重视机械,对英国、欧洲一些国家都起了很好的作用,工业发展了,资产阶级经济越来越发达,形成了后来的帝国主义垄断集团,都与《百科全书》重视工业,重视生产,重视自由竞争,重视新思想,否定封建、宗教迷信的东西有关。虽然到现在,西方百科全书宗教还是占了很大的部分,但是工业方面、知识方面的内容越来越多。狄德罗的《百科全书》开创了这个局面,以后英国、德国,接着美国,之后俄罗斯、意大利、西班牙都陆续出百科全书。美国出的《新美利坚百科全书》,还邀请了马克思、恩格斯撰写条目,他们写了几十条。从那时候起,百科全书就在思想上、政治上、工业上起了很大的作用。在近代史上,使经济发展,科学文化昌明,加快人类进步的速度,都与百科全书有一定的关系。法国大革命也是由于狄德罗主编的《百科全书》,动摇了封建宗教迷信的思想,才掀起了十八世纪末叶的法国大革命,所以它称为百科全书派,那是有道理的。百科全书不是写一本、两本书,不是在某一个领域里面讲讲新思想,而是要在各个学科的领域里都讲新思想,都要推翻旧的东西,因此会广泛传播,使人民发起运动,推翻封建统治,建立共和国,搞资产阶级大革命。这些运动从法国又扩大到全欧洲。后来苏联编的百科全书,俄国编的几种,他们力量不够,有的是靠德国人和俄国人一起合办,书的印刷工作靠德国人。列宁写的百科全书几个条目,就是在俄国的《格拉那特词典》上——德国人和俄国人合办的。马克思、恩格斯、列宁都对百科全书很重视,在他们的著作里面都有好多地方谈到百科全书的用途,他们亲自为百科全书写条目。列宁在十月革命之前,写了一些书,就是用拉鲁斯的小百科作为参考书,用得很得心应手,要查某个人,生卒年,有些什么著作,一翻就是,不需找许多的书,也不用找大部头的百科全书。正因为这个缘故,所以列宁在十月革命之后,就提出苏联要编一部新的百科全书。

　　假设狄德罗重新检查封建的、旧的宗教迷信的思想,写出资产阶级唯物主义思想的《百科全书》来,那么在十月革命之后,人们应该用马克思主义的观点重新检查资产阶级在各学科的思想,写出用马克思主义为指导思想的新的百科全书来。在一九二二～一九二三年的时候,由布哈林主编,出了苏联的第一版《百科全书》,这部《百科全书》,直到一九四一年卫国战争的时候还没出全。到胜利了,一九四五年的时候觉得内容还可以,一九四五年之后觉得这些东西太陈旧了,要出新版,那就是五十一卷的第二版,最近又出了三十卷的第三版。

百科全书在发展，编法也在发展

我国第二版的编法要与第一版的大不相同

我们计划在第一版出齐，一九八九年之后，或者一九九〇年就要出中国的新版——第二版《中国大百科全书》。百科全书大概过个十年就得修订、再版。《不列颠百科全书》就是这样，苏联差不多也是这样。我们假设要在一九九〇年出第二版的话，那么一九八六年就应开始编，就是说第一版还没有出齐，第二版就要开始编了，有了这五六年的经验，再编第二版，会更符合百科全书的要求，一面出第一版，一面就得筹备研究怎么样出第二版，做法要和现在不同，或者很多地方要大不相同才行。

互相学习编纂方法，对编好本国百科全书大有裨益

苏联出了第二版之后，它的各种专业性的百科全书就都陆续出来了。有些专业的百科比西方出还早，比如数学，它就有高等数学、初等数学两种专业的百科全书。顺便说一句，一九八〇年我们到美国去参观，看到苏联高等数学的百科全书，被美国麦克米伦出版公司全部翻译成英文出版了。美国方面很重视苏联百科全书。不用它的图，只是把文字全部翻出来。我们现在翻译苏联的百科全书可能性不大。过去是选了一些条目，现在我们翻译它的《百科辞典》，一卷本的，七百五十到八百万字。美国在这方面做得比我们还要多，苏联也在译美国的东西，有的不公开发行。在百科全书上互相学习编纂方法，对编好本国百科全书大有关系。我们对苏联、美国的研究还不够，我们已经学了苏联的一些东西，人家走过的道路，我们现在也在摸索着走，既然这样，为什么不参考一些人家的呢？所以在这个问题上，我是附带说一说，说我们以后要编新版。说到新版，美国的《不列颠百科全书》出到第十四版，没大改，到了第十五版才大改。第十四版实际上一年重印一次，五十年间出了四十多版，约是一年出一版，我们在解放前，从香港买进来的，等于是从美国买进来的百科全书，它是每年重印，

新的资料又没有上去,但也没有重编,也考虑到读者的需要和困难,一年出一次,价钱很高,人家不能一年买一套。所以它就把在哪一页,哪个条目下面的新材料印出来,让你可以加到里面去。最近,才用四五年的时间编出了第十五版。

百科全书在发展,编法也在发展。百科全书已经从中世纪以前的教育性的变成了工具书,变成了参考书,变成了今天这个形式。在国外特别是在美国、英国,百科全书是大学生必备的参考资料,要使自己学习效率提高,不能老跑图书馆去找书,要有综合性的百科全书在身边,可随时查,老师讲课时,讲到什么问题,让你去看百科全书什么地方。百科全书可以自己买,也可以租,毕业的时候还掉。百科全书不仅仅是大学生用,家庭里日用也有。各国的科学知识普及提高与百科全书的编辑出版发行大有关系。

以前我们没有百科全书,现在要有,我们要考虑编成什么样更符合读者的需要,这是我们现在要做的事情。苏联的百科全书有大百科,有小百科,有百科辞典,另外有许多专业的百科;日本现在出的百科数量很多,因为他们有好多个出版公司、出版社在搞。你搞一套,我另外搞一套,某大学又搞一套。美国、英国也是这样。商务印书馆的陈原同志说百科性的辞典,上海有个辞书出版社,也出这种百科辞典。今后究竟应该怎么全面规划,这是出版界考虑的问题,可能在今年下半年要开一次辞书的出版工作会议,要更有计划地进行。

我们编写的百科全书要说明几个问题

按学科分卷的方法与第一次编书及国情有关

为什么我们要按学科分卷出书,这与第一次编书有关系,与国情有关系。假设我们依照国外的出法——按照字母顺序排,那么我们这部书现在还不能出版。现在出了六卷,虽然不多,但是毕竟出来了!要把各学科的条目都写好,校对好,打乱,不分学科,按照字母顺序重新排过,那么出版期要晚得多。我们现在编好一个学科,就出一个,能早些和读者见面,而买的人又可以只买一卷,两卷,搞语言文字的就买《语言·文字》,他还想买《中国历史》、《中国文学》可以,不买《戏曲》、《音乐舞蹈》也可以。那将来你出一套三十卷、四十卷,要买就要买一套。今天我们的出版条件较差。美国《不列颠百科全书》，在芝加哥附近一个城市里专门办了一个印刷公司，印百科全书，不仅印不列颠的，别的百科全书也印，它的生产能力很大。《不列颠百科全书》三十卷，一次排好，一次都能印出来，三十卷可以同时发出。现在我们，包括苏联，三十卷也只能一卷卷的出，拉长了时间来出。苏联第二版的五十一卷，中国五十年代不也买过它的吗？一年买一卷两卷，只能这样。印刷厂要是能够一次印出全部书来，要有很人的生产能力。那年我们去美国看了这个先进设备，据说美国也只有两个印刷厂能一次印出三十卷百科全书。我们还只能一卷卷地出，一年出十卷、二十卷。所以我们今天按学科出，是适合目前形势的。将来一定要改变，改变也不能搞七十五卷，就出三十卷到四十卷，现在这是一个权宜之计吧。

我们的百科全书采取中条目加小条目，大条目少的编法

编百科全书，有个怎么编法的问题。调查研究下来，像《不列颠百科全书》，西方一些百科全书，包括苏联的，都以长条目为主。《不列颠百科全书》基本上是长条，像"中国历史"这一条，它里面有英文词十五万以上，一个一个词（word）有十五万，要翻译成中文将近三十万字，不止"中国历史"是长条，其他长条还更多，说明他们还舍不得离开大条目这个传统，除了大条目详编外，搞了一个小条目《简编》。这里有个矛盾，大条目的百科全书，小条目少，或者是没有，读者使用不方便，他要急于解决一个问题，就要看整条，几万、几十万字的一条，去找所需要的，很麻烦。工具书需要翻阅检索得快，因此就发展了另外一个阶段——小条目的百科全书。在最近的五十年左右，一直在进行这种大条目和小条目的斗争，你是出大条目的百科，还是出小条目的百科，小条目翻看方便，解决问题快，可是不系统，系统的是大条目。《不列颠百科全书》为了解决这个问题编出第十五版，它的编法相当特殊，也就是在我们筹备《中国大百科全书》之前，周有光同志送给我一个材料，介绍美国第十五版的，它是三十卷，一卷是总条目，很像是我们的框架条目，再有一部分是十卷，都是小条目，现在我们翻译的是这部分，叫做《简明不列颠百科全书》，当初我们翻译成《微观百科》，另外十九卷是详详细细的大条目。我们一查，小条目的十卷有十万条，而长条目的十九卷，只有四千多条，一条总是几万字以上，有的三十万、四十万、五十万字，那是讲得很详细，很全面的。我

们的百科全书采取的是中条目加小条目,大条目少。日本走了另一条路——折中,中条目。《不列颠百科全书》以大条目作为它的特点。十四版里,有些大条目是世界上有名的作者写的,像"物理学"这一条,由爱因斯坦来写;"社会科学"这一条,由萧伯纳写,英国认为萧伯纳是欧洲的社会主义者;关于"列宁"、"俄国革命"等条目,由托洛茨基来写。它请世界上最有名的人来写条目,写出来的必然很大。用这种方法大肆宣传它的百科全书。我们现在不采取这个做法,好像是折中,我们两方面都考虑到。

按学科分卷的方法,解决交叉、重复是个关键问题

知识这片汪洋大海,内容浩繁,按学科怎么来编?古典的办法,那是从狄德罗开始,主要是靠培根的分类法,很科学,培根对百科全书作了很大的贡献。可是这一回《不列颠百科全书》又采取了更新的办法,他们搞出十大类,画一个圆圈,中间一个小圈,主要是"能",认为世界的知识,世界的一切,就是一个能源,有了这个能,太阳能,再有地球;地球里面有各种各样的物质,地下、地上;有了地球,然后地球上才出现植物、动物;然后才有人类;有了人类,然后才有知识;而知识,宗教,然后文学艺术,从历史到近代,又有各种科学知识,用这个方法来分类,来处理。现在欧洲有许多国家的百科全书学这个编法。

现在我们遇到一些问题:怎么分类?哪个归在什么地方弄不清楚,起初还以为数、理、化、天、地、生,然后是文、史、哲、经这么分,现在自然科学方面的许多东西很难分,交叉重复很多,就要考虑侧重在哪里?这个问题很费力。现在交叉、重复还是有,尽量减少。《环境科学》卷编出来了,里面有许多讲的是物理,还有讲动物之类的,还讲大气,都与别的学科有关系,可是你不这样做,《环境科学》这一卷你就编不起来。编《医学》卷,你分内科、外科、儿科、妇科也不行,好多病,妇科里也要讲,小儿科里也要讲,一般的内科、外科也要讲,怎么把它组织得更合理?我们遇到得问题不少,要确定一个学科包括什么内容,本卷之内的重复,这一卷和别的卷的重复,和别的学科的重复,都要想办法解决。所以编百科全书,"分类"这个问题很头疼。现在美国是这么做,我们该怎么做?我们还按照这个旧有的方式编下去。

百科全书的体例，"参见"的办法是百科全书编法的一大进步

体例上的问题很复杂，我们搞了一套体例，百科全书都有许多体例，规定怎么写。需要搞一个框架，把条目列出来，有大、中、小条目，是分层次的，上、下的关系都要弄清楚。假设不弄清楚，一个条目交给某一个专家写，他往往会写到上面去，或者下面去，左面去，右面去，扩大了；别人写的条目也会写到他身上去。所以要有框架，各条目要有详细的规定。你们现在就要开始写了，我们还可以请一些同志和大家详细讲讲，免得走弯路。体例有各种各样的要求。

对百科全书有重要贡献的，是英国的哈里斯和张伯斯，是他们开始用"参见"。"参见"另一条讲什么，还可以参考哪几条……它都注明。因为你既然分成许多许多条，你不可能很全面地讲，怎么办？你看这一条有所不足，哪一方面的问题你可以去"参见"哪一条，这样会更完整。"参见"的办法是百科全书的一个进步。而有的参见还会有参考书，参考书不是我们原来理解的那个参考书，不是说我写这篇文章，或者写这个条目，我参考了什么书写的。我们百科全书的参考书目是说这一条我讲的是什么问题，你要深入，你要多了解，除了"参见"之外，你还可以看什么专著，什么书。百科全书的一个很大的作用，就是引人对知识发生兴趣，引人进入知识之门，然后还要引人再深入，成为这方面的专家。据调查，有许多现代的专家，是自学成才的，开始就是从百科全书里面来取得启发，学校里培养出来的当然有，还有许多是社会上自学的人。这样的参考书，不是一国的，是世界范围内的，我们的参考书目，也考虑到这一点。先考虑到国内有哪些专家的作品，也考虑到外国有哪些翻成了中文的，都要注明出来，没有翻的，把原文列出来。

百科全书的体裁

百科全书的条目怎么写？辞典有辞典的体裁。我们过去的《辞源》、《辞海》，现在新的《辞海》，它有它的写法。百科全书内容、字数都比它多，又不是写论文，也不是写心得，也不是作为一个专门问题研究后写出这个"介绍"来的，百科全书条目的各种要求，体现在我们的文字上，我们出了五六卷，也编了不少卷，还没有发排，还在讨论过程里面，摸索了一下，要注意的问题不少。《语

言·文字》卷,今天来的都是专家,你们更知道怎么来运用这些方式。忌讳的东西也很多。倪海曙同志在我们筹备的时候就强调,不要文、白夹杂在一起,这也是忌讳的一条,不要像写文学作品那样,不要夸张,不要华而不实……我们一个修辞的同志叫王伯恭,他写了撰写百科条目十忌,以后我们可以看到他的材料。我们还在创造中,创造出中国百科全书的条目的体裁。写条目和写一般文章不一样,因此,写的人就要摆脱自己的旧有的习惯,要从写文章、写学术论文、写讲义、编教科书、写报刊文章等方式中跳出来写条目。有人觉得讨厌:我写了一辈子的文章,你还要改我的? 百科全书写起来也太麻烦了! 百科全书有自己的要求,不得不如此,所以专家、学者写的东西,常常也要修改,共同讨论。有人说都按这个套路来写,就没一点文采了。也不是,还要有一定的文采。外国、中国的经验都是这样。我们碰到外国编百科全书的人,谈谈苦乐,都是相同的。有人说我写的东西不能改,甚至提出坚决不能改,这就很困难了。据英国的一个百科全书的编辑讲,他们找到了一位伯爵,很有地位,请他写一条,他说不允许改。后来编辑部把它改了,拿个样子给他看,看了以后,他说:需要这样改,否则我那样写法不能发表出去,发表出去对自己的身份也不好。

总之,我们处处要考虑到百科全书是综合性,不要写成专业性的。综合与专业不一样,详细到什么程度,要用多少字数? 这个都有个分寸。现在因为分学科出,会有点倾向于专业,这个倾向,也算我们的特点之一,也不可能让人家改了,叫他"准专业",或者"准综合"都可以,但是不能再详细了,这一点要强调。条目一条一条,好像一个机器,一个个零件,有大、小,有主件,有次件,是分开的,把它们组装起来就是一部机器。

分类目录是我们百科全书的框架,便于读者查找、学习

我们每卷前面有一个分类目录。分类目录就是我们的框架,这部书层次是分明的,有一千条还是有八百条,这个一千条八百条层次是怎么样,怎么把它分类的,这个表就放在这本书的前面,每一条下面有页码。读者要知道这个学科包括些什么内容,看分类目录就可看到一个学科的全貌,根据这个全貌来找到你所需要的那一条,那一页。外国百科全书里是没有的,外国百科全书完全按照字母顺序排,其实更需要有这个学科分类表。怎么搞这个分类表? 按照一个一个学科分,恐怕要占一卷的篇幅。所以他们没有,我们有。因为我们是分类

编的。不仅如此,外国的百科全书注重商业性,他们不愿意在百科全书里面出现一个分类目录。分类目录一出现,就泄露了它的商业秘密,别的出版社可以按照它的分类目录来编书了。所以你拿了他们的一部百科全书,要查某学科的系统包括些什么,找不到的! 只能一条一条去查。比如说我们要查语言文字,到《不列颠百科全书》去找,找不到它的系统,要把所有与语言文字有关的条目都找出来,然后我们再研究它的一个框框、一个架子是怎么排的才能找出来,现成的是找不着的。我们有人到日本去,到一个出版社,问他们要分类目录,他们说这个不能给你。

另外一方面,外国编百科全书的人告诉我们说,你们分类目录这一卷有多少条目,怎么排的,按照什么系统来的,一登在书上,人家就可以看出你这本书的质量怎么样,他就会马上发现你缺少什么。也就是说,没有这个分类目录就可以藏着自己编的缺点,它不把真相拿出来给人家看,就是这个原因。这一点我们不管它了,我们还是把分类目录都拿出来,藏着掩护自己,这不是一个办法,我们还是把全貌拿出来,便于读者查找、学习,读完这一条再读另一条,可以系统地读,是一个学术的东西。每一个学科都来一个分类目录,确实有困难。我们也发现,外国的百科全书确实有这种情况,有些条目它就漏掉了,没有了。最近我们编一个《外国文学》卷的条目,李健吾同志写了一条"普鲁塞尔",我去查《苏联百科全书》是怎么写的,结果找不到这一条,没有。它是漏掉了,还是对他有意见? 曾经有人敏感地说,也许"普鲁塞尔"的观点与政府不同……不同也应该有啊,它就是没有,而新版里又有了。所以藏着就有这个弊端,你要不查这一条就不知道,查这一条就发现这么一个问题。

中国百科全书要有自己的特点

不采用贴标签的办法

中国百科全书有许多特点,中国的特点也就是用马克思列宁主义、毛泽东思想来指导它,反过来又不是老用这些话,不是说马克思怎么说的,列宁怎么说的,用不着。我们用这个思想,用这个辩证唯物主义、历史唯物主义的观点来写这些条目。不采用贴标签的办法。再比如,是不是要把伟大作家,伟大科学家,用"伟大"之类的字眼,或者是"杰出",或者是"优秀",我们应该不用。歌德就是德国作家、诗人,"伟大"这些字眼都不要用,但是正文里面,可以讲到他的贡献、他的伟大意义,都可以讲。

介绍外国的东西不能人云亦云,中国的特点要突出

要把中国的特点介绍出去。我们《天文学》出去,把中国古代的天文学家、天文史、星图、历代的仪器、历书,用条目、图片表现出来。有些专家研究了好多东西,以前人家都不知道。把《中国文学》介绍出去,我们先秦怎么样,秦汉怎么样……一直到当代,这个书正在编,预备到今年年底能够把它编成。在外国百科全书里,有关中国的条目很少,而且往往是有错的,还错得可笑。因为他们没有资料可依据,《不列颠百科全书》动员了好多中国人写,大概主要是在国外留学的或是美籍华人写条目,他们对中国的情况太不了解,有些内容都是错的,这个情况我就不说了。在西方,马克思早就指出,在他那个时代,英国的、法国的有些就是抄德国的,德国的也抄别人的。有的可以抄,基本知识可以一样的。抄也不一定是一字一字地抄,乔木同志就讲:"我们天文学怎么编,人云亦云吧"。人家这样说,我们也这样说。不行!我们写的中文,要有所不同,也并不是译过来就完了,译德国的,或者有些译英国的,都要参考了来搞,这是编百科全书的基本知识!介绍外国的东西也要有我们的特点,中国的特点要突出。

我们也要介绍第三世界

我们是一部世界性的百科全书,古今中外都要有,不仅仅写中国。有些卷,只有中国的,像我们《戏曲·曲艺》,这卷已经出版了,只有中国的。《戏剧》,就是话剧的那个《戏剧》卷,古今中外都有,《音乐·舞蹈》也是古今中外都有。历史有《中国历史》《外国历史》,是分开的。

整理旧的,开拓新的,包括外国的东西,
编出具有中国特色的百科全书

我们今天要把百科全书编好,有条件。但是编法有所不同,不像过去类书那样,把书上已有的东西,分门别类编进来。它是要有最新的知识,要有外国的

东西。鸦片战争以来,中国出的类书很少,到了民国,在二十年代,北洋政府出过一本不太详细的类书,从那时以来,就没有再出过类书了。经过了一二百年,这么长的阶段,接触了外国的知识之后,应该把世界上的许多知识都包括进去,编出今天的《中国大百科全书》。值得注意的是三个"两千":1.中国从古到今,纪元前就开始,统计下来大概有两千种类书;2.中外古今编百科全书的历史有两千年;3.国内外的,包括类书和百科类型的以及现代意义的百科全书,全世界大、小国,一个国家编好几种的,有综合的,有专业的,到现在为止,算起来大概也有两千种。这给我们这么一个概念,百科全书有这么久远的历史,有这么多积累的东西,有这么普遍的成就。

现在国内也掀起了编百科全书的热潮,这个热潮很值得关注,中国文化从现在开始,整理旧的,开拓新的,把外国的知识都包括进来。现在我们对外国东西知道的还是少,资料很不够。我们的《外国文学》拿出去,人家是赞美,满足了他们的愿望。虽然我们把他们的东西弄进去了,但他们还是有意见,说:三十年代、四十年代、五十年代的东西有了,但六七十年代的没有,八十年代的更谈不上了,我们文学家也写了许多作品,很有名,但你们没有包括进去,那么别的方面你们又做得怎么样?《语言·文字》,照样有一个外国的部分,我们也不是一般介绍,最新的知识也要包括进去。

人物上书问题

最后一个问题就是"人物"。各国的,包括《不列颠百科全书》,开始的时候没有"人物",经过许多年,慢慢的才有"人",起初只有一些故世的科学家、历史学家,到近代,不仅有故世的人物,也有当代的、健在的、活着的科学家。最近十年左右,还有一些比较年轻,甚至很年轻的科学家,三十几岁,甚至二十几岁,也能上书。我们的《辞海》,只收去世的人,在世的人一概不收。那是过去的一个想法:活着的人上书,这个活的人还在变嘛,也许变成反革命,怎么办? 人到了盖棺才能定论。我们编的百科全书,活人要上书,这是世界的潮流,是各国编百科全书的趋向。在这个问题上,我们遇到了不少问题。有许多学科就是不想把活人摆上去,编的人说我的名字不要上书,我不上,别人也别上,那么他就作了一个决定:活人一概不能上书。我们说这是我们的体例,这是我们必须做的,

《法学》卷就遇到这样的问题。活人不上去,去世的法学家也不能上,怎么办?一再说服,稿子不发了,压下去。这是一种情况。另外一种情况,对活人要求更严格一点,完全有必要,但是不要压得那么少。天文学是四个人,天文学界说,第二代的人上一个,那就是一大片啊,为了这个缘故不肯上一个。现在一看,第二代好多人的成就已经超过第一代人。外国的百科全书里,科学上有什么贡献的,哪怕他只二三十岁也要上。我们也应该有这个胆量,用这样的气魄来做。过去上得少,现在别的学科上得多了,不平衡啊,要看具体情况,该上的还是应该上。《戏曲·曲艺》卷,主编们掌握得很紧,我们一再说,要放大,就是不肯,怕上去一批人。京剧,你上去一个,一大片啊。结果京剧只上了一个,侯喜瑞,书还没出来他就去世了。侯喜瑞八十多岁,他上去,戏曲界、京剧界没一个会反对的,就是这么一个不被反对,上别的人就会说:"上他,怎么不上我啊"?周扬同志是我们总编委的副主任之一。我把这个情况跟他说,我说你们连张君秋都没上,他说张君秋,应该上去吧,活着的。然后他们还是不肯,最后发稿了总算是把张君秋放上去了。整个戏剧界活的人就上了六个。京剧是侯喜瑞,上海的越剧是袁雪芬,广东的粤剧是红线女,豫剧是常香玉,就这几个例子。

　　看来我们《语言·文字》卷不要卡得那么紧。许多人物上书,除了编委、撰稿人上书之外,另外有专条,在语言学的研究上、著作上有贡献的,就应该有嘛。我们不仅仅在国内让读者知道,我们语言学界有哪些有杰出成就的。在国外,日本说,我们知道你们有谁,怎么你们书上没有,难道又是因为什么政治问题,不能上去了?这个不好,所以有成绩还是要上去。还有就是台湾的,这也是我们的方针之一。台湾的人,要适当考虑,有成就的,为了照顾到这方面,天文学就上了一个,台北天文台的,原来没有,后来加上的,现在去世了。有的人说,他是外国人,入了美国籍了,还要他吗?就算他是美籍华人,没关系。你打开外国的百科全书,许多人都无法定国别,这个人是英国、法国,还是德国人呢?他在德国出生,在法国长大,后来到了美国去著书立说,你说他是哪国人,他入了美国籍了。所以我们的百科全书,要解放思想,扩大眼界,要符合世界的潮流。

编好中国的百科全书是我们义不容辞的责任

　　《不列颠百科全书》和我们定协定,今年三月要发稿,本月二十六日,美国派来一个六七人的代表团,跟我们谈最后的审稿问题,周有光同志也参加了这个委员会。他们的希望之一,就是在不列颠《简编》上,把我们中国条目放上去,把他们已经有的中国条目能够改正补充,再加进新的东西,他要把这些材料,包括到英文的百科全书里去,他想在世界百科全书出版界里,成为一个对中国部分有更深材料的介绍,有突出的地方。这样一个世界范围发行的《不列颠百科全书》,能把中国方面搞得更完整,当然我们很欢迎。昨天我查了两百多年前的《不列颠百科全书》第一版,三卷,中间有一条是讲中国的,只有五六行字,它把中国和鞑靼民族连起来写,说中国一部分是鞑靼,鞑靼是指蒙古,说是满洲人,有一部分在俄罗斯,一部分在中国,一共有多少个城市,大致有多少居民,这么一条,对中国了解太少。但是关于中国的语言文字,写的还比较多一点。已经到现在了,许多外国的百科全书里,对中国的介绍还是有不少错误,并且好多东西都没有。我们调查了一下,中国的作家、诗人,就拿古代的屈原来说,大多数百科全书都没有,只少数几个有屈原。甚至拉鲁斯这么一个有世界声誉的百科全书里,也会把宋庆龄写成宋美龄,居然宋庆龄和孙中山坐在一起拍的一张照片,下面的注解却是宋美龄,一字之差之类的错误很多。编这部书是国家和党给我们的任务,我们要很好地完成。不仅是一个学校,一个科研单位,一个出版社的问题。这是我们能够在短时间里编好书的重要的保证。外国人现在很需要中国方面的知识,把我们资料弄到他们的百科全书上,扩大中国在世界上的影响。从这个意义上讲,应该感觉到中国人有这个责任,要把我们百科全书早点编出来。今天我拉拉杂杂讲了一些,有的是讲过的,有的是没提过的,有的是我研究的,也不深,我们社内还有一些年轻人,还有不少的东西,以后可以在你们撰稿的时候再来介绍。

谢谢大家!

《数学》卷的调整和平衡[①]

首先欢迎各位《数学》卷的同志们！现在稿子写完了,有了计划、时间的安排,从这一点上讲,我们可以说《数学》卷是大功告成了！这次会议是一个庆功会！

同时,为了把这个工作做得更好,有些问题,特别是遗留下来的问题需要各分支的专家共同讨论,有些稿子要做进一步的审查。现在到了最高、最后的阶段,整个框架,也需要再讨论一次。这个框架经过几年的工作,经过了很多道的程序,很多同志的手,有些地方需要调整,这是别的学科也有的情况。也就是说这次会议的目的是:要把我们这一卷书的成品变得更科学、更合理,有更高的水平。

一、人物上书

"人物上书"、"大事记"、"大事年表"等,这类问题需要进一步讨论。这样一个大的学科,在我们整个百科全书的层次上说:数、理、化、天、地、生,"数学"是第一位。因为它的内容,凡是问题都是一个大学科,时间占的多一点,是完全合情合理的。和其他卷相同的一点是"人物上书"问题:"故世的,在世的"。特别是"在世的",要有多方面的考虑。各级经过一些酝酿,现在酝酿的结果怎么样,还可以交换自己的意见,不合适的地方,还可以调整。

在这个问题上,有的学科遇到的困难,要比《数学》卷的还要多。编委主

[①] 本文是姜椿芳一九八六年六月十四日在《中国大百科全书·数学》卷第二次编委会上的讲话。——编者注

任、副主任都说我们不愿意上书,因此别的人也不要上书。这就牵涉到要改变百科全书体例上的一个问题,要从改进体例上来考虑,现在各科的百科全书,对"故世的"人物有一定的评价,当然上书没问题。"在世的"人物,最近几年来,数量越来越多,有些比较年轻的专家、学者,有比较大的成就,可能会因为他年轻而不考虑。所以"活人"上书的问题,有困难,但还是可以解决的。

我们是社会主义国家,我们目前编综合性的、大型的百科全书就是这一部,并且我们必须要周到的、慎重的考虑。严谨是需要的,但是也不要严谨得有些地方有偏。所谓困难就是指这个。只要他有成就,不分年龄,不分国籍,甚至于也不分政治态度,主要看他学术上的成就,实事求是,以科学的态度评价,他有成就就能上书。

二、大事记

"大事记"的问题,有些学科具体做的时候感觉困难,哪件是大事,哪件是小事,也许小事你把它归属到大事了,大事有时倒忘了。

大体上不会有太大的差别,我们要反过来看,意思就是说,我们整个一卷书,实际上所有大的问题,在一卷书的条目里面都有,我们编《中国文学》卷的时候,搞中国文学的同志就说,中国文学大事记怎么写?可以写几十万字,也可以写一两万字、三十万字,界限很难分。后来看一看我们全书的条目,这些个条目、人物、事件,重要的"事",条目里都有,把这些条目都综合起来,整理出来,实际上就是这卷的大事记。每一部书里都有大事记,不可能只有一件大事。所谓"大事":是指事件、人物、重要的住所、发现的新问题等。大的问题在百科全书的条目里不会没有反映,搞了几年的工作,大家摸来摸去的,把这些用另外一个形式——"大事记"的形式写出来。从这个角度来看,这些问题就不觉得困难了。

三、"总编委"和"分编委"的职责区别

从一九八〇年到现在,共编了六年。在这个时间里,许多数学界的专家、学

者做了大量的工作,成绩很大。我们"编辑部",是作为一个出版社来执行总编委会给的任务,我们和各位专家一起进行工作。我们有些还不是专家,还不能撰写条目,也不能声称为编委,就是一个工作班子。照我们的规定:总编委,包括各学科的专家、学者,总编委的副主任也包括各方面的专家,有的还没有考虑周到的,以后还可以再填补。

各卷"分编委"的说法是和"总编委"对称的。有总编委,那么就有分编委。事实上没有分编委,而是每一个学科自己的"编写委员会"。《外国文学》卷有外国文学的编委会。编委会有主任、副主任,有委员。学术性的工作由这个编委会来组织。出版社的编辑部的工作同志是协助大家一起工作,在学术上是编委会来工作。有些单位总觉得这是你们中国大百科全书出版社的工作。我们强调:这是每一个学科,每一卷的工作。有些学科的编委会,把责任承担起来了,把它作为自己的工作来做,这是各学科都有的情况。这个情况说明了我们各学科专家认识到:中国需要编一部大百科全书,需要编一部符合今天要求的百科全书。我们是第一次编,又要把我们过去的,外国过去的反映出来,又要把现在的,最新取得的成就反映出来。这些任务只有专家、学者才能担当起来的。

四、成书阶段要合理安排,紧张有序

有些学科认为,我们条件还不成熟;某些问题还是空白;某些事情还没有做。我们强调:我们今天没有达到的,明天、后天能够达到;今天世界上已经达到的,我们还没有,就说明我们做得还不够,有一定的距离;但是人类已经达到的,世界上已经取得的成就,应该反映在我们的百科全书里。《中国大百科全书》并不是单单表现中国,它是表现古今中外的。

只怕我们有些地方有疏忽,做得不够周到,但是发现了,我们就要陆续修正。我们现在正在编纂的是第一版,第一版照我们的计划是七十五卷到八十卷,但是我们说在一九八九年前,出七十五卷,能够出到八十卷当然更好,能够出到七十五卷就是初步完成了我们的计划。现在我们各学科都在积极进行,过去是缓慢了些,因为我们刚开始工作,没有经验,万事开头难。

今年计划要出版十四卷,过去一年只能出一卷,有时候两卷,前年增加到三卷,去年增加到四卷,今年要增加到十四卷。

在我们整个出版工作中间，最后发现最困难的是"校对"，校对变成了一个瓶颈。有时候这卷书已经排出来，"毛校"完成了，还要请专门的校对班子来校对。他们校不出来，或者要我们编辑部的再去清查，有时清查不出来，所以拖延了时间。这些事情也都在落实解决中。今年的十四卷，实际上数目并不多，因为我们的印刷厂还在排印美国编的《简明不列颠百科全书》中译本。今年九月里，十卷都要出齐，它挤掉了我们一些生产能力。就是说我们好多书都编成了，到了成书阶段了，今年、明年、后年都会按计划出齐。《数学》卷大功告成，基本完成，这次讨论后，在规定的时间就可以拿出初稿，然后就可转入"成书阶段"。

成书阶段，我们尽可能地安排得合理、紧张。也要请数学界的专家随时协助我们，有问题向大家提出来。在编辑部拿到了专家、学者的稿子，不可以轻易改动。只是修辞上或是体例上的改动。凡是需要改动的稿子，也要请作者看一看。别的学科是这样，数学也是这样。我们没有一个这么高的权威，像你们这样，或者说有这么个天才的数学家可以代管一切，把这个书弄好，一切都要依靠专家、依靠编委会。

现在是六月半，我们希望半年，或者不到半年的时间，六月半到十一月半，五个月，能够把它完成，发到印刷厂。争取明年能早一点问世。在今后的五个月中间，把一切出版方面要解决的问题都解决好，也是一件大事。现在我们排印的时间一般是六个月，假设我们顺利，明年没有像《简明不列颠百科全书》这样的任务来挤我们的话，可能会加快一些。

现在使用的是最原始的一个字、一个字的铅排，但也在尝试采取先进措施——用电子计算机、用激光。但是目前不能依靠这个，因为这个还需一段熟练过程。原来能排字的工人，不能马上转到新的排字方法上去。我们添了胶印机、分色机的制版机，还安装了联动的装订机等等，都是为了要加快速度。

五、第一版《中国大百科全书》定在十年出齐

还有一个情况就是时间。十年的时间出一部中国的大百科全书。对我们客观的需要讲，时间是长了一些。从工作量来讲，这个时间是短了一些。从世界各国编百科全书的历史情况来看，都可以说这句话。

我们大胆的确定十年把它编出来。因为客观需要，太慢不行。有时候人们

问,什么时候能出齐?我们说十年,他们吓了一跳,十年?我们要等十年,我现在六七十岁,我看得到看不到?十年,有的人觉得太长了。

但是另外一方面,这个十年又短了。因为要编出这样一个百科全书来,十年时间是很困难的。中国编的《辞海》,过去是两大卷,现在是三大卷,大概两千多万字。老的中华书局出的,用了十年、二十年的时间。民国六年、民国五年编辑,一九一六到一九三六,二十年,中华书局舒新城主编的《辞海》用了二十年的时间。当然中间经过许多波折,几次内战,一九三六年,抗战前一年在上海出版。第二版就是现在的三大卷,编了二十三年,中间经过文化大革命,一再反复的修改。

《苏联大百科全书》,第一版花了二十三年,第二版,是卫国战争胜利之后搞的,他们原定八年的时间,实际上搞了九年多,现在第三版,用了八年。《不列颠百科全书》第十五版,花了十五年的时间修改。差不多是一年重印一次,每重印一次,他又重新加一点。弄到后来他无法再加了,就是加一些附录,或者是插页插上去,或是从第几页到第几页要插哪几页。现在为了修改,它搞出第十五版,是个大修改,自称为百科全书的一次革命。

人家有二百年的历史经验了。而苏联百科全书虽然比英国、德国、法国搞得晚,但是它也在革命前已经编了好几本,日本编的更晚一点。在世界范围来讲,它也比我们早得多。明治维新之后不久,他们就组织编了。可是我们呢?我们晚得多了。蔡元培、李石曾、吴稚晖学者和革命活动家,在一九〇六年开始计划要出百科全书。始终没能出成,做了许多尝试。编辑百科全书不容易,政治不稳定,科学知识掌握得不多,要编是困难的。我们定为十年,在这一点上讲,时间不算长;但从客观上的需要来讲这十年又长了,任何事情都要辩证地来看。

六、第一版《中国大百科全书》七十卷,第二版将压缩到三十~四十卷

在我们目前的经济状况下,读者要买一套百科全书负担是太重了。科研单位、学校、机关可以买整套的,个人一下不能买这么多。当然也有人要买了。学数学的,研究数学的,他需要有综合性的百科全书里边的《数学》这么一卷,历

史或是文学，他可以不买。我们预备出七十卷，一个学科一卷，有的是两卷、三卷甚至四卷，还有更多卷数的。这对我们今天的经济情况比较适合。是不是我们在走回头路？人家已经是按照字母顺序了，我们还在分学科。它是百科全书，是字典型的，按照字母顺序检索起来方便，这是必须要考虑的，许多国家出百科全书，开始的时候也是按照学科来编，他们的考虑可能是跟我们现在的考虑相近。

前年，美国《不列颠百科全书》的总编辑到中国来，他看了我们这样的编法，他说："我建议美国的《不列颠百科全书》也要有一版按照学科来分的，有好处。"这是不是走回头路？这是社会需要。我们现在是按照学科分，等到第二版我们就要按照字母顺序排版了。

现在我们计划出七十卷，和别的国家比，是不是数量太多了？过去德国、美国、英国都编过大部头的百科全书，有五六十卷，六七十卷，还有超过一百卷的，这都成过去了。可是现在西班牙的百科全书，已经超过一百卷了，他们原来定的并不是一百卷，后来发展了新的学科、新的材料，还用这个百科全书的名称，说是"续卷"，"补卷"，所以现在出到一百多卷。

可是几个走在前面的国家，美、英、德、法、苏联、日本等国家，现在出的百科全书都是从多到少。像美国编的《不列颠百科全书》现在是三十卷；苏联的大百科全书第二版是五十一卷，前两年出齐的百科全书第三版是三十卷；法国的《拉鲁斯百科全书》是二十卷；德国的《迈耶百科词典》，还有其他一些百科全书都是三十卷左右。我们编第二版的时候，现在设想，大概也是三十卷左右，用不着七十卷。

初次编，简、繁我们还掌握不好，到第二次编，在我们已有的基础上编出新版来，数量会少一点。这个少一点说到三十卷，多一点说到四十卷，按照字母顺序排，用起来就方便多了。一个人有一套书，他要查各种知识都能够找到。而旧有的还可以参考。外国现在编三十卷也是考虑到许多人家、许多单位有旧版，旧版还可以参考。新版压缩，认为新的东西多放一些，旧的东西压缩一些，因此它的总量就少了。

还有一个考虑，现在的知识越来越广、越来越深，有许多专业的百科，你做哪一种学问的、哪一种专业的，你可以用专业百科，综合的可以少一点。家庭里面的房子，走访外国见过的房子，有家庭图书馆，就是自己家里的一个藏书，藏书量总是有些限度的，书架一两个，你一部百科全书来个七八十卷，一个书架就占满了。有个三十卷,也许是两层,还能再摆一点其他的书。

我们国内现在也是这样,书架有限,一定要精简。百科全书编的量少一点,但是知识还是要全,有些你可以到别的地方去找参考书,或是找大部头的百科全书。自己家用或是在你的书房里用的,或是一个大学生学习要用的少占点地方会比较好。这样就适合今天的需要。

用美国《不列颠百科全书》,和《苏联大百科全书》作例子:他们三十卷,开本是多大呢?是大十六开。甚至是大大十六开。我们现在出的是小十六开,就像普通杂志那么大。我们开始的时候也考虑出大十六开,和印刷厂谈了,和造纸厂也谈了,印刷厂可以拿他的机器,放大一点,可以印大十六开。今天我们经济情况是这样,我们的技术条件是这样,我们还是用我们中国最流行的、最方便的十六开。这十六开,和大十六开不同之处,就是字数包含的少了。这是第一。

第二,汉字和拉丁字母或者斯拉夫字母都不同。排起版来,像《不列颠百科全书》,它是英文字母,行与行之间都不要加空间,我们的汉字是方块字,一个字里边就有这么多笔画,你若不加字距、行距,就会变得一塌糊涂,这么一来我们要占的篇幅比外文要多,一个是大十六开,一个是加行距和不加行距等等的情况,计算下来不列颠百科全书三十卷,保守一点计算是八千万字,苏联大百科全书假设我们把它翻译成中文,三十卷,也有七千五百万字。

我们要编的七十卷,比三十卷多了一倍以上,字数多少呢?我们计算是一亿字,一个亿。那就是一共也比七千五百万和八千万多了两千万。可是我们卷数多了一倍以上,就是因为我们的排版方法和他们不同,所以说我们的量大了,但是并不比不列颠和苏联百科大了多少。

七、为能编出中国当代的第一部百科全书而共同努力

工作很繁重,组织工作很艰苦。我们有言在先,向大家提一提,日后还要麻烦你们,也许你们会讨厌,但是我们的人会不断的麻烦你们。学校要上课,科研单位要研究,要写论文,还有要到各地去开会的任务,以及其他种种的会议,要把有些任务移到年轻人身上去,老一辈的人现在精力不够,要充分依靠年轻人。我们不能等,时间虽然是短了一些,但是我们还是要充分利用这个时间,把前面的工作做好。

这次会议,要解决刚才提到的这些问题。最后,对各位的辛苦,对各位远道来到这儿,在这个炎热的条件下,要熬几天,表示最诚挚的感谢。我们为能够编出中国当代的第一部百科全书而共同努力。

百科条目

《中国大百科全书》前言[①]

《中国大百科全书》是我国第一部大型综合性百科全书。

中国自古以来就有编辑类书的传统。2000年来曾经出版过400多种大小类书。这些类书是我国文化遗产的宝库，它们以分门别类的方式，收集、整理和保存了我国历代科学文化典籍中的重要资料。较早的类书有些已经散佚，但流传或部分流传至今的也为数不少，这些书受到中国和世界学者的珍视。各种类书体制不一，多少接近百科全书类型，但不是现代意义的百科全书。

18世纪中叶，正当中国编修庞大的《四库全书》的时候，西欧法、德、英、意等国先后编辑出版了现代型的百科全书。以后美、俄、日等国也相继出版了这种书。现代型的百科全书扼要地概述人类过去的知识和历史，并且着重地反映当代科学文化的最新成就。200多年来，各国编辑百科全书积累了丰富的经验，在知识分类、编辑方式、图片配备、检索系统等方面日益完备和科学化。今天，百科全书已经在人类文化活动中起着十分重要的作用，各种类型的和专科的百科全书几乎像辞典那样，成为人们日常生活的必需品。

一向有编辑类书传统的中国知识界，也早已把编辑现代型的百科全书作为自己努力的目标。本世纪初叶就曾有人试出过几种小型的实用百科全书，包括近似百科型的辞书《辞海》。但是，这些书都没有达到现代百科全书的要求。

中华人民共和国成立之初，当时的出版总署曾考虑出版中国百科全书，稍后拟定的科学文化发展12年规划也曾把编辑出版百科全书列入规划，1958年

[①] 本文是姜椿芳为《中国大百科全书》撰写的前言。体例遵从《中国大百科全书》。——编者注

又提出开展这项工作的计划,但都未能实现。

直到 1978 年,国务院才决定编辑出版《中国大百科全书》,并成立中国大百科全书出版社,负责此项工作。

因为这是中国第一部百科全书,编辑工作的困难是可想而知的。但是,由于读书界的迫切要求,不能等待各门学科的资料搜集得比较齐全之后再行编辑出版;也不能等待各学科的全部条目编写完成之后,按照条目的汉语拼音字母顺序,混合编成全书,只能按门类分别邀请全国专家、学者分头编写,按学科分类分卷出版,即编成一个学科(一卷或数卷)就出版一个学科的分卷,使全书陆续问世。这不可避免地要带来许多缺点,但是在目前情况下不得不采取这种做法。我们准备在出第二版时,再按现在各国编辑百科全书一般通行的做法,全书的条目不按学科分类,而按字母顺序排列,使读者更加便于寻检查阅。《中国大百科全书》第一版按学科分类分卷,每一学科的条目还是按字母顺序排列,同时附加汉字笔画索引和其他几种索引,以便查阅。

《中国大百科全书》的内容包括哲学、社会科学、文学艺术、文化教育、自然科学、工程技术等各个学科和领域。初步拟定,全书总卷数为 80 卷,每卷约 120~150 万字(包括插图、索引)。计划用 10 年左右时间出齐。全书第一版的卷数和字数都将超过现在外国一般综合性百科全书,但与一些外国百科全书最初版本的篇幅不相上下。我们准备在第二版加以调整和压缩。

《中国大百科全书》按学科分卷出版,不列卷次,每卷只标出学科名称,如《哲学》、《法学》、《力学》、《数学》、《物理学》、《化学》、《天文学》等等。

全书各学科的内容按各该学科的体系、层次,以条目的形式编写,计划收条目 10 万个左右。各学科所收条目比较详尽地叙述和介绍该学科的基本知识,适于高中以上、相当于大学文化程度的广大读者使用。这种百科性的参考工具书,可供读者作为进入各学科并向其深度和广度前进的桥梁和阶梯。

中国大百科全书出版社,除编辑出版《中国大百科全书》之外,还准备编辑出版综合性的中、小型百科全书和百科辞典,与专业单位共同编辑出版各种专业性的百科全书,以适应不同读者的需要。

《中国大百科全书》的编辑工作是在全国各学科、各领域的专家、学者和研究人员的积极参加下进行的,并得到国家各有关部门、全国科学文化研究机关、学术团体、大专院校,以及出版单位的大力支持。这是全书编辑工作能够在困难条件下进行的有力保证。在此谨向大家表示诚挚的感谢,并衷心希望广大读者提出批评意见,使本书在出第二版的时候能有所改进。

原载《中国大百科全书》,1980 年 9 月 6 日

百 科 全 书①

百科全书（encyclopaedia） 荟萃人类各学科、各门类一切基本知识的出版物，它既是为使用者解决疑难问题的工具书，又是为广大读者提供系统知识的教科书。

历史 中国人在较早的时候就用分门别类的方式编出传播知识的工具书。相传在西周时就已出现，后来在汉代又经多人增补的《尔雅》（公元前2世纪），被视为中国最早的工具书。这部书包含19个门类，解释字和词的含义，解释天地、山川、草木、禽兽、牲畜、鱼虫、宫殿和亲属等名称，说明其内容，具有百科全书雏形。

中国有编撰类书的传统，类书也是百科全书型的著作。远在汉末三国魏文帝时就编出第一部完整的类书《皇览》（220~226），广集经传，随类相从，字数达800万。这种类书以后各代都有编撰，总计大小有三四百种，其中最大型的有明代永乐皇帝命解缙、姚广孝等编的《永乐大典》（成于1408年），共22937卷，约3.7亿字，装成11095册，被称为世界上最大的百科全书。但是以类书而论，清代蒋廷锡的《古今图书集成》（1726，共1万卷），编得比《永乐大典》更切合实用，可惜引文不完全准确。

无论东方西方，学者们为了把各种知识推广和传之后代，几千年来一直在编撰当时最适用最有效的百科全书类型的书。

在欧洲古希腊，公元前5~前4世纪已开始出现百科全书式的著作。德谟克利特（公元前460~前370）和亚里士多德（公元前384~前322）把当时所知道的各种科学知识，写进他们的著作。这些著作都是为讲学用的，可见古希腊

---

① 本文是《中国大百科全书》条目，体例遵从《中国大百科全书》。——编者注

最初的百科全书类型的书是教育性质的。古罗马的 M. T. 瓦洛（公元前 116～前 27）编写的《学科要义》和老普里尼（公元 23～79）编写的《自然史》,也是古代百科全书类型的著作。

西方百科全书类型的著作,有两个发展阶段:从 5～16 世纪,从 16～18 世纪。前一阶段主要是僧侣在修道院为培养神职人员所编的课本,虽然涉及各种知识,但是偏重神学。这个时期的代表作有:伊西多尔(560～636)的《词原》和文岑(1190～1264)的《大宝鉴》。后一阶段,由于科学发明渐多,知识传播日广,生产又迅速发展,课本式的著作已经不能适应客观的需要,必须编出新型的完备的工具书。

18 世纪中叶,在法国出现了启蒙运动,传播唯物主义思想,反对宗教迷信和君主专制,反对束缚生产力发展的封建制度。唯物主义哲学家 D. 狄德罗(1713～1784)等人主张在各学科各知识部门批评旧思想,宣传新思想,介绍最新科技和生产知识,促进社会发展。当时以狄德罗为首编辑百科全书,形成了百科全书派。狄德罗等人主编的百科全书自 1751 年开始出版到 1772 年,共出了 28 卷。这部百科全书的传播,动摇了封建思想基础,成为 1789 年掀起法国资产阶级大革命的重要因素之一。这部百科全书的正式名称是《百科全书,或科学、艺术与手工艺词典》。"百科全书"是 encyclopaedia 的译名,此词源出于希腊文,是"全面教育"的意思。随着各国所编的百科全书的出版,这个词的含义逐渐变化和扩大,有一切知识都包括在内的意思。

英国从 1768 年开始出版《不列颠百科全书》,一再修订,现在已出到 15 版（从 1929 年起改由美国编辑出版）。德国、意大利、西班牙等国,接着还有美国、俄国以及日本等,也先后编辑出版自己的百科全书。现在世界许多国家都出版了各种百科全书。

1840 年鸦片战争之后,素有编辑类书传统的中国学者们认识到过去的类书只是撷拾已有书籍中的知识资料,分门别类地辑成不够完备的工具书,而且大多数是诗文章句、典故辞藻的摘录,很少科学知识,更没有外国的资料和最新科技成就的介绍,认为应编出新型的百科全书。清代末年有人编译日本中学教材,用《普通百科全书》之名出版,实际上是一种丛书。民国初年出过《日用百科全书》、《少年百科全书》,虽有百科全书之名,实际上也只是简单的常识性的文集。1936 年出版的《辞海》是既解释语词又提供各门学科知识的百科全书类型的辞书。1978年，国务院决定成立中国大百科全书总编辑委员会和中国大百科全书出版社，开始编纂《中国大百科全书》，这才是中国编辑出版的第一部现代型百科全书。自1980年起，这部书开始按学科分类分卷出版。

种类　百科全书在性质上可分为两类：综合性百科全书和专业性百科全书。前者把各学科、各门类的知识综合地编在一套书里，后者只把某一学科或某一领域的知识汇编而成。《中国大百科全书》、《苏联大百科全书》、《不列颠百科全书》、法国《拉鲁斯大百科全书》、德国《布罗克豪斯百科全书》等都是综合性百科全书。专业性的百科全书则有《中国医学百科全书》、《中国农业百科全书》、美国《科学技术百科全书》、《苏联军事百科全书》等等。

从编法看，有按大类分卷的百科全书，如《中国大百科全书》，一个学科一卷或数卷，几个小学科合为一卷。但世界各国一般综合性百科全书都是把所有条目按标题字母顺序排列，不是按学科分卷编写的。另外，还有地区百科全书，宗教或民族百科全书及其他专题百科全书。

从卷数看，有大型的，一般是20~40卷（西班牙《欧美插图百科全书》已出到120卷），也有小型的，一般在10卷以内。

指导思想　任何百科全书的编辑都有自己的指导思想。狄德罗主编的《法国百科全书》是以资产阶级的唯物主义观点为指导。《苏联大百科全书》说自己是以马克思列宁主义为指导的。《中国大百科全书》明确地标出以马克思列宁主义、毛泽东思想为指导。

百科全书是学术性著作，对学术上的不同流派，凡有独特见解的，都要充分反映，使读者能了解到这些学术上的不同观点，得到广泛的知识。

编法　综合性的或专业性的百科全书，都以条目的形式按知识主题对各学科的内容作出全面、系统、简明扼要的叙述和介绍。根据编辑意图，各条目或详或简，分为大条、中条、小条。

200年来，各国百科全书的编撰，向来有大条目主义和小条目主义之分。大条目的优点是叙述详尽而有系统，缺点是不便于检索，使用者不能迅速地寻找到自己需要的解说。小条目则相反，易于检索，但是各条目介绍的知识不全面，不系统。大条目编法适于阅读，具有更强的教育作用；小条目编法适于查阅，有灵活省时的工具书的作用。

《中国大百科全书》采用以中、小条目为主的编纂方法。大条目不过长，约在两三万字之间;中、小条目则是数百字到数千字。

一般综合性的百科全书收条七八万个到十万个,字数在七八千万至一亿左右。须有数百人、数千人甚至上万人参加撰写。

经过一二百年积累编写经验,世界各国的百科全书已经形成一套体例,其中最重要的是:

①参见。许多条目在释文中标出那些内容、概念上互相联系的其他条目,用特定的符号标出,以便使用者翻阅参考,取得更完整的知识。

②参考书目。在重要条目之后,列出参考书目,以便读者取得更进一步的专业知识,或认识钻研某一问题,某一专门学科的途径。

③索引。每一部百科全书必须有多种索引,使读者能迅速查到所需要的条目。最重要的是"内容索引"。索引主题数要多于全书条目总数几倍至十几倍,以使读者左右通达,触类旁通,取得更广泛、更深入的知识。

④附录。在书末附上多种必要的参考资料和图表,如大事记、元素表、度量衡表以及人名地名索引等。《中国大百科全书》在每一学科之前还附一篇该学科的总论或综述,以及每一学科的分类目录,使读者能获知该学科的全貌。

⑤图片。世界各国的百科全书都重视图片与文字的配合,黑白图和彩色图并重,有些百科全书文字与图片的篇幅几乎相等。这样文以图显,图以文明,能让使用者更全面、更深入、更迅速地掌握各种知识。

修订　百科全书包括许多学科,各学科的内容在不断更新,但是百科全书卷帙浩繁,重印再版都比较困难。由于百科全书的部分内容和科学文化知识的不断更新存在着矛盾,各国百科全书采取几种不同的修订办法来解决它。一种是再版修订法,即隔一段时间,一般是 10 年左右再版一次,把全书条目修改一次;一种是连续修订法,即每隔一两年重印一次,把一部分必须更新的条目加以修订,其他不动(修订的数量约占全书 5% ~10%);再有一种是补卷法,即把更新条目编印成一两卷,作为原版的增篇。一般百科全书每年都出版一卷《年鉴》,把一年来的变化,主要是经济生产等方面的统计数字以及一部分更新的知识独立地编为一卷。

新发展　随着科学技术的发展,各国现在已开始利用电子计算机编排、印刷百科全书,并制出各种索引。对于书中有关音乐方面的条目,有的出版社还附上小型密纹唱片或录音磁带,与本书一同发行。近年来有些国家试制一种视听机,把各种条目录音,与电视片同时使用。使用者打开这种机器,一面听条目内容的口述,一面在电视屏幕上看到所讲条目的各种实物的形象。利用电子计算机,还随时可以检索所需要的条目,把它印出,这是百科全书的一项新发展。

参考书目

R. Collison, *Encyclopaedias: Their History throughout the Ages*, Hafner Publ. Co., New York & London. 1966.

胡道静:《中国古代的类书》,中华书局,北京,1982。

原载《中国百科全书·语言文字》卷

百 科 全 书[①]

百科全书 (encyclopedia) 概要介绍人类一切门类知识或某一门类知识的工具书。供查检所需知识和事实资料之用,但也具有扩大读者知识视野、帮助系统求知的作用。它是一个国家和一个时代科学文化发展水平的标志。"百科全书"一词来源于希腊文 enkyklios(普通的)和 paedeia(教育或学识)。中国古代百科全书性质的典籍称类书。"百科全书"这个名称在 20 世纪初才在中国出现,是由日文中的"百科事典"和中国传统上大型丛书的名称"全书"融合而成的。

起源

百科全书性质的著作已有 2000 多年的历史。在西方,原始胚胎有两个基础:一个是概要全面;一个是知识分类。希腊学者亚里士多德为雅典学园讲学,编著全面讲述当时学问的《工具论》、《物理学》、《形而上学》、《伦理学》、《政治学》和《诗学》等讲义,被奉为最早的百科全书家。中国魏文帝曹丕下令王象等人编撰的《皇览》,被《唐书·艺文志》论定为中国类书之始。此外,大约成书于汉初(相传始于西周)的《尔雅》,以最早的辞书闻名于世界,但它广收名物词,更像是一部古代的百科词典,因此也被看做是更早的渊源。

[①] 本文是《中国大百科全书》条目,体例遵从《中国大百科全书》。——编者注

发展和演变

西方百科全书的基本性质曾发生过三次演变:古代的百科全书、中世纪的百科全书和现代的百科全书。与此相应,百科全书在编排上也经历了以"自由七艺"("三学"和"四术")为基础的原始分类编排、以科学分类为基础的分类编排和按字母顺序编排的三个阶段。百科全书的编撰组织大体上也区分为三个阶段(见下表):

	性质	编排方法	编撰组织
古　代	教科书与工具书不区分	原始分类	单一作者或单一汇编者
中世纪	以教育作用为主,工具书作用逐渐突出	开始采取科学分类法	单一编者和多作者
现　代	以工具书作用为主,兼具教育作用	字母顺序编排为主	多编者和多专家作者

古代百科全书　公元5世纪以前的古代百科全书中,最著名的有:古罗马瓦罗编的《学科要义》9卷,内容包括修辞学、数学、占星术、医学、音乐和建筑学。公元1世纪的老普里尼编的《自然史》37卷,保存了许多后来佚失的资料。

中世纪百科全书　中世纪的百科全书的历史可分为公元5~16世纪和16~18世纪两个阶段,大体上是以F.培根创立科学分类法并对百科全书编纂产生重大影响为界的。中世纪前期西方的百科全书,明显地反映那个时代神学与宗教统治的影响。大多数百科全书是为修道院培养神职人员而编的课本。中世纪后期,特别是文艺复兴时期,随着科学和文化的发展,适应人们迅速查检知识的需要,百科全书的工具书作用逐渐增强。受词典的影响,编排方式也渐由分类编排向字母顺序编排过渡。J.J.霍夫曼于1677年出版的《百科词典》是这一转变时期的百科全书代表作。

现代百科全书　西方现代百科全书的奠基人是法国哲学家D.狄德罗。以狄德罗为首的法国百科全书派,在1751~1772年编纂出版了世界闻名的《百科全书,或科学、艺术与手工艺大词典》,正篇17卷,图篇11卷。1780年再版时出版家 A.F. 布勒通又补编了 7 卷，共 35 卷。法国百科全书派点燃了启蒙运动的火炬，为 1789 年的法国资产阶级革命做了思想准备。1768～1771 年，在苏格兰的爱丁堡出版了《不列颠百科全书》，初版 3 卷。1796～1808 年，在德国出版了《布罗克豪斯社交词典》。这是欧洲最有影响的两部百科全书，以后历版修订，直到现在仍是世界上最有权威的百科工具书。出版历史比较悠久的现代百科全书还有 1829～1833 年初版的《美国百科全书》13 卷、德国 1852 年初版的《迈耶百科词典》、英国 1859～1868 年创编的《钱伯斯百科全书》和法国 1865 年开始出版的《拉鲁斯百科全书》。20 世纪创编的著名的百科全书有：1926～1947 年出版的《苏联大百科全书》第 1 版 65 卷，1933 年开始出版的西班牙《插图欧美大百科全书》（ESPASA）80 卷，1939 年出版的《意大利科学、文学和艺术百科全书》36 卷，1955～1963 年出版的日本平凡社《世界大百科事典》32 卷。

中国的百科全书 中国自魏至清，历代编撰大小类书 400 余种，可惜多数已经散佚。隋末虞世南编撰的《北堂书钞》、唐初欧阳询主编的《艺文类聚》与宋李昉等编纂的《太平御览》、王钦若等人编的《册府元龟》，被后人并称为中国古代"四大类书"。明初解缙等人编纂的《永乐大典》卷帙浩繁，达 22 万多卷，被外国百科全书称为"世界最大的百科全书"。清代用活字版印刷的大型类书《古今图书集成》也达万卷之巨。20 世纪 30 年代出版的《辞海》，含有相当的百科词典的成分。中国现代百科全书事业开创于 1978 年，《中国大百科全书》已从 1980 年开始出版。随之相继开始编纂和出版的还有《中国医学百科全书》、《中国企业管理百科全书》、《中国农业百科全书》等专业性百科全书。

百科全书的基本功用

就其历史作用和现代意义来说，百科全书有四种基本功能：①存佚。许多重要古籍和古代作家的作品早已佚失，后人能知道它们的一些内容，多靠百科全书的保存。②启蒙。自狄德罗《百科全书》出版以来，百科全书的历史便进入了现代时期，其重要的标志之一就是用真正的知识启迪愚昧之蒙。③查检。现代百科全书能使人们用最便捷的途径获取各种急欲知道的基本知识和基本资料。④自学。现代百科全书在科学分类的基础上对人类已有的各门类知识进行整理，用最概要的方式提供最基本的知识，有"没有围墙的大学"之称，从而为辅助人们自学求知提供一种有益的工具。

百科全书的种类

现代百科全书主要是按内容范围、规模、内容所涉及的地域范围和读者年龄档次等分类的。

内容范围 按内容范围的宽狭区分为综合性百科全书和专业性(包括专题性)百科全书。综合性百科全书概述人类一切门类知识,如《不列颠百科全书》、《美国百科全书》和《中国大百科全书》。专业性百科全书选收范围有宽有狭:宽者选收一个广阔的知识领域,如美国的《科学技术百科全书》(30卷)和《社会科学百科全书》(17卷),狭者如苏联的单卷本《芭蕾舞百科全书》。

规模 按部头大小区分为20～30卷以上的大百科全书、10卷左右的小百科全书和一般为单卷本的百科词典(或称案头百科全书)。现代世界上部头最大的百科全书是西班牙的《插图欧美大百科全书》,正篇80卷,逐年还出补卷。《中国大百科全书》定为73卷。

地域范围 按所收内容涉及的地域范围还分为世界内容的百科全书和地域性百科全书。各国编的世界内容的百科全书仍不免侧重本国内容。地域性百科全书则仅反映一个地区或一个国家的情况。

年龄档次 按读者年龄和文化程度分档,各档百科全书不仅在介绍知识的详简和深浅程度上有所不同,而且在性质上也稍有差异。一般分为4档:①高级成年人百科全书适应对象最广,一般由高中程度直至查阅非本专业内容的专家读者。各国有代表性的大百科全书均属此档。②普及成年人百科全书适应中等文化程度的社会广大读者,如美国的《科利尔百科全书》(24卷)和《康普顿百科全书》(26卷)。③中学生百科全书条目的设置更紧密地结合学校课程的设置,如美国《优等生百科全书》(20卷)和《国际百科全书》(20卷)。④少年儿童百科全书多以图片为主,内容浅近的如英国《儿童百科全书》(2卷),内容稍深者如美国《不列颠少年百科全书》(15卷)。一般说,前两档百科全书的工具书作用更强,而后两档则更偏重于辅助自学的教育作用。

百科全书的条目

条目是百科全书的基本寻检单元。编纂者对人类已有知识进行整理和分解,从而得到一个个大小不同的知识主题(或独立概念)。把这些主题按一定体例规范撰写出来,便是百科全书的条目。现代综合性大百科全书往往有多至几万至十几万个条目。条目之间靠参见系统互相联系,交叉而不重复。百科全书条目依主题的宽狭,有长至十几万字的释文,短至百余字的词条。

现代百科全书发展初期出现了两种编纂观点,这就是所谓的"大条目主义"和"小条目主义"。"大条目主义"实际上是对古代和中世纪百科全书编纂传统的继承,更多地着眼于教育作用,较多地强调知识的系统性。《不列颠百科全书》是"大条目主义"的代表,但20世纪70年代的新版已大有改变。它的《简编》已采取典型的"小条目主义"的编法。"小条目主义"是百科全书受词典编纂方法影响的结果。它对大学科或上层次概念和知识主题尽量加以分解,分成更多更小的独立主题,使百科全书更便于寻检,《布罗克豪斯百科全书》是这种编法的代表。

编排方法

百科全书内容的编排不外三种方式:字母顺序编排法、分类编排法和字顺与分类相结合的编排法。

附属成分

现代百科全书除正文外还编有与正文紧密关联的各种附属成分,其作用是增加寻检的方便和扩大百科全书的用途。附属成分包括:前言、凡例和目录;插图是重要的形象化手段,丰富和精美的彩色插图已是现代百科全书的一个重要标志;参见系统,把被条目分割的知识沟通起来。读者通过参见系统可能把一个主题有关的知识系统化起来。参见可用文字表示,更多的百科全书是用符号(如箭头)表示。

此外,还有参考书目和作为全书总"钥匙"的索引。最主要的索引是主题分析索引,即对条目释文进行分析,把其中有名可查、有事可考和有数可据的知识信息均选作主题,按某种检索次序(一般是字母顺序)编排起来,注明卷次、页码,有的百科全书还注明版面区域。大型百科全书多是把索引编为单独的一卷。此外有地图集及作为全书权威性标志的各种名单,如编委会、编辑部、学科顾问名单。

现代世界百科全书

80 年代初,世界上出版有大、中型综合性百科全书的国家已达 40 多个,发行中的大、中型综合性百科全书不下百余种。附表中是现代世界各国主要的百科全书。

现代世界各国主要的百科全书

书名	原文书名	新版 年代版次	新版 卷数	初版年代	出版国家
中国大百科全书		1980~	73	1980~	中国
中华百科全书		1981~1983	10	1981~	中国台湾
世界大百科事典		1972,第3版	35	1955~1963	日本
大日本百科事典		1980	24	1967	日本
印度尼西亚百科全书	*Encyklopaedia Indonesia*	1954~1956	3	1954~1956	印度尼西亚
亚洲百科全书	*Encyclopaedia Asiatica*	1976,第3版	9	1958	印度
僧伽罗百科全书	*Sinhalese Encyclopaedia*	1963		1963	斯里兰卡
土耳其百科全书	*Türk Ansiklopedisi*	1964		1964	土耳其

书名	原文书名	新版 年代版次	卷数	初版年代	出版国家
犹太百科全书	Encyclopaedia Judaica	1978	16	1949	（耶路撒冷）
苏联大百科全书	Ъольшая Советская Эндиклопедия	1969~1978，第3版	30	1926~1947	苏联
南斯拉夫百科全书	Enciklopedija Jugoslavije	1980，第2版	11	1950~1971	南斯拉夫
波兰大百科全书	Wielka Encyclopedia Powszechna PWN	1962~1970	12	1962~1970	波兰
罗马尼亚百科词典	Dictionar Enciclopedic Roman	1962~1966	4	1962~1966	罗马尼亚
匈牙利新百科词典	Uj Magyar Lexikon	1959~1962	7	1959~1962	匈牙利
捷克斯洛伐克百科词典	Přiruční slovnik Naučný	1962~1967	4	1962~1967	捷克斯洛伐克
保加利亚简明百科全书	Kratka Bulgarska Entsiklopediia	1963			保加利亚
迈耶新百科词典	Meyers Neues Lexikon	1972，第2版	15	1939~1952	民主德国
迈耶百科词典	Meyers Enzyklopädisches Lexikon	1971~1980，第9版	25	1839~1852	联邦德国
布罗克豪斯百科全书	Brockhaus Enzyklopadie	1966~1975，第17版	20	1796~1808	联邦德国
拉鲁斯大百科全书	La Grande Encyclopedie	1971~1976	21	1796~1808	法国

书名	原文书名	新版 年代版次	新版 卷数	初版年代	出版国家
法国百科全书	*Encyclopedie Française*	1933～1966	21	1933～1966	法国
大百科全书	*Encyclopedie Universalis*	1968～1973	20	1968～1973	法、美
钱伯斯百科全书	*Chamber's Encyclopaedia*	1973	15	1859～1868	英国
大众百科全书	*Everyman's Encyclopaedia*	1977,第6版	12	1913～1914	英国
新卡克斯顿百科全书	*The New Caxton Encyclopaedia*	1977	20	1965～1969	英国
意大利科学、文学和艺术百科全书	*Enciclopedia italiana di scienze, lettere ed arti*	1949	39	1929	意大利
意大利大百科全书	*Lessico Universale Italiano*	1968～1980	24	1968～1980	意大利
欧洲百科全书	*Enciclopedia Europea*	1978～1980	11	1976	意大利
插图欧美大百科全书	*Enciclopedia Universal Ilus-trada Europeo-Americana(ESPASA)*	1970	80	1905～1933	西班牙
拉鲍尔百科全书	*Enciclopedia Labor*	1955～1960	9	1955～1960	西班牙
希腊大百科全书	*Magale hellēnike enkyklopaedeia*	1959～1960	24	1926～1934	希腊

书名	原文书名	新版 年代版次	新版 卷数	初版年代	出版国家
瑞士百科词典	Schweizer Lexikon	1945～1948	7	1945～1948	瑞士
瑞典百科全书	Svensk Uppslagsbok	1947～1955	32	1929～1937	瑞典
哈格鲁普插图百科词典	Hagerups Illustrede Konversations Lexikon	1948～1953,第4版	10	1892～1900	丹麦
挪威百科全书	Norsk allkunnebok	1948～1961	10	1948～1961	挪威
阿谢豪格百科词典	Aschehougs Konversasjons-Leksikon	1968～1973,第5版	20	1907～1913	挪威
新知识百科词典	Unsi tie tosanakirja	1960～1966	24	1960～1966	芬兰
温克勒·普林斯大百科全书	Grote Winkler Prins Encyclopedie	1966～1975,第7版	20	1870～1882	荷兰
加拿大百科全书	Encyclopaedia Canadiana	1977	10	1957～1958	加拿大
不列颠百科全书	Encyclopaedia Britannica	1974,第15版	30	1768～1771	英→美国
美国百科全书	Encyclopaedia Americana	1980	30	1829～1833	美国
科利尔百科全书	Collier's Encyclopedia	1980	24	1949～1951	美国
美国学院百科全书	American Academic Encyclopaedia	1981	21	1981	美国

书名	原文书名	新版		初版年代	出版国家
		年代版次	卷数		
葡萄牙与巴西大百科全书	Grande Enciclopedia Portuguesa e Brasileira	1964	40	1935~1960	葡萄牙·巴西
巴西百科全书	Enciclopedia Brasileira Merito	1967	20	1967	巴西
阿根廷大百科全书	Gran Enciclopedia Argentina	1956~1963	8	1956~1963	阿根廷
墨西哥百科全书	Enciclopedia de Mexico	1966~1972	10	1966~1972	墨西哥
秘鲁百科词典	Diccionario Enciclopedico del Peru	1967	3	1967	秘鲁
澳大利亚百科全书	Australian Encyclopaedia	1979	6	1925	澳大利亚
新西兰百科全书	Encyclopaedia of New Zealand	1966	3	1966	新西兰
巴布亚新几内亚百科全书	Encyclopaedia of Papua and New Guinea	1972	3	1972	巴布亚新几内亚

参考书目：

金常政：《百科全书编纂概论》，山西人民出版社，太原，1985。

А. И. 德罗宾斯基著，常政译：《马克思、恩格斯、列宁与百科全书》，知识出版社，北京，1986。（И. А. Дробинский, Маркс, Энielbc, Ленин и энциклопедия, Изд. Советская эндклопедия, Москва, 1955.）

R. S. 科利森等撰，常政、吕千飞译：《百科全书》，知识出版社，上海，1980。（R. L. Collison, *Encyclopaedia*, *Encyclopaedia Britannica*, 15th ed., Vol. 6, Encyclopaedia Britannica, Inc., Chicago, 1974.）

R. Collison, *Encyclopaedias: Their History throughout the Ages*, Hafner Publ. Co., New York & London, 1966.

Ю. Е. Ццмушкис, *Советские энциклопедии*, Изд. Советкая энциклопедия, Москва, 1975.

原载《中国大百科全书·新闻出版》卷
署名:姜椿芳　金常政

奥斯特洛夫斯基，А.Н.[①]

奥斯特洛夫斯基，А.Н. （Александр Николаевич Островский 1823~1886）

俄国剧作家。一生为俄国舞台提供了近50部剧本，创造了几百个人物形象，为俄国戏剧事业的发展作出了很大贡献。

生平 1823年4月12日出生在莫斯科小奥尔顿卡街（现改名为奥斯特洛夫斯基街）。父亲是法官，退休后，从事商业活动，家中来往的大多是商人。1840年奥斯特洛夫斯基入莫斯科大学攻法律，1843年肄业，1843~1851年先后在"良心法院"和商务法院任书记官。在法院工作期间他开始写作。1847年发表剧本《破产者》的片断，引起文坛注意。全剧写成后，用《自家人好算账》的剧名于1850年正式发表在《莫斯科人》杂志上，受到进步文坛的赞美，但警察厅却禁止上演，到1861年才得以公演。从此以后，奥斯特洛夫斯基几乎每年都有一部或几部作品问世。

奥斯特洛夫斯基除了进行创作外，还翻译过不少外国剧本，其中有莎士比亚、戈齐、哥尔多尼、塞万提斯等人的作品。他还是一位积极的社会活动家。1865年，他发起成立了莫斯科演员联社。1870年，由他倡议组织了俄国剧作家协会。经他和鲁宾斯坦多方努力，于同年创办了演员训练班，培养了萨陀夫斯基、萨陀夫斯卡雅、马克歇耶夫等一群杰出的表演艺术家。在他的倡议下还创办了模范人民剧院。

1886年1月，奥斯特洛夫斯基被任命为莫斯科各皇家剧院的艺术总管人。但还未能充分展开他对于剧院制度的改革和戏剧艺术的提高，便于6月14日在谢雷科沃（现为柯斯特罗姆州奥斯特洛夫斯基区）逝世。

[①] 本文是《中国大百科全书》条目，体例遵从《中国大百科全书》。——编者注

创作 奥斯特洛夫斯基的创作年代,正逢俄国资本主义发展时期。他的作品反映了这个时代的社会变化。他自己曾说,他是遵循果戈理的创作道路的。他坚持揭露社会的不良风气,用讽刺的笔触来描绘当时社会的众生相。于是初露头角的商人阶层的粗暴和幼稚,新兴资产阶级和蜕化中的农奴主、地主的虚伪奸诈、残酷无情,贵族和官僚的愚昧、堕落等等,都成为他剧中人物的特点。早期的作品,如《各守本分》(1852)、《贫非罪》(1853)、《切勿随心所欲》(1854)等,在思想上带有美化俄国宗法制的倾向。车尔尼雪夫斯基和涅克拉索夫对这些作品提出过批评。随着19世纪50、60年代俄国革命形势的发展,他的创作进入新的阶段。从1856年起,几乎所有的新作都发表在涅克拉索夫和谢德林主编的《现代人》杂志上。这时期的作品,包括著名的《大雷雨》,具有较明显的暴露社会和暗示革命的倾向,因而受到反动势力的围攻。奥斯特洛夫斯基不得不暂时放下迫切的社会题材,转而写作历史剧。从19世纪60年代末起,又重新面对现实,并出现了创作的高潮。从1868年一直到80年代初,他的作品大都在涅克拉索夫和谢德林主编的《祖国纪事》杂志上发表。包括讽刺喜剧《智者千虑必有一失》在内的一系列剧本,对农奴制残余中蜕化出来的新型实业家和欧化商人进行了嘲讽。稍后的诗剧《雪女》(1873),表达了作者的理想和对人生意义的探索。《没有陪嫁的女人》等几个剧本描绘了才能卓越的俄罗斯妇女在当时虚伪、自私的社会中备受摧残的悲剧命运。

奥斯特洛夫斯基的全部剧作,按其内容的性质和人物所属的阶层,大体可以分5大类。

①描写商人生活的剧本:《全家福》(1847)、《自家人好算账》(1850)、《非己之长,勿充内行》(1853)、《贫非罪》(1854)、《他人饮酒自己醉》(1856)、《节日好梦饭前应验》(1857)、《大雷雨》(1860)、《一知己胜两新交》(1860)、《莫管闲事》(1861)、《天下无难事,只怕有心人》(1861)、《孰能无过,孰能免祸》(1863)、《艰苦的日子》(1863)、《小丑》(1864)、《炽热的心》(1869)、《人无千日好》(1871)、《真理固好,幸福更佳》(1877)、《最后的牺牲》(1878)、《心非铁石》(1880)等。这些剧本最重要的一点是作者用否定的态度描绘了商人。

②关于人民生活的剧本:《切勿随心所欲》(1834)、《闹市》(1865)等。在这些剧本中,作者描写的是从农民转变为小商人、小市民的一些人。他们保持着民间的风俗习惯和生活方式。剧本有些类似民间文学作品,具有民歌风味,曾被改编为歌剧。

③描写小官吏生活的剧本:《穷新娘》(1852)、《肥缺》(1857)、《深渊》(1866)、《贫人暴富》(1872)、《富新娘》(1876)等。

④表现所谓"社会头面人物"的剧本:《意外事》(1851)、《女弟子》(1851)、《性格不合》(1858)、《智者千虑必有一失》(1868)、《来得容易去得快》(1870)、《森林》(1871)、《血汗钱》(1874)、《狼与羊》(1875)、《没有陪嫁的女人》(1879)、《名伶与捧角》(1882)、《美男子》(1883)、《无辜的罪人》(1884)、《世外事》(1885)等。这些剧本揭露了贵族地主和社会名流们的丑恶灵魂。

⑤历史剧:《柯兹玛·扎哈罗维奇·米宁苏霍鲁克》(1862)、《僭主德米特里与瓦西利·隋斯基》(1866)、《土辛诺》(1867)等。奥斯特洛夫斯基写历史剧是逃避现实,抵御迫害,但主题是积极的,具有爱国主义精神。

此外还有与索洛维约夫合写的《别鲁根的婚事》(1878)、《蛮女人》(1880)、《有光无热》(1881),与聂维仁合写的《妄想》(1881)。

戏剧观点和写作方法 奥斯特洛夫斯基认为"剧本应该是为全体人民而写的"。戏剧比其他一切文学作品更接近广大人民。舞台上演出的戏,要写得强而有力,要有巨大的戏剧性和热烈的真诚的感情,要有生动而有力的人物。在所有俄国古典作家中,他的剧本占演出剧目的绝大多数。奥斯特洛夫斯基认为,写人民的生活,为人民写作,丝毫不会降低戏剧文学的价值,相反,"它可以增加它的力量,使它不致庸俗和堕落;只有那真正为人民所喜闻乐见的作品,才能永垂不朽。这样的作品,迟早总会被别的民族,而最后被全世界所理解和欣赏"。

奥斯特洛夫斯基每写一部剧本,都要对他所描写的事物作深刻的观察和周密的思考,并搜集充分的资料。他写剧本之前,不仅开列剧中人物名单,而且还开列谁适合扮演什么角色的名单。他所写的人物的性格和惯用的语言都有活的模特。在写作过程中,也常常更换扮演者,使之更相适合,从而使特定的演员最能发挥他们的艺术才能。奥斯特洛夫斯基塑造了一大批各种类型的妇女形象,使女演员们能发挥各自的特点并取得成功,使她们拥有自己的剧目,因此许多女演员特别爱戴这位剧作家。

奥斯特洛夫斯基重视台词的表现力。他的剧本对白清晰动听,语言优美。他能掌握舞台上的位置和调度,能恰到好处地安排演员上下场,这就使他的剧本演出具有很高的戏剧性。

奥斯特洛夫斯基常把西欧名家的剧中人写进自己的剧作,使之更易于为俄国演员和观众所接受。例如,把莫里哀《吝啬鬼》(一译《悭吝人》)中的守财奴阿巴贡写进他的《贫人暴富》;把小仲马《私生子》中的女裁缝的儿子写进《无辜的罪人》,都取得很好的效果。在排戏过程中,他经常听取演员的意见,修改自己的剧本。《大雷雨》中卡杰林娜关于自己少年生活的独白,就是根据第一个扮演卡杰林娜的女演员柯西茨卡雅的自述补写进去的。

评论 奥斯特洛夫斯基的创作在俄罗斯文学和戏剧中具有珍贵的美学价值。俄国的重要评论家和作家,如杜勃罗留波夫、车尔尼雪夫斯基、屠格涅夫、涅克拉索夫、冈察洛夫、普列汉诺夫、卢纳察尔斯基等,都从不同的角度给予奥斯特洛夫斯基以高度的评价。杜勃罗留波夫认为奥斯特洛夫斯基是一位熟悉俄国生活的人,是人类心理的天才描绘者,性格描写的巨匠。他说,奥斯特洛夫斯基能抓着生活的实质、时代的脉搏。他把奥斯特洛夫斯基在《大雷雨》之前的许多剧本中所描绘的俄国生活,称作黑暗王国的形形色色。把论述这一问题的文章题名为《黑暗王国》,这是俄国社会史和文学史上的重要文献。《大雷雨》一出现,杜勃罗留波夫就立即写出一篇新的文献性论文《黑暗王国的一线光明》。他认为《大雷雨》女主人公卡杰林娜在宗教迷信、封建势力、愚昧习俗等层层压迫之下,勇敢地发出了自己的抗议。她的投河自尽,标志着在俄国革命日益成熟的形势下,一个善良、美好的女子终于忍无可忍,跨出空谷足音的一步,这是革命巨浪即将到来的先声。奥斯特洛夫斯基的剧作曾在俄国舞台上广泛上演,造就了一批优秀的俄国演员。莫斯科小剧院曾以演出奥斯特洛夫斯基的戏而闻名。斯坦尼斯拉夫斯基在1926年导演他的《火热的心》,梅耶荷德在1924年导演他的《森林》,都成了重大的戏剧事件。直到20世纪80年代,奥斯特洛夫斯基的一些名剧还是苏联剧院的保留剧目。奥斯特洛夫斯基剧作最早介绍到中国的是《大雷雨》。1921年出版了耿济之翻译的《雷雨》,1937年改名《大雷雨》,在上海演出。到80年代中,在中国已有20多家剧院、剧团和戏剧院校演出此剧。除《大雷雨》之外,1922年出版了郑振铎译的《贫非罪》和柯一岑译的《罪与愁》(即《孰能无过,孰能免祸》)。《罪与愁》曾由钱颖和张庚改编为《爱与恨》于1936年在上海演出。《没有陪嫁的女人》(冰夷译)和《智者千虑必有一失》(林陵[①]译)于抗战胜利后相继在上海出版。后者于1962年由北京人民艺术剧院演出,还有些奥斯特洛夫斯基的剧本,或改编为中国形式的戏

[①] 林陵为姜椿芳常使用的笔名之一。——编者注

（如陈白尘根据《没有陪嫁的女人》改编的《悬崖之恋》，又名《卖油郎》），或搬上银幕（如《无辜的罪人》改编为电影《母与子》），受到中国人民的喜爱。

参考书目

戈宝权、林陵：《奥斯特洛夫斯基研究》，时代出版社，1949。

戈宝权、林陵：《奥斯特洛夫斯基评传》，时代出版社，1954。

Осмровский, Михаил Лобанов, М., 1979.

А. Н. Осмровский в русской кримике, Сборник смамей, Цод рец Г. И. Вадыкина, М., 1958.

А. Н. Осмровский, В. Я. Лакшин, М., 1982.

原载《中国大百科全书·戏剧》卷

署名：林陵

奥斯特洛夫斯基，А. Н. [1]

奥斯特洛夫斯基，А. Н.（Александр Никодаевич Островский 1823～1886）

俄国剧作家。父亲是法官，母亲是圣饼制作者的女儿。1823年4月12日出生在商人聚居的莫斯科河南区。父亲退休后他也经营商业，因而从小就熟悉商人生活。1835～1840年在莫斯科第一中学求学，1840～1843年在莫斯科大学法学系肄业。1843～1851年在莫斯科法院工作8年，接触到各种各样诉讼者（特别是尔虞我诈的商人），目睹当时社会的众生相和官场生活，这一切为他后来的戏剧创作提供了丰富的素材。

奥斯特洛夫斯基在法院任职时开始写作。最初的文学试笔《莫斯科河南区一居民手记》(1847)受到"自然派"的影响。同年发表喜剧《家庭幸福图》（后名《全家福》）全剧和《破产者》的几场戏。这几场戏曾在几个艺术家的家里朗诵，使他在文学界获得广泛的声誉，得到果戈理、冈察洛夫等人的赞赏。全剧完成后改名《自家人好算账》，1850年正式发表于《莫斯科人》杂志，作品按照果戈理的现实主义的方向对社会作了强烈讽刺，引起舆论界的注目。当时在文艺界颇负盛名的奥陀耶夫斯基公爵说，这部戏与其说是喜剧，不如说是悲剧。它应与冯维辛的《纨袴少年》、格里鲍耶陀夫的《智慧的痛苦》、果戈理的《钦差大臣》并列齐名，称为俄国的第四部喜剧。由于作者明显的倾向性，尼古拉一世亲自指令警察厅，对他暗中加以监视。而剧本迫于政府的禁令，直到1861年，即发表后11年，才得以初次公演。

奥斯特洛夫斯基从事创作39年，除了一部分散文和翻译作品外，一共写了50多个剧本，是俄国最多产的剧作家。但他的创作道路并不平坦：客观上受到

---

[1] 本文是《中国大百科全书》条目，体例遵从《中国大百科全书》。——编者注

种种阻难，主观上经历了曲折的思想发展过程。

1850年《自家人好算账》发表后，他被聘为《莫斯科人》的编辑和评论员，并且成为这个杂志的所谓"少壮编辑部"的成员，和这个圈子里的思想权威格里戈里耶夫过从甚密。《莫斯科人》是一个保守的刊物，在它的影响下，他的剧本《各守本分》(1852)、《贫非罪》(1853)、《切勿随心所欲》(1854)中流露出一种把俄国宗法制和旧习俗理想化的倾向，放低了暴露社会的调子。车尔尼雪夫斯基和涅克拉索夫对《贫非罪》和《切勿随心所欲》的批评，使奥斯特洛夫斯基理解到自己的错误，重新回到民主主义的道路上。

随着50年代末和60年代初俄国革命形势的发展，他的创作进入新的阶段。从1856年起，几乎他的全部新作都由涅克拉索夫和谢德林主编的《现代人》杂志发表。这时期他除采用商人题材外，还着手描绘官吏和贵族阶层，既反对农奴制，也对新兴资产阶级有所揭露。在喜剧《代人受过》(1855)中创造了一个家庭独裁者的典型，象征黑暗势力。另一喜剧《肥缺》(1856)抨击官僚的贪赃枉法，《女弟子》(1858)强烈抗议压制个性。这一时期的杰作是《大雷雨》(1859)。在这之前，杜勃罗留波夫把奥斯特洛夫斯基所描绘的愚昧、专制、强暴、欺诈、压迫的世界称为"黑暗王国"；《大雷雨》一出现，他又把女主人公卡杰林娜为抗议封建势力而投河自尽的举动称为"黑暗王国的一线光明"(1860)。而剧中的库力金则代表理性和教化的力量。

奥斯特洛夫斯基遵循《大雷雨》所开始的取材方向，在60年代继续写了《艰苦的日子》(1863)、《小丑》(1864)、《深渊》(1865)等以社会生活为题材的喜剧和悲剧。这个时期他受到反动文人的攻击和官办剧院的抵制，暂时放下迫切的现实题材，根据大量的史料，写了一组爱国主义的历史剧，如《柯兹马·扎哈里奇·米宁－苏霍鲁克》(1861)、《司令官》(1864)、《僭主德米特里与瓦西利·隋斯基》(1866)。从60年代末起又面向现实，开始了他的创作新高潮。他整个70年代和80年代初的剧作几乎都由进步刊物《祖国纪事》发表。讽刺喜剧《智者千虑必有一失》(1868)、《炽热的心》(1868)、《来得容易去得快》(1869)、《森林》(1870)、《狼与羊》(1875)描写了农奴制改革后从宗法制环境蜕化出来的新型事业家和欧化商人的典型，有些讽刺形象类似谢德林作品中的人物。《雪女》(诗剧，1873)和《血汗钱》(1874)表达了作者对人生的意义、理想、幸福与义务的观点。

他晚年写了一系列富于才能和感情的女性在虚伪、自私的社会里的悲惨命运,如《没有陪嫁的女人》(1878)、《最后的牺牲》(1878)、《名伶与捧角》(1882)等,这些戏着重人物内心斗争的描绘,是契诃夫型戏剧的先驱。

奥斯特洛夫斯基一生孜孜不倦地从事戏剧创作,同政治上的阻难、官办剧场的抵制、戏剧界的不正之风,进行顽强的斗争。1886年6月14日,他在谢雷科沃逝世。

奥斯特洛夫斯基为俄罗斯民族戏剧奠定了基石,给剧院提供了丰富的剧目,塑造了不少具有世界影响的典型形象。他的剧作生活气息浓厚,运用民间和各阶层生动活泼的语言,对白往往富于幽默感。他善于安排戏剧场面,剧情紧张动人。

奥斯特洛夫斯基又是一个社会活动家。他曾多方活动,筹集"文学基金"。1865年由他发起,建立了"莫斯科演员联社"。5年后成立了"俄国剧作家协会"。他倡议创办模范人民剧院,计划出版专门的戏剧刊物,设立保障作家晚年生活的机构等等。

他曾在俄国大力传播塞万提斯、莎士比亚以及其他世界大戏剧家的名作,亲自翻译和改编外国剧作。另一方面,他又反对一味上演外国喜剧的庸俗风气,为建立俄国自己的戏剧排除种种障碍。他在培养杰出表演艺术家这一事业上也作出了巨大的贡献。他的好些作品的主题被作曲家柴可夫斯基、里姆斯基-柯尔萨科夫、阿伦斯基等写成歌剧、交响乐。马科夫斯基、彼罗夫等画家采取他剧作中的题材作画。他的剧作对于亚美尼亚、乌克兰、白俄罗斯、格鲁吉亚等少数民族戏剧的发展起了推动作用。十月革命后,他的作品更受到各族人民的极大尊重,苏联没有一个剧院不上演他的戏。在法、英、德等国剧院的剧目中常常列有他的作品。

中国文艺界向来高度评价奥斯特洛夫斯基的作品。1921年出版耿济之根据俄文翻译的《雷雨》(后来改名《大雷雨》)。1922年出版郑振铎译的《贫非罪》和柯一岑译的《罪与愁》(即《孰能无过,孰能免祸》)。以后又有《没有陪嫁的女人》、《智者千虑必有一失》等相继出版。钱颖和张唐根据《罪与愁》改编的《爱与恨》,1936年在上海演出;《大雷雨》从1937年起在上海和其他许多地方陆续上演;《智者千虑必有一失》1962年在北京演出。有些戏改编成中国形式,或在舞台上演出,如陈白尘根据《没有陪嫁的女人》改编的《悬崖之爱》(一名《卖油郎》);或搬上银幕,如根据《无辜的罪人》改编的《母与子》。

参考书目

戈宝权、林陵合编:《奥斯特洛夫斯基研究》,上海,1948。

А. Н. Островский - эраматурz, сб. ст., под ред. В. А. Филиллова, М.,1946.

А. U. Ревякин, А. Н. Островский, М.,1949.

А. Н. Островский и литературно - театралъное эвижение XIX - XX веков, Л.,1974.

原载《中国大百科全书·外国文学》卷
署名:林陵

媒体专访

没有围墙的大学

——姜椿芳谈《中国大百科全书》

近年来,不少人都在关注《中国大百科全书》的编辑出版工作。《天文学》卷已经出版了,其他学科的情况怎样?究竟要出多少卷?多少年内出完?我们早想去访问中国大百科全书出版社总编辑姜椿芳同志,他却总是忙得不能抽身。三月二十三日,他又要去上海参加《纺织》卷编委会成立的会议,在他行前,我匆匆访问了他。

当姜椿芳同志了解我的采访意图后,十分高兴地说:"编辑出版大百科全书,在我国是第一次,许多同志还不知道百科全书的作用,欢迎你们多做些宣传。"接着,他给我介绍了一些基本情况:中国大百科全书出版社分两大编辑部,即科学技术编辑部和社会科学编辑部,准备就六十二个学科,出七十卷百科全书。每卷一百到一百五十万字,多的达到一百八十万字,合起来达一亿字左右,计划在十年内,也就是到一九八九年中华人民共和国成立四十周年时出齐。现在,已有五十个学科在分头进行工作。我国第一版大百科全书按学科分类编辑出版。前年已出了《天文学》一卷,去年计划出版《外国文学》两卷,因故推迟至今年出版。今年将再出《戏曲·曲艺》、《体育》各一卷,发排《法学》一卷。从一九八四年起到一九八八年,五年中将每年出十卷,一九八九年再出八卷,完成全部计划。

"我国第一次搞百科全书,困难一定不少吧?"

"这很自然。"姜椿芳同志回答我说:"有许多资料,要靠编写人员到各地现场收集,困难的确很多。搞了三年,困难越来越多。搞这种综合性、大型的百科全书,我们没有经验,只能摸索着前进。所以,开始的时候,进展比较缓慢。不过,各界对我们都十分支持,有许多老专家学者表示,生前一定要把百科全书编出来，搞好这个文化方面的基础建设，让它为四化服务。目前进行的五十个学科，有一万多人参加了工作。不少专家、教授一边忙于科研和教学，一边积极参加编写大百科全书。百科全书是供给人们查检和阅读的，是借以进行学习和研究的，因全书体例必须科学而严格，内容必须正确，文字必须通顺，因此工作量很大。"

"据说，国外编百科全书有个倾向，就是越编越少，有的只出二三十卷。"对这个问题，姜椿芳同志作了解释："有些西方国家，出百科全书已有一二百年的历史，他们现在新出的虽然卷数少，但有旧的可查；另外，他们的百科全书主要介绍本国，其次是西方，对亚、非、拉美的介绍，材料相当薄弱；同时也应看到，今天人们的生活越来越复杂和多面化，空下来的时间越来越少，使用百科全书也应该简单明了。我们所以要出七十卷，是因为我国是第一次编，包括的材料多些；我国的历史悠久，有灿烂的文化艺术，人民群众有丰富的创造，要编写的内容比较多；而且我们比较重视对外国、特别是对第三世界的介绍；从字数上来看，我们倒也并不比国外的多到哪里去，美国的《不列颠百科全书》，《苏联大百科全书》各三十卷，译成中文，字数都在八千万左右。"

综合性百科全书是人类知识的宝库，有人称它是"没有围墙的大学"。对于文化生活不断提高的中国人民来说，是十分需要《中国大百科全书》的。七十岁的姜椿芳同志信心十足地说："我们将竭尽全力地工作，让更多卷百科全书早日和读者见面！"

原载《北京日报》1982年3月30日

作者：韩天雨

把知识奉献给人民
——访中国大百科全书总编委会副主任姜椿芳

"这次六届人大和六届政协会议肯定会促进中国大百科全书的编辑出版工作。如果说原来有许多困难可能影响它如期出版的话,现在就要刻不容缓地克服这些困难,力争早日把它奉献给我国人民。"姜椿芳指着书房中的高大书架,满怀信心地对记者说。

书架上,摆放着卷帙浩繁的《四库提要》、《布罗克豪斯百科辞典》和《苏联大百科全书》。书架的一角,还有四卷问世不久的《中国大百科全书》,与其他相比,它部头虽小却引人注目,因为它向人们显示:一部汇集当代知识精华,具有中国特点、中国风格的大百科全书,将要作为一所真正的"没有围墙的大学"在我国今后的智力开发中发挥巨大作用了。

姜椿芳掩盖不住内心的激动,高兴地说:"紫阳同志政府工作报告中说得太好了。今后应该十分注意智力开发,把以发展教育和科学为重点的文化建设放在十分重要的地位。这太令人高兴了。"

是啊,作为中国大百科全书总编委会副主任和中国大百科全书出版社总编辑——新中国文化建设的一个重大项目的总设计师和总工程师,还有什么比这更值得高兴呢。

这部正在分卷陆续出版的大百科全书,融会着上万人辛勤劳动的汗水,其中也有姜椿芳从绘制蓝图到全面施工以来洒下的汗水。

从二十世纪初到十年动乱前夕的几十年里,先后有许多人提倡或筹划编写一部我国自己的大百科全书,一九五六年至一九六七年国家的科学发展规划,还把编辑出版大百科全书作为一项必须完成的重要任务。但是由于当时社会原因和经济条件的限制,一直未能完成。

姜椿芳是第一个担任这项工程设计并参加施工的人。早在十年浩劫身陷囹圄之时，他就在酝酿这项浩大的工程了。在科学文化突飞猛进、许多国家都有了兼收并蓄各种知识的百科全书的今天，难道曾经创造灿烂的东方文明的中国，在这方面要隐遁于世吗？不，不能。出狱的第二天，姜椿芳就积极地奔波起来，他串联热心这项工作的老同志，商讨筹备工作的事宜；他亲自执笔，起草给党中央、国务院的报告……一九七八年五月，国务院正式批准筹建中国大百科全书出版社，姜椿芳欣喜若狂，在有关方面支持下，调来两个人——一个管干部、一个当会计；借来一副家当——一辆车、几十元经费，出版社就在这一间斗室里开张了。

这是一项多么巨大而浩繁的事业啊，社会各个方面对它给予了热情的关注，数以万计的专家、学者积极参加了设计框架、撰写条目的工作。中国的大百科全书，终于从无到有，在坚实的根基上垒上了一层又一层砖头。党的十一届三中全会以后，工程加快了建设步伐。一九七九年底，中国大百科全书第一卷——《天文学》卷首先定稿发排，接着，另外十八个学科分卷的组织、编写工作也全面展开。现在除了读者看到的《天文学》、《体育》、《外国文学Ⅰ》、《外国文学Ⅱ》外，今年又将有四至五个分卷同大家见面。从一九八四年开始，预计每年出版十卷左右，到一九八九年中华人民共和国成立四十周年的时候，这部浩大的《中国大百科全书》，可以完整地摆上全国图书馆、资料室的书架。

原载《羊城晚报》1983年7月8日第4版

作者：卓培荣

愿更多的工人加入读书界

——访中国大百科全书出版社总编辑姜椿芳

百科全书素有"没有围墙的大学"之称。那这所大学的"校长"是一位什么样的人呢？没想到，主持我国第一部百科全书编写工作的姜椿芳同志，竟是一位只上过初中，完全靠自学才获得了广博知识的人。他那不平凡的经历吸引着我，使我渴望能见到他。

七十一岁高龄的姜椿芳同志在他简朴的办公室里接待了我。我向他表明来意后，姜老谦虚地说："我不是大知识分子，也没有什么专业知识，我的一点知识是在工作中自学得来的。"

姜老出生在江苏常州，十六岁初中毕业后，为生计所迫，跟随父母投奔在哈尔滨铁路部门工作的伯父。由于父母找不到工作，他只学了一年俄语就辍学了。之后去光华通讯社工作，将俄文电讯译成中文，投送各报馆，以微薄稿酬养家糊口。工作的压力迫使他在一九二九年到一九三一年这段时间里，读了不少文学、经济学方面的书。一九三二年姜椿芳同志加入党组织以后，组织上介绍他到塔斯社办的英亚电讯社工作。那里需要很高的翻译速度和技巧，学习和实践使他的翻译水平进一步得到提高。

姜老感慨地对我说："那时生活很困难，工作压力大，深感各方面知识不够，这就迫使我拼命地学习。那几年我真学到了不少知识，搞翻译也从查字典开始，到一小时能译一两千字，并且是把译文直接刻在蜡板上去油印。"

一九三六年党组织派他到上海大戏院工作。当时上海大戏院专映苏联电影。他在那里翻译电影故事及影片对白，并负责地下党的戏剧运动，这又使他的知识面扩大到电影和戏剧，先后翻译了《祖国进行曲》、《列宁在十月》和几十出苏联独幕剧，并出版了《海滨渔父》剧集，他又学到许多话剧方面的知识。

一九四一年,党组织派姜椿芳同志与苏联塔斯社商量,出版《时代》周刊。他不仅要主持日常工作,还要亲自为杂志写稿。工作之余他挤时间阅读文学艺术作品,翻译短篇小说和诗歌,出版了《苏联卫国战争诗选》,并译了斯坦尼斯拉夫斯基的名著《演员自我修养》的第一部。

抗日战争胜利后,党又派他主持《时代日报》,利用西方通讯社的新闻来源,传播解放战争的消息。他虽然没搞过新闻,但他相信:只要刻苦学习,没有学不会的东西。他学习写社论,写杂文,编副刊。《时代》周刊和《时代日报》成为解放前在上海传播革命理论、革命文艺的阵地,特别是一九四七年至一九四八年间,这两个刊物成为在上海仅有的反对国民党的报刊,团结吸引了许多青年走上革命的道路。

新中国成立后,姜老担任中共中央马列著作编译局副局长,又系统翻译了许多马列著作,成为著名的翻译家、马列主义理论家。

我为姜老的经历和孜孜不倦的学习精神深深感动,忘记了时间的消逝,不觉已谈了近两个小时。我请姜老休息一下,他毫无倦色,继续对我说:"过去我们既要工作,又要养活家小,生活很艰苦。一家七八口人挤在一间小房子里,只有一张小桌子,经常是左手抱着孩子,右手还要写稿。"他一面说,一面做着手势。

姜老沉思了一会儿,接着对我说:"依我看,一个人学习,无非是两种情况:一种是完全靠学校培养,但我们现在还不可能人人都有机会受高等教育;那么就要靠自学。自学又有两种方法:其一是在专家的指导下,系统地学习;其二是根据工作需要,工作中需要补充什么知识,就学什么。这样,学到的知识可以立即应用于实践,既消化了学到的理论,又可以在实践中得到提高。一个人学得再好,不实践也没有用。"

姜老说:"我是杂家,不是什么专家,我的知识都是根据工作需要而学习的。"他又恳切地说:"一个青年,不能说参加了工作,当了工人就不用学习了。学会了车工还可以学钳工嘛,要一专多能,掌握各种知识。"

谈到这里,我向姜老介绍了《工人日报》举办"振兴中华职工读书活动知识竞赛"的一些情况,他高兴地说:"你们举办这样的竞赛很好,要采取多种形式吸引更多的职工读书。通过读书,掌握科学技术,振兴中华。没有科学技术,我们就要落后挨打。"

姜老谈到:胡乔木同志在修改《中国大百科全书》的前言时增加了"读书

界"这样一个提法。姜老对我说:"这句话提得好,这个'读书界'不是一个阶级,也不少一个阶层,而是指所有愿意读书的人。"我问姜老:"工人同志读了书可以加入读书界吗?""当然也是读书界的一员。"他肯定并且满怀期望地呼吁:"我希望有更多的工人加入读书界。"

与姜老告别后,我想,姜老从一个只上过初中的普通青年成为国内知名的学者,他的经历本身就告诉我们:只要刻苦学习,自学一定能成才。

原载《工人日报》1983年10月21日第4版

作者:盖雷平

一所没有围墙的大学

——姜椿芳谈中国大百科全书编纂工作

中国大百科全书出版社成立至今才五个年头,但中国大百科全书《天文学》、《外国文学》、《体育》、《戏曲》等分卷,已经问世,《航空·航天》等分卷也正在加紧编纂中。在不少读者的头脑中,百科全书似乎还是个较为陌生的名词,它的作用何在,出版百科全书有些什么意义呢?不久前,我在中国大百科全书出版社总编辑姜椿芳的家里,向他提出了上述问题。

姜椿芳已是七十开外的老人了。他回答说,人类靠知识生活,随着社会的发展,知识和记录知识的书籍越来越多,于是出现把各种知识分门别类汇编起来的专书。这种既向读者提供系统性的知识,又在编排上使读者易于寻检他所需的知识的专书,便是"百科全书"。

他说,出版百科全书是一项科学文化的基本建设。最近二百年世界科学文化的发展,尤其是最近二十年科技的突飞猛进,使学科的门类越来越多,内容日新月异。人们要获得这些新知识,非有一部包罗万象的"全书"不可。因此,有人把百科全书喻为"精简的图书馆",称为"没有围墙的大学"。他说,北京图书馆备有大多数国家的一些主要百科全书,可是没有中国的百科全书,联合国图书馆也没有中国的百科全书,这和我们国家的地位很不相称。他告诉我,我们正在编纂的《中国大百科全书》具有中国特点、中国风格、适合中国广大读者的需要。这就是思想性强,以马列主义为指导,用辩证唯物主义和历史唯物主义的科学观点写条目,同时突出了中国从古至今科学文化的发展,并注意第三世界各国的历史和现状。读者对象是大学生和具有相当于大学程度的人。

在谈到书的规模时,他说,原先设想全书共六十卷,外加索引两卷,每卷一百多万字,全书共有六千多万字,现状要达到七十多卷、一亿字左右。中央对出版百科全书的工作十分关心，胡乔木同志担任了总编委会主任。

姜椿芳告诉我，当他刚接手这项工作时，不少著名科学家就对他说：百科大全书是一项重大的事业，我们支持你。他说：能将余年献给这一事业，是我们一生的最大快事。

原载《文汇报》1984年1月11日第2版

作者：燕平

这部书像浓缩的"鱼肝油"
——姜椿芳谈《中国大百科全书》

昨天,记者走访了正在上海的中国大百科全书出版社总编辑姜椿芳。他告诉记者,人们盼望已久的我国的大百科全书,到目前止,已出版了《天文学》、《外国文学》(ⅠⅡ)、《体育》、《戏曲·曲艺》、《法学》、《矿冶》、《纺织》、《环境科学》等九卷,这对在这方面起步较晚的我国来说,出版的速度还是相当快的。

我国有着数千年科学文化的历史,然而,长期以来,没有一部自己的大百科全书。在外国,许多国家都有自己的百科全书,像英国的《不列颠百科全书》,二百多年前就出了第一版,至今已出了第十五版①。一部百科全书标志着一个国家的科学文化水平。姜椿芳说:"为了四化建设的需要,为了提高各族人民科学文化水平,为了向人民介绍最新的科学文化知识,大百科全书出版社的同志正在加快速度,计划到一九八九年,把包含六十多个学科的七十五卷大百科全书出全。"

卷帙浩繁的七十五卷本《中国大百科全书》,共计有一亿字以上,平均每卷在一百五十万字左右。全书共有十万多个条目。这是一部用条目形式来介绍各学科基础知识和最新成就的工具书。每卷的条目都在一千条左右。为了编纂好这部书,动员了全国各学科的专家、教授、学者一万五千人。姜椿芳说:"这部全书除文字外,每卷有六百至一千张左右的印刷精美的黑白和彩色图片,每页都有一两张图片,做到图文并茂。"

百科全书不是专著、论文,它是学术性很高、资料性很强、准确性要求很高的一部书。因此,它的每一个条目,都需要很精练。姜椿芳说:"用个比喻来

---

① 一九二六年后转由美国出版。——编者注

说,它是'浓缩的鱼肝油',量不多,包含的内容却十分丰富。在美国条目中,不必要的一点也不要,必要的一点也不能丢。所以,找适当的人,写适当的条目,是加快完成这部工具书的一个重要因素。如果找的人不适当,写出来的内容不适当,改来改去,时间就会拖得很长。过去,有的学科中的某些条目,由于找的人不适当,甚至有改了七八次的。现在我们和专家、教授多研究商量,基本上避免了这个缺点。"

我国的这部大百科全书,与外国的相比,有一个很显著的特点,那就是在每一个学科的前面,都有一个总论和条目的分类目录,而外国是没有的。这有一个好处:可以使读者在查阅这一学科的资料时,对这个学科有一个全面的了解。像《中国文学》这一卷,总论编写者是周扬,电影是夏衍,体育是荣高棠,纺织是陈维稷。姜椿芳告诉记者:"百科全书是一部工具书,是便于读者查阅的一种书,但也可以作为教科书、专著来阅读。当然,它的量很大,读完一卷,要花不少时间,而且要有钻劲。在欧洲有人花几年时间,从头到尾读完百科全书从而成为这方面的专家。所以,这部书对读者来说,也是一座桥梁,它可以引导你成为某一方面的专家。"

为了加快进度,中国大百科全书出版社明年力争出版十五卷,其中包括《航空·航天》、《交通》、《哲学》、《世界经济》、《考古》、《中国文学》、《物理学》等卷。姜椿芳说:"在七十五卷本出全,以后再出第二版的时候,就不必再出七十五卷,可以大大压缩,因为现在各卷中有交叉重复之处,如牛顿,他是天文学家,又是物理学家、数学家;郭沫若是文学家、历史学家、考古学家……,因此,有关学科里都要提到。第二版出版时,我们按字母顺序排列,同时一面把过长的压缩,一面再添新的内容,估计只要出四十卷就可以了。"

姜椿芳最后说,他相信,随着四化建设的不断发展,我国各族人民科学文化水平的不断提高,今后我国人民的家庭中,会有越来越多的人购置单学科的甚至整套的大百科全书。他希望这部书将成为读者十分喜爱的工具书。

原载《文汇报》1984年11月23日第2版

作者:池金良

有关《中国大百科全书》的几个问题
——姜椿芳答《人民日报》读者问

问：什么叫"百科全书"？

答：人类经历了几千年的文明生活的历史，积累了无数知识。历代大学问家总是把这些知识记录下来并加以整理，既在当代传播，又留存于后世。人类知识的范围很广，门类很多，必须分门别类加以记录和整理。要记录的知识数量很大，不得不精简概要，凡是人们有用的知识，一条也不应遗漏；凡是不必要的冗言废话一句也不予收录。这就是说，一切必要的基本知识必须像浓缩鱼肝油那样，有条不紊地编在一部书里，以便人们查检使用。这样的书就是百科全书。

自古以来，东西方各国的学问家、编纂家都费尽心血寻求最好的方式编百科全书类型的书。中国从西周起就编了像《尔雅》这样内容广泛，门类很多的书。从魏朝到清朝末年，历代编撰出的百科全书型的类书，前后有四百余部，可惜有一部分已散失了。

二百多年前，欧洲开始出版现代类型的百科全书。由法国十八世纪唯物主义者狄德罗主编的法国《百科全书》自一七五一年开始出版以来，东西方许多国家都开始编辑出版这种现代类型的百科全书了。据统计，从古至今可以算作百科全书性质的书已有两千多种，现在全世界仍在发行的综合性百科全书也有二百多种。

中国自鸦片战争以来不再编旧式的类书。二十世纪初，有志之士就开始筹编百科全书，但只出了几种小型的百科性辞书。解放后因条件不成熟，也没有能实现这一愿望。像中国这样一个历史悠久、文化灿烂的大国，至今没有自己的百科全书是很不相称的。

问:《中国大百科全书》的内容和规模如何?

答:百科全书基本上有两种:一是综合性的,一是专业性的。综合性的是包括古今中外一切学科和门类知识的大型百科全书,专业性的是专门介绍某一学科或某一知识领域的百科全书。党中央和国务院于一九七八年决定编辑出版的《中国大百科全书》是大型的综合性的百科全书,内容包括古今中外的一切基本知识。为编辑出版这部巨著,成立了以胡乔木同志为主任,以周培源、严济慈、钱学森、贝时璋以及周扬、于光远、张友渔、裴丽生、夏征农、陈翰笙、陈翰伯、姜椿芳等为副主任的总编辑委员会领导这一工作,并成立了中国大百科全书出版社进行具体的编辑出版工作。这个出版社由总编辑姜椿芳,社长常萍负责。自一九七九年十一届三中全会以来,全面展开了编辑出版工作。确定的规划是:以十年时间,即一九七九至一九八九年出版七十五卷,每卷一百五十万字左右,全书可达一亿多字。在这七十五卷内有:数学、力学、物理学、化学、天文学、地球科学和生物学等基础学科,机械、交通、航空航天、建筑、土木工程、环境科学、农业、矿冶、纺织、轻工、化工、医学等应用技术学科;心理学、哲学、经济学、世界经济、科学社会主义①、中国历史、外国历史、中国文学、外国文学、法学、教育、音乐舞蹈、美术、戏剧、戏曲曲艺、宗教、新闻出版、体育、考古、博物馆图书馆等社会科学学科。现代西方各国百科全书都是按照条目的字母顺序编排的。我国第一次编百科全书,为了便于编辑,按知识门类分卷出版,一般一科一卷,大学科可多至二至四卷,小学科可两三个学科合出一卷。编好一卷出版一卷,读者可分卷购买,不必购买全书。现在已经出版的有:《天文学》、《外国文学》(Ⅰ、Ⅱ)、《体育》、《戏曲曲艺》、《环境科学》等六卷。今年还将出版:《纺织》、《法学》、《采矿冶金》、《力学》等四卷。今后五年每年将出版十卷以上。

问:《中国大百科全书》的特点和功用是什么?

答:《中国大百科全书》的编辑方针是以马克思列宁主义和毛泽东思想为指导思想,即坚持辩证唯物主义、历史唯物主义,客观地、实事求是地介绍各学科知识,不作一家言,反映实际存在的不同见解。对古今中外的人物,不论故世的或健在的,均按学术成就和作出的贡献加以客观的介绍,不以政治观点抹杀学术成就。《中国大百科全书》最大的特点是突出中国的内容,充分介绍中国过去和现在的文化和科学技术的实际情况,并适当地反映各发达国家的情况,

---

① 出版时,未加入《中国大百科全书》系列,定名为《科学社会主义百科全书》。——编者注

特别重视发展中国家的历史和现状。这将有别于某些国家的百科全书厚此薄彼的倾向。《中国大百科全书》主要有两种功用：(1)它是完备的工具书，供使用者释疑解惑，凡是对任何问题有不了解、不清楚，或需要核对的事项，都可以到百科全书中寻求答案。(2)百科全书也可作为各学科系统自学的课本，根据条目分类目录把分散的条目联系起来阅读。国外有人把百科全书称为"没有围墙的大学"就是这个意思。百科全书是可供人们终生学习的课本，各种年龄和各种职业的人，都可以利用百科全书来进行自学，增长知识。条目之间有互相参见，有利于触类旁通。重要条目之后又有参考书目。读者根据这些参考书目可以找到进一步学习的阶梯。这就是说，百科全书提供各种专业知识的基础资料，读者可以循着书中指引的方向，进一步向纵深发展，找到各学科深入和提高知识水平的途径。

现在全国参加《中国大百科全书》编写、审稿、定稿工作的各学科专家学者已有一·五万人左右。全书完成时可能达到二万人。他们把自己毕生学习和研究的成果，按照百科全书体例的要求，用条目的形式写出来，配上必要的图片，照片，提供给读者。在此，特向这些同志表示衷心的感谢。

原载《人民日报》1984年11月29日第8版
署名：佚名

姜椿芳谈百科全书

《中国大百科全书》总编辑姜椿芳最近对来访者谈百科全书问题。他说："本世纪初，就有人士提出要编百科全书；王云五在二十年代初着手翻译《大英百科全书》；一九一六年开始编的《辞海》是百科全书型的辞书；五十年代搞的社会科学十二年规划，其中包括中国百科全书……可是这些计划没有实现。这是由政治经济等一系列因素决定的。""中国人早就有编辑出版'类书'的传统。"他接着从西周的《尔雅》一直说到雍正初年完成的《古今图书集成》。"当然，类书还不是现代意义的百科全书。现代意义的百科全书是包括古今中外所有知识的工具书。"

当话题转到正在开展的全民族的读书运动时，这位知识老人毫不掩饰对自己负责编辑的这套百科全书的偏爱，他风趣地说：

"要我说百科全书的好处，我三天三夜也说不完。所以我确信百科全书将在读书运动中起很好的作用。因为它是各种学科的入门之书，书中重要条目中都有参考书。读者根据这些书目去阅读，可以进一步深入学习，成为专家。"

"特别令人欣慰的是，中国出版界正在兴起一个出版百科全书的热潮，这对于普及和提高全民族的科学文化水平是不无好处的。"

姜椿芳介绍说，随着《中国大百科全书》各卷的相继问世，中央军委、农业部门、城乡环境保护部、中国青年出版社等等，都在着手准备编印各学科的百科全书。他说，但要防止某些出版社组织少数人草率地编部辞典出来在市面上发行的情况，这是对读者极不负责任的做法。

"除此之外，以我之见，出版界还可考虑出各种各样的丛书，作为百科全书的辅助读物，就像中国过去商务印书馆出的《万有文库》、中华书局出的《中华文库》、世界书局出的《ABC丛书》，都是一册册的，比较薄，售价也便宜，广大读者可根据自己的爱好和需求选购。听说文学、美术方面已经在着手搞了,希望其他方面也尽快动起来。"

"要注意的是,"他再一次强调,"要严肃认真,不能粗制滥造。"

原载《文摘报》1985年6月2日
作者:黎娟

"没有围墙的大学"的校长

——访中国大百科全书出版社总编辑、著名翻译家姜椿芳先生

人们都把大百科全书称作"没有围墙的大学",作为中国大百科全书出版社总编辑的姜椿芳先生应该是中国这所特殊的大学的"校长"。

身在囹圄　心系天下

对于"校长"来说,计划筹办这所大学应该是十几年前的事了。"文革"中,身为中共中央马恩列斯编译局副局长的姜先生被打为"苏修特务",囹圄之中,他面对于铁窗却心系天下:中国还没有一部自己编写的大百科全书实在是十分遗憾,自己如能出狱,定要把这项工作筹办起来。另外他还准备写两部爱国主义的文史资料,记述上海和哈尔滨的变迁。他觉得在这两个典型城市中产生的形形色色的人物和发生的纷纭变幻的事件,正可以看做是中国殖民地半殖民地社会的缩影。

姜先生这样考虑问题并非出于一时的激情,而是从自己大半生经历中所产生的信念。在姜先生的会客室中他这样开始讲述自己的经历:"我经历平凡,学历浅,没有上过大学,中学只上了几年……"

姜先生身材高大,举止沉稳,谦和平易。他原籍江苏常州,父母虽是城市贫民,却很注意培养自己的孩子。姜先生从小受过私塾教育,为谋求职业,十六岁由伯父接到哈尔滨学习俄文,一年后考入中东铁路。一九三〇年他十八岁时到当地苏联人办的光华通讯社做俄文翻译工作。每天下午从俄文报纸上译两三千字,晚上发出,第二天见报。工作的繁忙,生活的紧张,使他受到艰苦的锻炼,他的政治、经济各方面知识多有增加,俄文程度也有了很大提高。一九三一年

开始为《国际协报》（中文版）提供译稿。一九三二年五月开始到英国人办的"英亚社"工作。这时他兼做反满抗日工作，主编《青工报》。他的家成了反满志士的活动场所。"杨靖宇将军一度也住在我家、李兆麟烈士曾在我家开过会。"一九三六年他和另外一些人办了一个文艺性周刊《大北画刊》，不久因刊登高尔基的作品被查封，姜先生被捕，一九三六年夏获释后去了上海。

新闻、文艺、翻译之路

在上海他考进苏联人办的亚洲影片公司，做苏联影片的翻译工作，这使他的文艺修养得到全面提高。上海文化界的左派人士大都经常到这里来看电影，使他有机会结识了这些著名人物。"我和欧阳予倩、蔡楚生、史东山、于伶、夏衍、吕骥、司徒慧敏、梅益、林淡秋等都成了朋友，与鲁迅先生也有过接触。我记得鲁迅先生逝世前不久我还送过他电影票，他到我们这儿看过最后一场电影。"一九三七年"八一三"后，姜先生转移到租界参加抗日救亡工作。一九三七年冬夏衍主办了《译报》，专门登载上海英、俄、法文报纸上有关抗日的消息，姜先生负责俄文报纸的翻译工作。一九三八年改为《大译报》，团结了许多文艺界特别是戏曲界的人士，如梅兰芳、马连良等。一九四一年八月苏联人出面，由梅益负责办起了《时代周刊》，姜先生成为周刊的编辑。自一九四二年一月起姜先生主编这个周刊，同时办起了《苏联文艺》月刊，由叶水夫、陈冰夷等编辑，专门刊载苏联文学作品。周刊在一九四四年曾被汪伪当局查封，一九四五年五月一日恢复出版改为《时代》半月刊。一九四五年八月十五日日报投降，又出版了《时代日报》，姜先生任总编辑。解放战争时期，这家报纸报道了大量的延安和解放战争的消息，一九四八年被国民党当局查封。"我们报上有一个'军事述评'栏，由姚溱化名撰写解放战争的消息，影响很大。消息的来源主要是延安的广播和全国的报纸。"《时代》杂志和《苏联文艺》一直办到一九四九年四月，"我在渡江战役前两天才离开上海去香港。那时有消息说，国民党特务要制造一起车祸来杀害我。"解放后，姜先生参加了上海的接管工作，任文管会文艺处剧艺室主任（夏衍任处长），做了不少抢救京剧、越剧、沪剧等剧种以及整顿剧团的工作。以后时代出版社恢复了，姜先生任社长。同时担任上海俄文学校校长、上海市文化局对外文化联络处处长等职。一九五二年调到中央宣传部任斯大林全集编译室主任，一九五三年成立中共中央马恩列斯著作编译局即担任副局长。

他领导了列宁、斯大林全集的翻译和审定工作,参加了《毛泽东选集》俄译本的翻译出版工作。

"我走的是一条新闻、文艺、翻译的道路。"姜先生这样总结自己的经历。

作为一位俄文翻译家,他已出版了数十种译著,大部分是剧本、诗集,也有短篇小说集和中篇小说。其中包括普希金、高尔基、奥斯特洛夫斯基、西蒙诺夫等人的作品。"我学习瞿秋白译《茨冈》的风格,译诗注意格律和韵脚,不随便乱译;我遵循鲁迅关于翻译的原则,严格直译,译文严格按照原作的风格、语句排列。"由于姜先生的贡献和威望,他被推举为中国翻译工作者协会的会长。

为了中国第一步大百科全书

粉碎"四人帮"以后,姜先生重新恢复工作,为了实现狱中的愿望,他于一九七八年向中央建议出版大百科全书,很快得到同意。一九七九年成立了大百科全书出版社,姜先生任社长兼总编辑。

说起大百科全书的工作,姜先生显得十分兴奋:"为了更好地搞好大百科全书的编辑工作,不久前我辞去了社长的职务,摆脱了行政事务,专心做编辑工作。作为中国第一部大百科全书,我们介绍的是全人类的科学文化知识。希望通过这部书,对我国现代化建设,对提高全国各族人民的科学文化水平作出一定的贡献!"

"这部书计划出七十五卷,目前已出了十四卷,争取一九八九年国庆节前出齐。算来只有三年多的时间了,任务很重,好在许多学科的稿子大部分都已经写出来,下一步就是定稿的问题。一九八六年计划出十七卷,发稿二十四卷,明、后年每年出十五卷。这七十五卷,共包括六十多个学科,动员了全国两万名专家学者参加编写,确是空前的壮举。我已经七十四岁了,照理应该退下来,但我希望把第一版的工作做好,以后再交给别人。这部书完成后,再筹办一部《中国大百科全书》,专门介绍中国的历史、文化,一直到今天的工农业生产,要译成外文。"

这时一个电话打来,姜先生去接。借此机会我浏览了一下姜先生的客厅:西墙上悬挂着四幅墨笔梅花和一幅墨笔兰草及几幅名人书法,其中有赵朴初、溥雪齐(清皇族书法家)赠他的条幅,淡泊清远,古朴超逸。东墙上有鲁迅和高尔基的画像,壮观而典雅。室内几个大书柜中满是大百科全书及其他书籍杂志,架旁还有一幅茅盾赠姜先生的条幅。

姜先生转来后见我对他的这些收藏颇有兴趣,就高兴地说:"我还有不少字画,都没有挂出来。"他告诉我,刚才是中国剧协打来的电话,请他去看裘派花脸戏。"由于过去工作的关系,这些年来我始终同戏剧界有联系,他们也很愿意让我参加他们的活动。"他现在是全国政协文化组副组长,对于戏曲工作抓得很紧,他还是中国昆剧艺术研究会的领导人及梅兰芳研究会和周信芳研究会的秘书长。去年冬天老新闻工作者顾执中先生在北京恢复了民治新闻专科学校,他应邀担任了校董会的董事长。

当我问起他在狱中的另外两个计划是否施行时,他说:"我现在主要精力抓百科全书,那两个计划已经分别委托上海市和哈尔滨市去办了。对这两个计划我有具体建议在全国政协作为提案提出过,《哈尔滨研究》发表了我的建议。另外我在上海市政协开过三次座谈会,徐铸成很赞成我的意见。"

老骥伏枥　志在千里

谈起他的家庭,他笑着说:"说起我同我的老伴的事儿还真有意思。一九三六年我在哈尔滨被捕时就是靠着她的关系才被释放的,她的哥哥是一个基督教会的教士,当时我像敌人提供的假口供只是说我在教会里工作,其他身份都没有暴露,这样由教会和一些外国朋友营救、我才出了狱……"

现在姜先生视力很差,走路、写字、看书、读报都有不少困难,原来搞医学研究的大女儿调到大百科全书出版社任他的专职秘书,在摄影家协会工作的小女儿也同父母住在一处。姜椿芳每天都到大百科全书出版社上班,晚上由女儿读报和读文件,或应邀写一些杂文、文艺评论、回忆性纪念性散文。别人劝他把过去写的这类东西编成个集子,他实在没有时间。他的心全在大百科全书上。

临别时笔者提议为他照一张相,他把笔者拉到大书柜前,指着里面的大百科全书说:"就在这里照个合影吧!"我明白他的心愿,作为一个"没有围墙的大学"的"校长",他的经历不就是一部百科全书吗?

原载《华声报》1986年7月25日第1版

作者:邹士方

姜椿芳日志(1978～1987)

姜椿芳日志(1978～1987)①

1968年　56岁

9月16日　经中央批准,姜椿芳被错误地以"苏修特务"罪名投入北京秦城监狱单人牢房,过着非人生活,身陷囹圄长达6年7个多月,共计2407天。

　　牢房的窗子"开、闭"规定极其严格,从来不随气温和天气变化而改变:半年开,半年闭。他曾在夜间受凉,患了三叉神经疼,痛不欲生,无法下咽食物,硬是用食指把弄碎的饭菜塞进食道,才得以维持生命。在这样恶劣的生活条件和精神压力下,仍苦思冥想,为未来的中国百科全书构想方案。

1975年　63岁

4月19日　解除拘留,带着编辑出版《中国大百科全书》的腹案出狱。

　　出狱的当天,姜椿芳就向中央编译局领导王惠德、张仲实等谈起在狱中的设想:编译局已经译出了《马克思恩格斯全集》、《列宁全集》、《斯大林全集》,是否可以用现有的编译力量,配备一些有专业知识的编辑,编中国还缺少的大型工具书——百科全书;得到答复是:编译局还有编译三大全集第二版的任务,无力编百科全书。于是他接受当时编译局的安排,参加了《列宁全集》的校订工作;同时,仍想着推动编辑出版百科全书的工作。

　　出狱后,"中共中央专案审查小组第三办公室"于1975年7月17日对姜椿芳同志的审查做出如下结论。

　　姜椿芳,男,现年六十三岁,江苏省武进县人,一九三二年十二月入党,原中央编译局副局长。因苏修特务嫌疑问题,经中央批准一九六八年九月

---

① 此日志为姜椿芳子女根据原始资料编写而成。注释注明"编者注"为编辑人员所加;未注明的,均为年表编写者原有注释。

十六日拘留审查，一九七五年四月十九日解除拘留。结论如下：

一、一九四七年至一九四九年春，姜椿芳在上海苏联时代出版社工作期间，为苏联塔斯社上海分社社长罗果夫搜集过国民党的情报。此事，姜于一九五六年向组织作了交代。一九五五年至一九五九年间，姜椿芳四次出国访问，在莫斯科与罗果夫及苏修特务曾秀夫见过面；一九五七年和一九五八年曾秀夫、罗果夫来华时，与姜也有接触。未发现姜向曾、罗二人提供情报的事实。

二、一九五六年七月，姜椿芳任编译局副局长主管苏联专家工作时，苏联专家潘克拉托娃向姜提出，《列宁全集》中文版里有关个人崇拜的注释均需修改。姜报经原局长师哲同意、旧中宣部批准，由编译局有关单位按苏联寄来的"勘误表"修改了有关斯大林的注释。此事，不是姜背着组织干的。

三、一九六〇年四月《列宁主义万岁》等三篇文章发表前，姜椿芳是俄文翻译组负责人，擅自让苏联专家伊万诺夫等参与了俄译文的定稿，属于政治错误。

根据上述审查情况，恢复姜椿芳同志党的组织生活，由原单位分配适当工作，原工资照发，受审查期间扣发的工资予以补发。

一九七五年七月十七日
（中共中央专案审查小组第三办公室章）

1976~1977年　64~65岁

一面搜集、阅读国内外百科全书的资料，一面向一些熟悉的、可能对百科全书感兴趣的朋友谈他在狱中的设想。经周密调查，潜心研究，姜椿芳写出了《关于编辑出版〈中国大百科全书〉的建议》一文。①

1978年　66岁

1月27日　中国社会科学院出版的内部刊物《情况和建议》第二期发表了姜椿

---

① 2009年1月28日，姜椿芳后人将此建议书手稿捐赠给上海图书馆中国文化名人手稿馆珍藏。

芳的《关于编辑出版〈中国大百科全书〉的建议》。国家出版事业管理局出版的内部刊物《出版工作》1978年第三期转载了此文。

3月　被选为第五届全国政协常委,文化组副组长。

4月初　在中央编译局约见有志编我国百科全书的金常政,委托他对苏、美、英、法、德、意6国百科全书进行调研。

4月20日　受胡乔木委托,姜椿芳写出"关于编辑出版《中国大百科全书》的正式倡议书"送国家出版事业管理局(以下简称出版局)。出版局请中国科学院和中国社会科学院会签,联名向中共中央提出《关于编辑出版〈中国大百科全书〉的请示报告》。

5月28日　《请示报告》得到了中共中央批准。文件规定:须邀请全国各学科有成就有影响的专家,成立一个总编辑委员会(以下简称总编委会),下设总编辑部,总编辑部下设各分科编委会和编辑部。总编委会是咨询机构,总编辑部是执行机构。总编委会拟聘请胡乔木同志为主任,周培源、严济慈、陈翰笙、于光远、周扬等同志为副主任。总编辑部设在国家出版事业管理局,先成立若干人的筹备机构,拟调姜椿芳、朱语今、曾彦修等前来主持筹备工作。为出版百科全书,要成立中国大百科全书出版社。

5~6月　委托金常政草拟《〈中国大百科全书〉的编辑方针和初步计划》和《〈中国大百科全书〉编辑条例》两个参考文件。

7月10日　下午,召集最初参加中国大百科出版社筹备组工作的王纪华、阎明复、金常政、雷行、严玉华、李庆文、崔士敏7位同志,在中央编译局后楼三楼会议室举行第一次筹备组工作人员会议。姜椿芳在会上说明了出版大百科全书的意义、方针和筹备方案。会议讨论了需要马上着手进行的几项工作,如临时的工作地点、经费、调集干部等。

7月24日　在版本图书馆召集大百科编辑部第一次会议,讨论《中国大百科全书》总体设计、编辑出版百科丛书、内部刊物《百科全书参考资料》等问题,初步确定《全书》约40~50卷,约5000万字。出席会议的有:王纪华、唐守愚、刘尊棋、倪海曙、周有光、阎明复、金常政、林秉元等同志。

8月　多次召集大百科编辑部开会,讨论并通过了"《中国大百科全书》按内容分卷的初步设想(方案之一)",《全书》为47卷,包括科学技术方面27卷,社会科学方面18卷,索引2卷;并且研究了着手编辑《天文学》卷等问题。

8月15~25日　与金常政飞赴上海。

8月16日 与金常政初访上海天文台,同李珩、万籁等天文学家商讨编纂《天文学》卷问题。

8月17日 上午,邀请上海市委宣传部长洪泽来其住处,共同商谈在上海建立大百科出版分社和出版社印刷厂问题,金常政在座。

8月19日 上午,在上海与陈虞孙就建立中国大百科全书出版社上海分社和大百科出版部等交换意见,金常政在座。

8月22日 上午,访问了同济大学教授李国豪和上海辞书出版社辞书专家束纫秋。

9月6~15日 与金常政再次飞赴上海。

9月11日 中国天文学会举行1978年学术年会会议,姜椿芳应邀在会上作了关于编纂《天文学》卷问题的报告;会后,还邀集参加天文学年会的天文学家张钰哲、戴文赛、李珩、王绶琯等40多人座谈《天文学》卷的编纂问题。(社筹备组"天文学科筹编工作座谈会纪要"1978.9.21)

9月14日 在中共上海市委宣传部召集的上海文化界人士座谈会上吁请上海各界支持大百科全书的编纂工作。上海市委宣传部长洪泽主持会议。

9月17日 约张报、金常政走访银锭桥西海北楼萧军,倡议组织野草诗社,在座的楼适夷、汤茀之均表赞成。

10月7日 中国大百科全书总编辑委员会第一次主任、副主任会议在中国社会科学院举行,胡乔木同志主持。出席会议的有主任胡乔木,副主任于光远、周扬、陈翰笙,还有张友渔、裴丽生、陈翰伯、姜椿芳(张、裴、陈、姜四位后应聘担任总编辑委员会副主任)等,会议原则批准了姜椿芳在调查研究的基础上提出的全书总体设计按"大类分卷出版",并以《天文学》为第一卷的方案。出版社筹备组参加会议的有朱语今、王纪华、阎明复、金常政等。

10月21日 国家出版事业管理局党组《关于编辑出版〈中国大百科全书〉的补充报告》上报中宣部并党中央,请示在上海设立中国大百科全书出版社的分社,由陈虞孙、汤季宏、王顾明等负责筹备。

10月22日 姜椿芳、萧军、楼适夷、王亚平、张报、汤茀之、金常政、杨小凯8位发起人在萧军家正式成立野草诗社。

11月4日 国家出版局召开"出版百科全书"座谈会。姜椿芳和金常政在会上就《中国大百科全书》编辑工作设想和外国百科全书调研情况发言。陈翰伯主持会议。

11月15~19日　中国大百科全书总编辑委员会《天文学》编辑委员会第一次会议在北京西苑大旅社举行,姜椿芳出席并讲话。出席会议的有天文学家、编委会成员张钰哲、李珩、王绶琯等。

11月18日　国务院正式批文下达:"国务院转发国家出版局关于编辑出版《中国大百科全书》的请示报告和补充报告"(国发[1978]239号)。

12月23日　《天文学》编委会在京地区五个编写组主编、副主编会议,讨论了百科全书条目撰写要求和体例规格,以及"天文学选条和组稿方案"征求意见稿、名词统一和索引、配图等。姜椿芳出席,会议由《天文学》编委会副主任王绶琯主持。(社筹备组"简报"第2期 1978.12.23)

12月26日　主持中国大百科全书出版社筹备组扩大会议,出席会议的有朱语今、曾彦修、王顾明、刘尊棋、唐守愚、倪海曙、王业康、阎明复、金常政、吴书年、于友。会上通过13项决议:①近日由姜椿芳写信给胡乔木汇报工作:关于办刊计划和关于同外国百科全书出版机构建立联系。②由姜椿芳和曾彦修、吴书年等访问物理学家周培源和数学家华罗庚,分别就组建《物理学》和《数学》编委会问题交换意见。③《天文学》编委会和北京地区撰稿人座谈会于12月28日举行,要求由姜椿芳主持,并说明体例。④1979年1月上半月,姜椿芳、倪海曙、金常政、吴书年等赴上海、南京了解《天文学》各编写组工作进展情况。⑤社会科学方面的工作,由张友渔、朱语今、王顾明、周云深、戴文保等同志负责。其余从略。(社筹备组扩大会议纪要1978.12.26)

12月28日　主持召开《天文学》编委会和北京地区撰稿人座谈会,并在会上说明编写体例。

1979年　67岁

1月10日　上午,中国大百科全书出版社上海分社邀请上海科学文化界人士举行大型座谈会,姜椿芳谈了编好《中国大百科全书》对于传播马克思列宁主义、毛泽东思想,全面系统地介绍古今中外文化科学知识,提高整个中华民族文化水平,实现四个现代化的重要意义;以及编辑工作的初步设想。到会的有夏征农、郭绍虞、周谷城、李培南、孔罗荪、黄逸峰、罗竹风、李国豪、李锐夫、陈传璋、孟庆元等 240 多人。会上发言的有蔡尚思、赵景深、王箴、陈涵奎等,会后又访问了部分专家,他们都热情支持,愿意为编撰《全书》贡献力量。(上海分社"简报"第 2 期 1979.1.17)

1 月 30 日　去东四金常政家参加庆贺金常政 50 岁生日的俄专同学聚会。

2 月 13 日　在全国宗教研究规划会(12～22 日)上作了"关于编辑出版《中国大百科全书》问题"的报告。(魏杰:宗教学全国会议纪要 1979.3.10)

2 月 15 日　中国社会科学院世界宗教研究所召开关于编辑《中国大百科全书·宗教学》卷座谈会,会上商定成立宗教学卷编写筹备小组,推举原上海宗教事务局局长罗竹风为召集人,世界宗教研究所副所长赵复三、黄心川为副召集人,成员有丁光训、郑建业、马肇椿等人。

3 月 7～21 日　在国际俱乐部会议室代表出版社与美国米契尔·比兹莱公司洽谈并交流。我方代表还有刘尊棋、王纪华、汤季宏、阎明复等。美方代表有美国泰勒书社社长弗兰克·泰勒、米契尔·比兹莱出版公司董事长米契尔(英)、副社长万古尔登(荷)、艺术与设计主任戴伊(英)。谈判内容:米契尔希望能在中国出版《知识之乐趣》百科全书。姜椿芳说我方正寻求海外华侨和国际友好人士的投资合作(特别是印刷技术)。最终没有达成协议。

3 月 12 日　主持召开《物理学》编委会在京座谈会,在会上讲中国很需要一部综合性的百科全书,着重说明我们的编法和客观性问题。

3 月 20 日　李楣①来信说美国不列颠百科全书公司不久将进一步与中国大百科全书出版社商议合作翻译《不列颠百科全书》等事。(社筹备组"外事简报"第 18 期 1979.4.16)

3 月 24 日　下午,召集会议检查《天文学》卷的编辑工作,听取汇报。最后指出,《天文学》这一卷走在前面,它的经验和教训,必然要对以后各卷产生影响。因此,多花些力气编好这一卷有很大意义。由于缺乏经验,不宜过分求全责备。200 多人撰稿,文风不必强求统一,要求通顺、规范,没有"怪句"就行了。(社筹备组"工作简报"第 6 期 1979.3.30)

3 月 26 日　听取关于《外国百科全书选译》工作情况汇报。指出:出版《选译》

---

① 美籍华人李楣在美开办了美中贸委会翻译服务公司,2 月曾到北京访问,其间曾与大百科出版社联系,谈合作翻译《不列颠百科全书》之事。

的目的是介绍外国先进科学技术与社会科学的基本知识,为提高中华民族的科学文化水平服务,同时为编好《中国大百科全书》提供外国百科全书条目的参考样稿。《选译》分辑出版,出版力求降低成本,既可以满足内部参考需要,又可公开发行;先出《百科全书》、《教育》、《空间探索》、《污染控制》、《桥牌》5个专辑。(社筹备组"工作简报"第5期1979.3.28)

4月　在北京主持召开《法学》编委会筹备组成立会议,出席会议的有郭宇昭、齐乃宽、潘念之、夏玉芝、张友渔等。会上讲话:《法学》卷的编写是有一定困难的,但事在人为。国内外资料我们尽量搜集,有些条目可以翻译过来,政治方面的许多问题能写的先写,先出分册,内部发行,征求意见,不要求一下子出齐。(社筹备组"工作简报"第8期1979.4.13)

　　主持召开《宗教》编委会筹备组成立会议。会上指出:关于宗教问题,实际也是少数民族问题。我国边境少数民族多,编好《宗教》这一卷,有利于民族团结。基督教、伊斯兰教、佛教……的起源要如实记载,用词不要伤害宗教感情。《全书》对宗教文化要全面地、客观地反映。并特别强调要加快步伐,说我们这样一个拥有9亿人口的大国,至今还没有自己的大百科全书,实在说不过去。(社筹备组"工作简报"第8期1979.4.13)

4月3日　出版社部分领导同志就编辑工作交换意见。姜椿芳提出,我们要创出一套编辑出版《中国大百科全书》的经验:①编综合性的中大型的百科全书,"中条目"道路比较好,但也要有部分大条目;②要强调中国特点,有了这个特点才会受欢迎;③出版方式也要从我国实际出发,要适应中国购买力的现状;④经济问题,少花钱多办事;⑤卷数问题,现在可能要超过60卷了,当然不是说规模越大越好,要适当控制。总之要走出一条中国式的道路。(社筹备组"工作简报"第7期1979.4.11)

4月29日　中共国家出版事业管理局党组批准成立中国大百科全书出版社临时领导小组,领导小组由姜椿芳、刘尊棋、曾彦修、王顾明、高步青、阎明复组成,姜椿芳任组长,刘尊棋任副组长。(社《文件资料选编》第29页)

5月　主持《中国文学》编委会筹备组在中国社会科学院文学研究所召开的会议,并在会上讲话。出席会议的有许觉民、陈荒煤、王元化等。

5月1日　中国大百科全书出版社创办的《百科知识》杂志问世,姜椿芳发表《为什么要出〈中国大百科全书〉》,作为代发刊词。

5月10～25日　与《天文学》卷责任编辑金常政在苏州东山召开的《天文学》卷的各分支主编集中定稿会以及编委会议上讲话。（金常政提供）

5月15日　上午8点半，为编纂《考古学》，到中国社会科学院考古研究所访问考古学家夏鼐。

5月16日　下午2点半，到中国社会科学院文学研究所，讨论《外国文学》卷编纂工作问题。

5月17日　下午2点，去中关村参加《力学》卷会议。

6月9，11，13日　主持召开了三次中国大百科全书出版社筹备组领导小组务虚扩大会议，出席会议的有刘尊棋、高步青、阎明复、袁牧华、唐守愚和各编辑部的部分同志。当时《天文学》卷已经完成学术审稿，正在排印长条，准备进入编辑部进行分支审稿加工，利用这个机会总结经验。姜椿芳说"务虚的总目的是为把我们的事情办得快一点"。会上广泛听取大家的意见。（社筹备组"工作简报"第13、14、15期，1979.6.11、6.11、6.13）

6月25日　上午，姜椿芳、刘尊棋、阎明复在北京饭店会见美籍华人林达光教授和他的夫人。姜椿芳介绍了《中国大百科全书》编纂情况。林达光说，百科全书对提高广大干部的科学文化水平将起巨大作用。他曾向谷牧建议在国外组织华裔学者成立一个协助祖国实现四化的中心。这个中心也可以协助大百科组织有名的华裔学者撰写条目、审读部分条目，也可为我们物色外国著名学者撰写某些条目。姜椿芳对林达光教授的热情支持表示感谢，并在介绍百科全书总编委会时说，可以考虑吸收若干在学术上有成就的华裔学者为总编委会的委员。林达光说，美国不列颠百科全书公司曾多次请他帮助同中国的对口单位建立联系，商谈在中国翻译出版《不列颠百科全书》。姜椿芳介绍了中国大百科全书出版社同该公司的代表三次洽谈的经过。并说出版社准备吸收外资兴建现代化印刷厂的设想。林达光说：吸收外资最好找大的出版商，美国不列颠百科全书公司资金雄厚，出书也多。他表示，回去后将大力促成此事。（社"外事简报"第20期1980.6.25）

7月3～6日　《外国文学》各分支学科主编、副主编第一次会议在天津召开。出席会议的有李芒、刘安武、叶君健、叶水夫、孙绳武、杨宪益、王央乐、罗大冈、陈占元、严宝瑜、卞之琳、杨周翰、李赋宁等，中国大百科全书出版社领导小组成员姜椿芳、王顾明，编辑部的刘麟、杨哲、丁一琛。（社科编辑部

《外国文学》卷"简报"第 2 期 1979.7.12)

7月18日　《中国文学》编辑委员会筹备组在京举行第一次会议。出席会议的有王朝闻、许觉民、钟敬文、姜椿芳、王顾明等。在会上讨论了"中国文学"部分和"美学、文艺理论"部分的编写组成员及其负责人的人选,并确定"中国文学"部分收 2100 条,210 万字,"美学、文艺理论"①部分共收 400 条 40 万字。(《外国文学》卷"简报"第 3 期 1979.7.20)。

7月28日　姜椿芳、陈虞孙等在《天文学》编辑组的成立大会上讲话指出:《天文学》卷是《全书》的带头卷,关系重大,希望大家奋战三个月,拿出像样的成品来。当时《天文学》编辑人员集中在北京市委党校投入编辑加工工作,由周志成、金常政、李鸿简、邓伟志同志组成工作小组,具体处理日常工作。(《天文学》卷"编辑简报"第 1 期 1979.8.5)

9月　世界经济学规划会在北京向阳第二招待所召开,《世界经济》②卷筹备会议,姜椿芳在会上讲话。出席会议的有世界经济学界的专家学者和出版社的一些同志。(《世界经济》卷责任编辑丁日昕提供)

10月5日　下午 2 点半,主持召开《中国大百科全书》各类名词统一会议,参加会议的有文字改革委员会倪海曙和周有光、外交部裘克安、科学出版社王人龙、新华社吴锺灵和姚庭鑫、编译局冯如馥和盛同、军事科学院王剑等、总参三部王福曾、地图出版社金桂琴、科技情报所赵宗仁。出版社领导小组成员高步青、阎明复,综合编辑室从事各类名词统一工作的同志们也参加了会议。

姜椿芳在会上提出以下几点意见:

①现在汉字还没有拼音化,因此要统一各类名词的译名有很多困难,《中国大百科全书》尽量加以统一,难以统一的,则搞点折中。如要改动的译名,一定先和新华社、科学出版社等单位商量。我们依靠大家,不自立门户,不另起炉灶。一个名词凡有不同译名的,我们选定一个比较稳定的、有影响的译法,不致使人觉得很冷僻。只能相对统一。

---

① "美学"后作为哲学的分支入《哲学》卷;"文艺理论"后改为"文学理论",作为中国文学的分支,入《中国文学》卷。——编者注

② 因《中国大百科全书》精简卷数,后作为专业百科全书以《世界经济百科全书》名称出版。——编者注

②名从主人,一般用其拉丁字母拼写或转写法,在特殊情况下也可用别国文字。例如"高加索"之后可附俄文。

③赞成成立一个各类名词统一组织的建议,在座的同志可以做当然的发起人。请各位回去酝酿一下,以后再召开会议研究。

④搞一个名词统一工作简报,把我们确定的统一名词通报各有关单位。(社"简报"第3期 1979.10.10)

10月31日　中国大百科全书总编委会召开第二次主任、副主任会议,出席会议的有于光远、周培源、严济慈,以及陈翰伯、张友渔、姜椿芳、裴丽生、刘尊棋、王顾明、唐守愚、高步青、阎明复等。于光远主持会议,姜椿芳汇报一年来中国大百科全书出版社筹建和编辑工作情况。

他说:

目前正式调来工作的干部137人,借调25人。干部中有业务干部101名,行政人员26人,政工5人,社领导5人。去年秋,上海成立分社,现有干部80多人。在陈虞孙、汤季宏、刘火子同志领导下,负担百科全书部分编辑和全部出版任务。

业务机构方面,目前有社会科学编辑部、科学技术编辑部、综合编辑部、美工编辑部和期刊编辑部,图书资料室、翻译室、丛书编辑部和总编室。社科部乔木同志委托张友渔同志抓,现在友渔同志忙,来社较少。科技部由唐守愚同志抓。

中国大百科全书原定是出50卷,后来同一些学科的专家以及社内各部做具体工作的人员商量改为78卷。其中,科学技术43卷,社会科学35卷,加两卷索引,共80卷。每卷字数原定100万左右即80万到120万之间。现在的趋势是各学科都要求增多。在这一年中各方面的努力下,有20个学科正在进行工作。

我社还出了一个《百科知识》期刊,今年不定期出丛刊,明年起改为月刊。

再谈谈我们是怎样着手编写的。首先,要调查研究,了解学科情况,研究中国的现有材料,研究外国百科全书的有关条目,召开有关学科专家的座谈会。第二,筹备成立编委会筹备组,或编委会,找适当的人拟定框架条目,定出层次。第三,把有关学科的总框架定出,选定撰稿人,正式成立编委会和若干编写组。经过几个月的时间写出稿子,由编写组审校、编委定稿。这是学术性的定稿。稿子交给出版社后,再由学科编辑和综合编辑部一起进行文字加工,统一名词,核对数据等。《天文学》卷现在就在进行文字加工定稿。他们分 6 个组,每组有一位天文学家,一位文字编辑。现 6 个分册已发稿,还有 6 个分册已审定完毕,还有一些扫尾工作。分册印好后向有关方面征求意见,再修改,按拼音字母顺序编辑成卷。在工作进行中拟定了一个体例,做出一些规定,现在正在排印中。要是几卷同时并进,对于文字加工、统一名词、统一数据就有困难了。(于光远插话:要加强综合编辑部)。

再谈谈《天文学》卷的编写过程。《天文学》卷在我社筹备初期就着手了。去年七八月间听到天文学理事会在上海开年会,由严老、裴老出的介绍信,我们去参加了,在年会期间就成立了《天文学》卷的编委会。11 月间在北京西苑饭店召开编委会,有 200 多人参加。今年 1 月,在上海定出了框架,接着 200 多位天文界学者动手撰稿。不到 3 个月,稿子写好,由 12 个编写组的主编分头审稿。5 月下旬,《天文学》编委会在苏州东山召开会议,对稿件进行学术审定。不能解决的问题送总编委会。这里在世人员上书问题,关系较大。在确定框架时提出张钰哲、李珩、戴文赛、程茂兰 4 人上书。但东山定稿时,戴、程二老已去世,要增加几位就困难了。(于光远插话:可以民主选举。)最后定戴、程加黑框上书,再增加陈遵妫、王绶琯两人。今后其他学科当按于光远同志的意见,可采用民主选举。

再汇报一下百科全书的开本、印制问题。开本原定小 16 开,像《红旗》杂志那样大,后经多次讨论,定为大 16 开,和外国百科一样。纸张决定用 80 克胶版纸。装帧方面已支出 5000 元,由上海纺织厂试造人造革,要压中国民族形式的花纹,不粘手。《天文学》卷有 600 幅插图,其中 100 多幅是彩色的,这部分纸要国外进口。《天文学》卷已派人到各地去拍摄照片。我们排印有困难,装订更困难。我们有一个三线印刷厂,质量较好,但一年只能排印 3 卷(两卷百科,一卷年鉴)。在黄山脚下,交通不便,因此要在上海建厂。上海市委已拨了块地,但要两三年才能建成。资金方面,现有不少华侨和外商愿投资,都没有进行具体洽谈。

关于人事机构问题。我社已筹备一年多。我们提了一个名单,将报出版局和国务院审批。总编委会方面于光远同志是常务副主任。要增加几位副主任——张友渔、裴丽生、陈翰伯，就要写报告（于光远插话：由出版局、社会科学院、科协、科学院四个单位联名写报告，副主任还要加上姜椿芳）。

除了编辑百科全书，我们还要出丛书。光远同志在去年春天筹建开始前就提议出"人民百科丛书"。现在计划出"百科知识丛书"，要以书养书，争取尽快从事业单位过渡到企业单位。要出"百科全书年鉴"，为此，要请示中央批准，因为要刊登各种资料，如军事、中央各部负责人、经济统计数字等等。我们还要翻译出版外国的各种中小型百科全书。将来也要编辑各种中小型百科，如儿童百科等。我们的副牌是"知识出版社"，已经出版局批准。

我们的外事活动也日益增加。英、美、日、荷、法等国的百科全书出版公司和书商已找上门来。还有我国和南斯拉夫、罗马尼亚订的文化协定也规定了在编辑百科全书方面进行交流。今后必然有许多外事活动。

姜椿芳汇报后，于光远等同志讲了话。（社"简报"第 8 期 1979.12.8）

11 月　在北京西苑饭店主持召开《中国文学》卷和《外国文学》卷框架讨论会。出席会议的有朱光潜、毛星、许觉民、季羡林等 40 多位专家。

11 月 26 日　上午，邓小平接见美国不列颠百科全书公司编委会副主席兼副总裁吉布尼等外宾。接见之前，中国大百科全书出版社总编辑姜椿芳向邓小平汇报工作。姜椿芳说："我社准备出 80 卷《中国大百科全书》，8000 万到 1 亿字左右。准备在 10 年之内出全。明年出第一卷《天文学》卷。上海分社准备出年鉴。"邓小平说："年鉴我们要出"。姜椿芳又说："我们出年鉴还有些困难，年鉴要刊载关于中国的资料，政府机构干部的姓名，各部部长的名单，各方面的统计数字，部队的人数等等。我们准备给中央写个报告。"吉布尼提出："希望不列颠百科全书公司和中国大百科全书出版社长期合作，交换资料、进行交流，同中国的学者进行对双方都有益的合作。"邓小平说："这是个好事情。这也反映了我们的落后。三十几年还没有搞这些事，现在开始做。外国的部分搬你们的就是了……将来中国的部分自己来写。"

12 月 15 日　上午，主持召开《天文学》卷领导小组扩大会议，讨论该卷成书编辑工作的安排问题。出席会议的有：阎明复、吕东明、金常政、李鸿简、李钦等。

12月18～20日 在北京召开《外国文学》卷各编写组负责人会议,出席会议的有楼适夷、李芒、梁立基、季羡林、刘安武、邬裕池、叶君健、戈宝权、叶水夫、孙绳武、杨宪益、田德望、王央乐、罗大冈、冯至、严宝瑜、卞之琳、杨周翰、李赋宁,参加会议的出版社人员有姜椿芳、王顾明、刘麟、杨哲等。

12月22日 姜椿芳、吕东明、殷宗玲等讨论地学中的六学科的合卷方案及地理学的分卷方案。讨论结果:固体地球物理学、测绘学三学科合为一卷,空间科学、大气科学、海洋科学、水文科学合为一卷,地质学单独为一卷,地理学通论为一卷,中国地理、世界地理各一卷。

12月23日 《中国大百科全书·农业》卷、《中国农业百科全书》筹备工作负责人座谈会在农业部举行,农业部副部长刘瑞龙主持,大百科出版社姜椿芳、吕东明、陶家祥参加。姜椿芳宣讲《中国大百科全书》的意义、功能和编法。会议建议在国家农委统一领导下,成立两书的统一筹备领导组织,统一部署工作。(关于筹备出版《中国大百科全书·农业》卷和《中国农业百科全书》的座谈情况简报)

12月27日 经中国作家协会主席团商定,任命姜椿芳为中国作家协会外国文学委员会委员。(中国作家协会通知1979.12.27)

12月30日 《体育》卷筹备委员会在国家体委召开第一次会议。出席会议的有荣高棠、黄中、钟师统、韩复东、夏翔、曲绵域、何启君、吴重远等,大百科总编委会负责人张友渔、姜椿芳,大百科出版社负责人王顾明、高步青等。姜椿芳就编写百科全书的一些重要问题讲了话。会上推举荣高棠任筹委会主任,黄中、何启君任副主任。(《体育》卷办公室"工作简报"第1期 1980.1.15)

1980年 68岁

1月19日 晚上,由张荣庆陪同前往国务院第一招待所访问建筑界老前辈杨廷宝。姜椿芳首先代表出版社邀请他主持《建筑》卷建筑部分的编写工作,他欣然同意。随后就条目编写、建筑艺术与建筑技术如何处理征求了他的意见。

1月30日 国家农委在北京农业展览馆召开座谈会,有农业、林业、农机、农垦、水利、水产、气象、畜牧等部门负责同志以及在京著名专家学者40余人参加,讨论编纂《中国大百科全书·农业》、《中国农业百科全书》事宜。会议由国家农委副主任何康主持。姜椿芳在会上介绍了国外由综合性大型百科全书到专业性百科全书的发展过程,说明了两种百科全书的区别以及初步编写计划。会上决定,在成立两书各自的编委会之前,先成立统一的筹备委员会,确定了成员人选,并成立办公室。(《中国大百科全书·农业》卷、《中国农业百科全书》筹备委员会"简报"第1号 1980.2.1)

2月1~8日 《体育》卷举行各编写组召集人会议,出席会议的有16个编写组召集人共33位,其中相当于副教授以上人员和司局级干部20人。姜椿芳到会讲话。这次会议大体确定各分支学科的条目、主要的撰稿人和负责人。(《体育》卷办公室"工作简报"第2期 1980.2.5)

2月6~7日 《中国历史》卷古代史、近代史两个编写组联合召开讨论会。姜椿芳到会讲话,感谢大家按照中央要求,《中国大百科全书》尽量快出的精神,拟出了条目总表征求意见初稿。他介绍了《全书》的设想和进展情况。他说,国外希望有关中国的学科能够早出,还要求翻译。特别是"中国历史"是个大学科,东至日本,西到英国,都很重视,希望早出。我们希望各分支学科一般用一年半到两年的时间编出书。中国历史上下几千年,最好先按古代、近代、现代陆续出分册,甚至哪一个断代先编写好就先出。这样一方面可以先供读者使用,也可以借此早一些广泛征求意见,最后成书时会容易一些,质量也会更高一些。目前,现代史困难较多,往后放一下也有好处,到最后成书时下限更能靠后一些,内容更能新一些。我谈了这些就希望"快",但要"好"中求"快"。不能说非要"慢"才能"好",而是既要"好"又要"快","好"是前提,是根本。"慢",一拖就是好多年。老的一辈专家在衰老,年轻的一代没有起来,希望趁老的一辈健在,把《全书》编写出来,把新的一代也带起来。大家很忙,但都是专家,有基础,写起来还是很快。重复说一句,《全书》如何搞法?我们是外行,主要听专家的,听大家的。会议由孙毓棠、李侃主持,出席会议的还有出版社的唐守愚、王顾明、杨川等。(《中国历史》卷"简报"第5期,中国大百科出版社社会科学编辑部编,社科〔80〕21号 1980.2.22)

2月11日 上午,听取金常政、任江平等关于《天文学》卷的总结性汇报。(金常政提供)

2月23日　在北京总参第四招待所礼堂召开的地学六学科编委会成立会上介绍编纂《天文学》卷的经验。(六学科包括固体地球物理学、测绘学、空间科学、大气科学、海洋科学、水文科学)。出席会议的有六学科编委会主任、副主任和成员80多人,大百科出版社吕东明和有关责任编辑。(社"简报"第3期 1980.3.15)

2月25~26日　在《机械工程》卷召开的第一次座谈会上讲话。出席会议的有国务院机械委副主任沈鸿等28人。(社总编室"总结工作简报"第14期 1983.1)

2月26~28日　《生物学》卷选条审订工作会议在科学院动物研究所举行。姜椿芳在会上讲话。出席会议的有生物学家贝时璋教授及生物学各分支学科撰稿人,出版社周志成等。

3月8日　在中国文艺研究院与戏曲专家张庚等讨论《戏曲·曲艺》卷中戏曲部分编写工作和"戏曲文学"条目表。(张庚的通知书 1980.3.3)

3月8~14日　在北京召开的《法学》卷编委会成立会上代表出版社感谢大家对大百科的积极支持。他说,由于过去我国法学界受到严重冲击,单位和个人的书籍大部分散失,专家、学者被迫改行,目前编写《法学》卷,客观上的确存在困难。也正因为如此,社会上对法学知识的需求更加迫切。过去中国没有百科全书,并不是我国没有人才,而是没有把力量组织起来。现在,在党中央的重视和关怀下编《中国大百科全书》,相信大家一定能够克服困难,"好"中求"快"地把书编好。《法学》编委会主任张友渔主持会议。出席会议的有潘念之等法学学者54人,总编委会副主任于光远等到会并讲话。

4月3日　在国家人事局召集各有关单位负责同志开会研究成立中国翻译工作者协会。

4月4日　在京主持召开《戏曲·曲艺》卷曲艺编委会筹备会,并在会上讲话。出席会议的有筹备会负责人陶钝、罗扬、王亚平、侯宝林等。

4月5日　参加《世界经济》卷京津两地筹备组会议,讨论《世界经济》卷编写准备工作的有关问题。(《世界经济》卷筹备组钱俊瑞的通知 1980.3.28)

4月8日　在京西宾馆出席卫生部组织的《中国医学百科全书》编委会第二次会议,并在会上作题为《怎样编写百科全书条目》的讲话。(单行本讲话稿)

4月12~14日　在北京友谊宾馆召开的《化学》卷编撰工作会议上讲述编辑

出版《中国大百科全书》的意义、进展情况以及编写工作中的一些主要问题。化学家柳大纲主持会议,出席会议的还有:杨石先、戴安邦、袁翰青、黄子卿、唐敖庆、王葆仁、杨承宗、邢其毅、梁树权以及化学界其他专家学者60多人。会上成立《化学》编辑委员会,主任杨石先,第一副主任柳大纲,副主任王序、王葆仁、卢嘉锡、李苏、汪猷、唐敖庆、黄子卿、戴安邦。下设七个分支学科编写组。(中国化学会、中国大百科全书出版社化学卷编撰工作会议会议纪要 1980.4.15)

4月16日　国家经济委员会为编纂《交通运输》①卷举行座谈会,姜椿芳到会说明了《中国大百科全书》出版的意义,以及编纂的设想、组织和步骤,并且介绍了国外百科全书的发展情况。座谈会由国家经委交通局局长郝一军主持。出席会议的有铁道部、交通部、邮电部、石油部以及民航总局有关领导和部分在京专家学者。会上成立了《交通运输》编辑委员会筹备委员会,主任郭洪涛,副主任唐振绪、高原。(国家经济委员会《中国大百科全书·交通运输》卷座谈会纪要 1980.4.18)

4月19日　出版社铅印室筹备就绪,全面投产。姜椿芳在开工典礼上讲话,强调一定要把铅印室办好,印刷就是战场,工作就是战斗。要有革命精神,要兢兢业业、勤勤恳恳,抵制不良风气,要讲纪律、讲效率,工作不要拖拖拉拉。(总编室"简报"第6期 1980.4.22)。

5月1日　中国大百科全书出版社领导姜椿芳等和美国不列颠百科全书公司代表吉布尼等举行会议,就出版《不列颠百科全书·简编》②中文版的"原则协议"草案取得一致意见,并决定中方派5名代表访美,并在美正式签订协议。

5月9日上午,13日下午　主持召开出版社第一次编辑工作会议,社领导小组成员、有关部室负责人和代表共20人出席。着重讨论《全书》"凡例"及编辑人员上书问题。确定以下几点:①《全书》要有一篇统用的"凡例"。②各学科在"凡例"中求大同存小异。③考虑到一些学科的特殊情况,"凡例"稿中关于各学科在条目分类之前都要有一篇"本学科概观性文章",文字上可以灵活一些。④关于有关人员上书问题。确定如下几方面人员署

---

① 出版时定名《交通》。——编者注
② 出版时定名为《简明不列颠百科全书》。——编者注

名：中国大百科全书总编辑委员会主任、副主任，学科编辑委员会主任、副主任、委员，分支学科编写组主编、副主编；总编辑和参加各该学科编辑工作的副总编辑、责任编辑、特约编辑，参加各该学科编辑工作的编辑以上人员，出版主任，美术设计师，责任校对。（第一次编辑会议纪要1980.5.13）

5月10日 在姜椿芳、王纪华等陪同下，由西安返京后的吉布尼一行参观了鉴真大师像展出，以及周恩来和朱德纪念展。

5月11日 吉布尼和阿姆斯特朗到姜椿芳和刘尊棋家做客。下午姜椿芳、王纪华、阎明复去机场送行。

5~6月 接待美国唐纳利印刷公司的高级副总裁，商谈协作问题。

6月1日 出席在北京空军招待所召开的《生物学》编委会会议并讲话。

6月4日 中午，姜椿芳、田一民和庄寿仓在上海锦江饭店为唐纳利公司代表团设宴送行。周宏明、田一民和姜椿芳各自代表组成东方印刷公司的中国社会科学院、中国国际贸易促进委员会和中国大百科全书出版社三单位，弗莱彻团长代表唐纳利公司、庄寿仓代表中国国际信托投资公司在联合意向书上签字。姜椿芳和弗莱彻团长互相交换文本。

6月初 在中央戏剧学院召开的《戏剧》卷会议上讲话。

6月13日 在京召开《体育》卷会议，荣高棠主持会议，姜椿芳在会上讲话。出版社有关编辑参加。

6月16、17、19日 姜椿芳、刘尊棋与随同西园寺公一来华的日本朋友木村举行三次会谈。讨论了以下几个问题：①在日本为《百科知识》和《中国百科年鉴》招揽广告；②大百科出版社出版的图书，日本如有兴趣翻译出版时，可由木村代为联系，木村可以从我方所得版税中取得佣金；③将来《中国大百科全书》若干卷出版木村愿将其中部分内容制成光盘发行；④木村在日本计划出版世界农业丛书，希望中国提供资料。

6月21~30日 《中国文学》卷举行中国古代文学讨论会，姜椿芳在会上发言。上海和北京各有6位专家参加，许觉民主持会议。

7月2~5日 与上海分社领导汤季宏赴安徽绩溪县海峰印刷厂看望正在那里工作的《天文学》卷和《中国百科年鉴》编辑组的同志，并在印刷厂职工大会上讲话，勉励他们做好两书的排版、印刷、装订工作。

7月9日 听取《生物学》卷编辑工作情况汇报：《生物学》编委会于7月2~6日在京召开。会议由编委会主任贝时璋主持，许多生物学界知名人士出席了会议,会上制定了工作进度,争取1982年上半年开始发排,年底出书。

听取《交通运输》卷编辑工作情况汇报。姜椿芳指出:"是否加快一些,撰稿阶段提前到明年一季度结束,以下各步骤相应提前,可否在明年年底付排印刷。"责任编辑孙志敏等表示要努力争取。

听取《教育》卷和《矿冶》卷的编辑工作汇报。(总编室"简报"第9期 1980.7.22)

7月10日 社领导小组召集会议讨论技术编辑室关于"分卷的统一与全书的统一"工作问题,会上强调资料工作的重要性。姜椿芳说:我们是一张白纸。一无所有,没有资料,只好是人家的稿子来了,我们跟着做卡片,这是不得已的办法。我们要克服困难,向撰稿人讲:一边撰稿一边做些资料卡片,以后组稿就要把这个问题讲清楚。我们自己也要做卡片,领导人、搞编辑工作的都要做卡片,一人要兼几职。稿子来了,要做很多的卡片资料,要有一房间、一房间的资料卡片。人家现成的资料卡,我们要抄回来。抄一百张用上几张也好,其余的存起来,几十年之后会有用的。电子计算机我们现在没有,就要用手工的方式去抄,不要小看这件事。(技术编辑室"关于全书统一工作中的分工问题"1980.7.15)

7月15日 召集会议讨论《全书》美编工作。会上强调要研究各国百科全书的装帧设计,广泛收集资料,大力组织国内美术力量,做好《全书》装帧设计和美编工作。他说:《全书》中有各种各样的插图,地理除地图外,还有反映各地风光的照片,以表现各地的特点。重要的人物都要有图。例如,要有反映历史事件的,如孙中山签署遗嘱的情景。当然还有动植物、汽车、交通运输等科技方面的图。我们的人主要是做组织工作,要靠中央美院、北京画院等单位的人,必要时可以借调或请人家来帮助搞,这个原则必须确定下来。我们将来要搞个图片库,不只是为北京服务,要为全国服务,也可供国外使用。现在只能在工作过程中逐步积累图片资料,它是长期的任务。我们是美术编辑,配图的同志一定要看稿子,不钻研内容是搞不好配图工作的。(总编室"简报"第11期1980.8.7)

7月19日 上午,与唐守愚专程走访军事科学院宋时轮院长,双方就编纂《军事》卷进行了讨论。姜椿芳介绍了大百科出版社工作情况,并希望《军事》卷早日成立编委会,以便组织全军力量参加编纂工作。(总编室"简报"第12期1980.8.13)

8月8日　以姜椿芳为团长的中国大百科全书出版社代表团(团员刘尊棋、汤季宏、阎明复、梁从诫)应不列颠百科全书公司的邀请飞赴美国参观访问。(徐慰曾《这是个好事情——不列颠百科全书中文版历程》第52页)

8月12日　中国大百科全书出版社总编辑姜椿芳和不列颠百科全书公司总裁查理·S.斯旺森分别代表双方在洛杉矶正式签订合作出版《不列颠百科全书·简编》中文版协议书。协议书规定，成立由中美双方学者组成的中美联合编审委员会，中方主席为中国大百科全书出版社副总编辑刘尊棋，美方主席为不列颠百科全书公司编委会副主席弗兰克·吉布尼。(同上)

8月19日　中国大百科全书出版社总编辑姜椿芳和不列颠百科全书公司总裁查理·S.斯旺森在华盛顿联合举行记者招待会。(同上第62页)

8月20日　"美国之音"在华语广播节目里报道了中国大百科全书出版社和美国不列颠百科全书公司在华盛顿联合举行新闻记者招待会的消息，并播放了姜椿芳答"美国之音"记者问的实况录音。访谈全文如下：

问：您负责这个重要的工作，那么，从编译、排版到印刷这个中文版《不列颠百科全书》，需要多少时间？

答：我们准备用四年左右的时间翻译、编辑、印刷出版。

问：那么计划出版多少套？

答：我们暂时计划出版5万套。

问：那么除了在中国国内发行，在国外有无计划发行？

答：主要是在中国国内发行，在国外，准备第一年第二年各发行五千套。

问：您计划出版这部书后，在中国国内销售的价格是多少？

答：我们初步计算，整套8卷大概人民币150块钱左右。

问：那么销售对象是谁？

答：主要是图书馆、大学、科学研究单位和广大的知识分子，包括大学生。

问：现在中国本身是不是也出版印行百科全书供中国人使用？

答：现在已经开始编辑《中国大百科全书》，今年年底就出版第一卷《天文学》。以后每年要出几卷，准备用十年的时间，出80卷。这是中国第一部大型的、综合性的百科全书。中国到现在为止，还没有出过这样大型的百科全书。中国是一个有古老文化的国家,两千年前就编过百科全书类型的辞书,以后每一朝代都编类书。到清朝为止,大概有四百多种类书。但是到了近代,清末民初,才看到外国的百科全书,我们认为应该仿照外国的百科全书编辑新型的中国的百科全书,而不是像历史上每个朝代编的那种类书。

问:像英文版的百科全书,是用 A、B、C、D 的方式来排列,那么编成中文版以后,您这个排列方式是怎样的呢?

答:完全按照汉语拼音字母来排,所以它的 8 卷要 4 年后同时出,一下子都出。而我们《中国大百科全书》则是一卷一卷地按照学科来出,这是为了争取时间,早一点和读者见面。

问:我听说,现在对《不列颠百科全书》的翻译工作已开始进行了,到现在为止,在翻译上和资料的寻找上有没有什么困难?

答:我们已经把《不列颠百科全书·简编》的全部条目的名称都译出来了。根据这些条目,我们排了一下次序,按照学科来分,组织有关的人着手研究,了解情况。比如说,哲学部分,专门交给懂哲学的人来译,历史的,由历史学家来译,数学、生物学、物理学等等都是找专家来搞。这项工作正在进行组织。

记者:非常感谢姜先生,您在百忙中能够接受"美国之音"的访问。

9月　　撰写《中国大百科全书》前言,手稿藏中国大百科全书出版社总编室。

9月6日　　下午,美国不列颠百科全书公司董事会代表团访华,美国驻华使馆宴请,国家出版局陈翰伯、许力以和大百科出版社姜椿芳、刘尊棋等应邀出席。晚上,大百科出版社领导在北京烤鸭店宴请不列颠百科全书公司董事会代表团一行。

9月8日　　上午,邓小平在人民大会堂福建厅接见美国不列颠百科全书公司斯旺森为首的董事会代表团,陈翰伯、许力以、姜椿芳、刘尊棋、王纪华、阎明复等在座。(《1978~1993中国大百科全书纪念册》,中国大百科全书出版社1993年版)

9月26日　　国家出版事业管理局就中国大百科全书出版社编辑出版《中国大百科全书》的工作进展在大百科出版社举行记者招待会。姜椿芳在会上介绍了《中国大百科全书》的性质、特点以及编辑工作进度情况,并向到会新闻界同志提出了帮助宣传《中国大百科全书》的要求。到会的有新华社国内部、新华社对外部、中国新闻社、中央人民广播电台、北京人民广播电台、中央电视台、人民日报社、光明日报社、解放军报社、工人日报社、中国青年报社、中国青年杂志社、北京日报社、北京科技报社、健康报社、文汇报社、人民画报社、中国妇女杂志社、百科知识编辑部等 28 个单位 30 位记者。出版社领导和各部室负责人及上海分社年鉴编辑部也参加了会议。招待会由国家出版局代局长陈翰伯主持。（总编室"简报"第 15 期 1980.9.30）

10 月 4 日　出版社领导小组举行例会，讨论改进领导，重点抓编辑业务问题，明确分工，集中领导，分工负责。确定：领导小组组长姜椿芳侧重《全书》的编辑工作；领导小组副组长刘尊棋负责《不列颠百科全书·简编》中文版、《百科知识》和外事工作；唐守愚管科技部，兼管图书馆和社科部（侧重历史、文化、教育）的工作；刘雪苇分工管社科部并兼任社科部负责人，侧重抓哲学、社会科学方面的工作；王顾明分工管社科部，侧重文学、艺术方面工作；高步青分工管办公室、党务、人事、行政工作；王纪华分工管基建、经理部工作；阎明复分工管总编室、外事组、翻译室，暂时代管综合编辑室、美术编辑室工作。（社"领导小组会议纪要"1980.10.10）

10 月 6~10 日　《交通运输》卷铁路部分各编写组第一次联席会议在铁道部会议楼举行，姜椿芳到会讲话。会议由铁道学会副理事长唐振绪主持，出席会议的有刘建章（理事长）、赵锡纯等，还有各编写组成员以及铁路方面的专家教授 50 多人。

10 月 29 日　在中国音乐研究所举行的《音乐》①卷分编委会扩大会议上讲话。会议由中国音乐家协会主席吕骥主持，出席会议的有京沪两地 20 多位专家及出版社有关同志。（总编室"简报"第 23 期 1980.11.17）

11 月　在北京经济研究所召开的《经济学》卷撰稿人大会上讲话。出席会议的有《经济学》编委会在京成员和撰稿人 200 多人以及出版社有关人员。

11 月 12 日　在国家体委会议室召开的《体育》卷分编委会在京成员扩大会议上讲话。出席会议的有体育编委会主任荣高棠、副主任何启君，以及委员钟师统、夏翔、吴重远、曲绵域、林启武等，各编写组在京主编及出版社领导

---

① 出版时，与"舞蹈"内容合并为《音乐·舞蹈》卷。——编者注

唐守愚等。(《体育》卷办公室"工作简报"第 10 期 1980.11.19)

11 月 13 日　《法学》编委会扩大会在北京举行。出席会议的有编委会在京成员张友渔、钱端升等和各编写组正、副主编,出版社领导姜椿芳、唐守愚等。会上听取了半年来全卷工作和法律史编写组审稿情况汇报。(总编室"简报"第 23 期 1980.11.17)

11 月 18~19 日　中国大百科全书出版社姜椿芳、王纪华、孙立功等应邀前往北京饭店会见英国培格曼出版公司马克斯威尔先生,就双方建立合作关系事项进行友好洽谈。具体内容如下:

①中国大百科全书出版社为更好完成《中国大百科全书》的编辑、出版工作,愿意学习、借鉴外国同行的先进经验和接受友好的帮助。培格曼出版公司马克斯威尔先生表示愿意介绍编辑、出版百科全书的经验供我们参考,愿在印刷物资、技术方面提供帮助等。

②甲方(中国大百科全书出版社)第一卷《天文学》卷出版时,向乙方(培格曼出版公司)寄样书两部,并欢迎乙方提出批评意见,供改进工作做参考。乙方拟向甲方赠送《张伯伦百科全书》两套,并书面介绍该书特点以及编辑出版工作的经验教训。

③甲方出版的 1980 年《中国百科年鉴》已向乙方赠送样书,双方表示有兴趣建立合作。

④乙方表示:愿在印刷设备、物资、技术方面提供帮助和发展合作。偿付款项可通过合作出版、发行方式来解决。

11 月 21 日　召开社领导小组扩大会议。有人指出从《天文学》卷开始,撰写上有偏向专业性百科的倾向,同时,按照学科分类分卷编辑出版,交叉重复现象必然严重,这需要社里统一调整安排,进一步压缩,减去一些"生活性"和"非基础性"学科。姜椿芳就此提出:我们要考虑中国现在这一部百科全书如何编,现在是按学科分类分卷编,又是综合性的,这本身就是一个矛盾。现在,向专业性百科全书发展是自然的。要从根本上否定现状,就得把全部工作都停下来,重新编……目前,只能允许交叉重复,也不能说这是浪费。现在可以控制的是:80 卷,只能少不能多。少到 70 卷可以,少到 60 卷可以,减少的办法之一是减少学科,如旅游、家政等。("11 月 21 日领导

小组扩大会议讨论简况",刘雪苇记录)

11月27日 上午,在北京召开的《机械工程》编委会筹备会议(27~28日)上讲话。沈鸿主持会议,出席会议的有机械工程方面专家学者38人。(总编室"总结工作简报"第14期)

12月8~13日 在重庆召开的《外国文学》编委会第二次会议上讲话,介绍了《中国大百科全书》1981年出书计划,希望《外国文学》卷能及早发稿出版。出席会议的有编委会副主任季羡林、叶水夫,委员王央乐、戈宝权、叶君健、田德望、孙绳武、杨宪益、罗大冈、陈冰夷、吴富恒等,出版社王顾明、王伯恭、李鸿简、罗锡鹏以及责任编辑刘麟、杨哲等。会议审阅了法国文学、意大利文学、北欧文学、拉丁美洲文学、东北亚文学五个分支稿件,认为有一定质量,修改补充后可以付排,同时指出稿件中存在的问题;会议讨论了外国文学理论部分的条目。(社科部"《外国文学》卷简报"第11期1980.12.27)

12月25日 晚上,由王元化拟稿,与姜椿芳、许觉民商定《中国文学》卷今后工作部署。各分支先出分册,争取1981年先出先秦文学、隋唐文学、近代文学三个分册。出分册为征求意见,亦可公开发行与读者见面。全书争取于1981年第四季度全部集稿,1982年第一季度进行编辑加工,第二季度出书。

12月29日 上午,姜椿芳和刘尊棋在出版社职工大会上作报告,动员全体同志总结1980年工作,讨论制定1981年工作计划。姜椿芳报告提纲:①我们经过一年时间,已有40个学科上马开展工作。②对1981年工作的理解和认识。③加强领导、改进领导。④加强政治思想工作,养成好的风气。(总编室"简报"第28期1980.12.31)

在军事科学院二楼会议室召开的《军事》卷分编委会成立会上讲话:简略介绍了外国编纂百科全书的情况、百科全书对提高一个国家科学技术文化诸方面的重要作用,以及《中国大百科全书》当前工作进展情况。出席会议的有军事编委会主任宋时轮、副主任张震、梁必业、钱学森、萧洪达,以及委员郑汉涛、萧克、刘道生、曹里怀、宋承志、黄新廷、谭善和、马卫华、张翼翔等,出版社领导小组成员唐守愚。(总编室"简报"第1期1981.2.13)

1981 年　69 岁

1月12日　上午,中国大百科全书总编辑委员会主任、副主任第三次会议在出版社召开,姜椿芳作了"关于中国大百科全书出版社两年半来的工作汇报"。出席会议的有总编委会副主任于光远、严济慈、张友渔、陈翰笙、周培源、钱学森、姜椿芳,出版社负责人刘尊棋、唐守愚等。于光远主持会议。会议讨论了几个问题:①《中国大百科全书》原定的编辑方针,应该坚持下去。对经过两年努力编出《天文学》卷的成绩给予肯定。②总编委会委员名单(草案),既要体现中国学术界的水平,又要体现社会主义中国广大专家学者的团结一致。③应该加快编辑出版的速度,尽早解决印刷力量的问题,在不降低质量的前提下,力争早日出书。④全书应具备中国的特点,具备80年代的科学水平。(总编室"简报"第29期 1981.1.14)

2月11日　下午,姜椿芳、王顾明听取《外国文学》卷责任编辑刘麟、杨哲的工作汇报。

2月17日　上午,主持召开《中国文学》、《戏曲·曲艺》、《戏剧》、《电影》诸卷交叉重复协调会。出席会议的有:张庚、邓绍基、郭汉城、范宁、阮若珊、马奇、程季华、沈彭年等,出版社的唐守愚、王顾明、刘雪苇等。会上首先肯定分学科出版百科全书,交叉重复不可避免,但重复必须压缩到最少范围。姜椿芳、唐守愚、刘雪苇提出,各学科卷都应从整个百科全书的全局出发,立足于全书是代表我们整个国家的科学文化研究成果这一点上,不囿于一卷一个局部。这样比较严重的重复现象是完全可以协商解决的。(总编室"简报"第2期 1981.3.10)

3月6日　在出版社主持召开编辑会议,讨论四部工作条例:《总编室工作条例》、《责任编辑工作条例》、《编辑室主任工作条例》、《编审工作条例》。特别着重讨论《责任编辑工作条例》。前两个条例为暂行条例,后两个为试行条例。

3月10~11日　在中国社会科学院世界经济研究所和中国大百科全书出版社联合举行的《世界经济》编委会成立大会上讲话,编委会主任钱俊瑞主持会议并讲话。出席会议的有在京35位世界经济学家,出版社的金常政等。会上金常政介绍了《天文学》卷编写经过和要求。与会同志认真研究了《世界经济》卷的框架、条目和编写要求。(总编室"简

报"第 4 期 1981.3.16)

3月23日　下午,主持召开编审组和研究室成立大会。姜椿芳、刘尊棋在会上着重谈了编审工作的重要性。两年多编辑百科全书的工作实践证明,编辑多卷的百科全书,必须着重注意它的统一性,如框架、选条、文体、版式等均需一致,还指出编审组和研究室的密切工作关系,编审组直接向总编辑负责,是总编辑的助手。出席会议的有刘尊棋、唐守愚、阎明复、翟富中、周志成等。社科部负责人周云深以及编审组的成员王伯恭、朱文浦、顾家熙、黄鸿森(这四人为专职)、杨公瑾、黄锡桥、张慈中、杨文华(这四人为兼职)、研究室负责人金常政。(总编室"简报"第 5 期 1981.3.24)

4月1日　3月 23~24 日在北京举行的中国语言学会常务理事会扩大会议通过接收姜椿芳为中国语言学会会员。(中国语言学会通知 1981.4.1)

4月6日　《中国文学》编委会召开少数民族文学和民间文学编写组会议,讨论并确定框架和条目表。出席会议的有姜椿芳、许觉民、钟敬文等。(杨哲提供)

4月17日　上午,在出版社主持召开编务会议,参加会议的有刘尊棋、刘雪苇、王顾明、阎明复、周志成、周云深、丘国栋、金常政、肖德荣、张慈中、见秋、严肃、王伯恭、黄鸿森、李钦、杨小凯、徐欧光、高陶。

　　会上讨论内容:①编务会议条例;②近期编务会拟讨论的内容;③《体例》中有关人物上书的一些规定,着重讨论了人物所在党派的写法,外国人物条头写法、肖像问题、人物比例问题等。

　　会议基本通过了:①《体例》中关于上书人物的一些规定;②《编务会议条例》;③请资料室协助总编室进一步调查人物上书情况,编造花名册,以便进一步平衡全书各卷上书人物。(总编室"编务会议纪要"总 1 号 1981.4.17)

4月23日　上午,听取《考古学》卷责任编辑胡人瑞的工作汇报,到会的有阎明复、黄鸿森、王伯恭、金常政等。汇报中说:①为编写《考古学》卷,社科院考古学研究所拟编《考古词典》暂缓。②1979 年成立了《考古学》编委会筹备组,夏鼐任主任,下设 7 个分支,后又谈到各分支的条目设置。

　　下午,听取《中国历史》卷责任编辑杨川的工作汇报。汇报说《中国历史》断代分 10 个分支:①先秦;②秦汉;③三国两晋南北朝;④隋唐五代;⑤宋辽金西夏;⑥元;⑦明;⑧清(上);⑨清(下);⑩民国。

4月24日 上午,在出版社主持召开编务会议,讨论国家出版局1977年10月《关于书籍稿酬的暂行规定》,并通过了《中国大百科全书出版社稿酬办法》,同时就出版分册问题作出决定。出席会议的有刘尊棋、刘雪苇、王顾明、阎明复、周志成、周云深、肖德荣、张慈中、张曼真、严肃、王伯恭、杨纪堂、李钦、杨小凯、徐欧光。(总编室"编务会议纪要"总2号1981.4.24)

4月28日~5月4日 《外国文学》编委会审稿会议在承德召开。参加会议的有曹靖华、戈宝权、楼适夷、朱光潜、杨宪益、季羡林、罗大冈、叶君健等,出版社有姜椿芳、王伯恭、李鸿简、刘麟、杨哲等。(杨哲提供)

5月8日 上午,在出版社主持召开第四次编务会议,出席会议的有:刘雪苇、王顾明、阎明复、周志成、丘国栋、金常政、严肃、李钦、杨小凯、徐欧光。会上通过了:①《中国大百科全书编辑手册》的目录;②《全书》索引的编制原则;③编写《体例》中关于事件条目、重要理论条目、重要著作和出版物条目、重要学派和流派条目、重要概念条目等7项规定。姜椿芳着重提出要解决今、明两年编书工作中存在的问题,要加紧工作。(总编室"编务会议纪要"总4号1981.5.8)

5月11日 下午,听取《教育》卷责任编辑贺亚麟汇报工作。汇报说,《教育》卷经过一年筹备,框架、条目表等接近完成。

5月13日 下午,听取《法学》卷责任编辑张遵修汇报工作,《法学》卷各编写组审稿情况是:全卷10个组21个分支,已有6组审稿12个分支,写好90万字,已审50万字。来稿质量差,主客观力量不够。

5月14日 上午,《教育》编委会成立会在香山召开,姜椿芳在会上作了长达两个半小时的发言,编委会主任董纯才主持会议。出席会议的有刘佛年等55人,出版社贺亚麟等。

5月15日 下午,听取《生物学》卷责任编辑张均康汇报工作,介绍了《生物学》卷工作进展情况、计划和存在的问题。

5月19日 上午,听取张均康关于《生物学》卷的工作汇报,在座的有全如瑊、常瀛生、张人骏、卢豹、李风麟、张志伟、胡颖等。主要汇报分工问题。

5月20日 下午,会见化学家《化学》编委会第一副主任柳大纲,商谈准备在23日召开编委会,正式进入撰稿阶段,组成7个编写组,6个分支,找出交叉、遗漏问题,计划1983年底发排。

听取《戏剧》卷编辑白岩汇报该卷工作,谈到1979年12月成立了戏剧组,停了半年,1980年7~10月,制定条目表,《戏剧》卷设8个分支。

5月23日　上午,在红山口军事学院招待所召开的《化学》编委会及撰稿人大会上讲话。出席会议的有杨石先、柳大纲、戴安邦、李苏等70人。

5月26日　上午,听取《体育》卷办公室负责人毕世明关于《体育》卷的工作汇报。

5月28日　下午,在西山军事委员会办公厅招待所召开《军事》卷第一次编辑工作(25~30日)会议讲话。会上通过《军事》卷条目总表,研究确定下半年工作任务。(《军事卷通讯》第2期1981.8)。

5月29日　上午,《体育》编委会主任荣高棠来社访问,姜椿芳与之商谈《体育》卷编纂工作,在座的有毕世明、胡晓风、魏杰。

6月11日　高尔基学术讨论会在大连召开,姜椿芳发表书面讲话,简要介绍了自己学习高尔基、宣传高尔基的历程。讨论会由苏联文学研究会、高尔基著作编辑委员会、辽宁师范学院联合主办。姜椿芳是苏联文学研究会名誉会长。

6月20~23日　在北京复兴路20号总参通讯兵部招待所召开的《舞蹈》①编委会扩大会议上讲话。出席会议的有编委会成员及中国大百科全书出版社有关人员。

6月25日　在北京国务院第一招待所举行的《农业》编委会和《中国农业百科全书》总编委会成立大会上,介绍了《农业》卷的筹备工作农业出版社副总编辑方原介绍了农业百科的筹备工作。国家农委副主任何康主持会议。出席会议的有农业部副部长刘瑞龙、农业科学家杨显东、张含英、郑万均、程绍迥、沈其益等80余人。何康宣布成立两书的领导小组和两书的编辑委员会成员名单。中央电视台、《光明日报》、《中国农民报》记者到会采访。(总编室"简报"第7期1981.6.29)

7月6日　在北京召开的《中国文学》卷在京撰稿人大会上作报告。《中国文学》编委会副主任王元化主持会议。《中国文学》编委会副主任许觉民详细介绍了条目撰写体例、要求、程序,并宣布了各分支主编名单。(《中国文学》编辑组"《中国文学》工作情况(之七)"1981.7.15)

9月11日　上午,主持召开出版社第11次编务会议。出席会议的有唐守愚、

---

① 出版时与"音乐"内容合并为《音乐·舞蹈》卷。——编者注

刘雪苇、王顾明、王纪华、阎明复、翟富中、吕东明、周志成、丘国栋、肖德荣、李钦、高陶。会议重点讨论《中国大百科全书》10年出齐问题。发言同志一致认为,10年出齐的计划不能改变,应积极组织人力、物力保证这个计划的实现。大家认为头几年发稿少,中间发稿多,后几年发稿少,这样计划比较合适。最后,姜椿芳强调了三个不变:70卷不变;综合性不变;10年出齐不变。并建议尽可能把基础科学安排在前面些。(总编室"编务会议纪要"第11次)。

10月13日　下午,南斯拉夫出版代表团一行5人来大百科出版社访问,姜椿芳、阎明复、吕东明、肖德荣等与南斯拉夫代表团进行亲切友好会谈,双方同意:①及时交换出版物选题计划的目录;②交换各自编辑出版的各种百科全书、辞书和其他书籍;③交换编辑百科全书所需要的对方的资料和图片;④双方各自提出可进行联合出版的书目;⑤为实现合作,双方互相邀请对方4人访问。

10月18日　在丰盛胡同姜椿芳家里举行野草诗会,庆祝野草诗社成立三周年。

10月28日　上午,听取《航空·航天》卷编辑组汇报工作进展情况。姜椿芳指出:人们对航空航天技术很感兴趣,而航空航天技术的发展又日新月异,应加快进度,早日出版以应读者的需要。《航空·航天》卷容纳不了的内容可以放到专业性百科全书中去写。(《航空·航天》卷编辑组"工作简报"第1期1981.10.29)

11月　在出版社第13次编务会上指出:从一开始搞百科全书就感到存在交叉重复的问题,现在体会更深了,一定要尽力设法解决这个问题。百科全书在我国是第一次编,我们选择了分类、分卷编纂的方法,经过几年的实践,这种编法固然缺点不少,但总的方针是可行的,是根据中国国情,即经济技术条件、印刷条件、学科现状等情况而定的,这条路是确定了的。有困难怎么办?要齐心协力共同想办法,不要遇到矛盾,遇到重复就想改弦更张,要坚持下去,力争在10年内把这部百科全书搞出来,还是要坚持三个不变——综合性按大类分卷出书不变;10年出齐不变;70卷不变。我们的口号是:振奋精神,同心协力,尽快编好出好《中国大百科全书》。(总编室"简报"第11期1981.11.27)

11月9~10日　召开第六次社务会扩大会议,姜椿芳主持,社领导成员和各部

(室)负责人出席会议。翟富中汇报了总结工作的初步方案,提出要整顿有关编辑出版业务方面的问题,有关机关作风方面的问题。会上决定在11月12日上午召开全社职工大会,由姜椿芳作动员报告,要修订和制定考勤制度,奖金制度,奖惩制度,经济管理制度,各级领导的任务,职称和分工负责制度。(社办公室"第六次社务会议纪要"1981.11.11)

11月12日　下午,出席在国务院第二招待所由国家人事局召开的中国翻译工作者协会筹备会,会上讨论协会领导名单和一些章程草案。

11月30日　主持召开第七次社务会议(扩大),讨论关于整顿社风问题,修建编辑大楼问题,院内再盖一些平房问题。(社办公室"社务会议(扩大)纪要"第7号 1981.12.3)

12月8~9日　在北京香山别墅召开的《法学》编委会第四次会议上介绍了《外国文学》编委会最后审稿方式。出席会议的有编委会成员张友渔、王珉灿、王铁崖、关怀、陈守一、陈体强、陈盛清、李浩培、沈宗灵、张国华、郭宇昭、曾庆敏,出版社的高步青、石磊、李钦、丘国栋、张遵修等。(社科编辑部"简报"第7期 1981.12.15)

12月11日　在北京燕山宾馆召开的《心理学》编委会成立大会暨第一次工作会议(11~15日)上讲话。参加会议的有编委会主任潘菽、副主任陈立、陈元晖、孙晔等以及出版社的张人骏、张均康、全如瑊等。大会由陈元晖主持。

12月24日　在镇江召开的《建筑·园林·城市规划》编委会筹备组扩大会议(24~28日)上讲话。出席会议的有全国建筑、城市规划和园林界金经昌、张镈、杨廷宝、唐璞等33位专家以及出版社有关编辑人员。会议由杨廷宝教授主持。(建筑学编委会筹备组"中国大百科全书建筑学编委会筹备组扩大会议纪要"1981.12.28)

1982年　70岁

1月21日　在出版社召开的春节全社职工大会上讲话:宣布《全书》已有50个学科展开了工作,介绍了工作的成绩和缺点以及1982年的主要任务。(总编室"简报"第1期 1982.2.8)

1月30日~2月3日　在《数学》卷编辑工作会议开幕式上讲话。数学家华罗庚和苏步青主持会议。会上成立了由49人组成的《数学》编委会,并对《数学》卷的框架和条目设置展开讨论。出席会议的有专家学者37位,以及出版社有关编辑。(《数学》卷"编辑工作会议纪要"1982.2.3)

2月下旬,3月下旬　　姜椿芳、翟富中、王纪华两次去上海与分社领导共同研究了如何集中力量加快《中国大百科全书》的编辑出版工作,取得了一致意见。分社领导在3月上旬召开了有40人参加的骨干会议,传达了有关精神,动员大家同心同德搞好工作,消除了过去影响总、分社团结的一些不同意见和传说;加强了总、分社之间的团结。

3月13日　　下午,前往国防科委访问总编委会副主任钱学森,同去访问的有阎明复、吕东明、周志成、石磊、李钦等。姜椿芳和阎明复汇报了出版社1981年的工作情况,钱学森讲了有关系统工程方面的知识。他说要不断总结经验,进行科学管理即系统工程。

3月29~31日　　《纺织》编委会成立大会在上海虹桥宾馆召开。姜椿芳代表中国大百科全书总编委会向《纺织》编委会正副主任和委员,以及各分支编写组正副主编发聘书。姜椿芳、陈虞孙、金常政和编委会正副主任、委员在会上讲了话。出席会议的有编委会主任陈维稷,副主任钱宝钧、陈受之、严灏景、杜燕孙、何正樟,还有各地的纺织科研单位49位专家及总社副社长翟富中。(上海分社"简报"第4期1982.4.27)

4月　　听取出版社顾问吕东明汇报《海洋科学》[①]编纂情况,中国海洋研究所所长曾呈奎担任主编,预计1982年底完稿。

4月16日　　上午,听取《生物学》卷汇报,4卷[②]共480万字,还有70万字的分册。计划在7月10~30日召开编委会会议,8月初开始成书编辑,10月底完成。1985年发排。

　　听取《心理学》卷责任编辑张人骏汇报,编委会主任潘菽对体例不太理解,样条要讨论。1985年完成。

　　下午,听取《农业》卷汇报工作。准备1984年底发稿。

4月22日　　上午,听取《环境科学》卷汇报工作,环境科学研究者都是从其他学科转过来的,并非环境科学专家,队伍不成熟。环境科学分成:①环境医学

---

① 出版时,与"大气科学"、"水文科学"内容合并为《大气科学·海洋科学·水文科学》卷。——编者注
② 出版时为3卷。——编者注

(11.5万字);②环境生物学(15万字);③环境工程学(35万字);④环境化学(15万字);⑤环境物理学(20万字);⑥环境地学(13万字);⑦综论(5万字)。5月开始定稿,1983年上半年出书。

4月27日　下午,听取《中国文学》卷汇报工作,谈到在世人物上书问题,有不同意见。谈到各卷之间的撞车问题,有一稿两用、大同小异、小同大异的情况等。最后又谈到定于6月初在北京召开编写会议,分编委会成立会,责任编辑、特约编辑会,共30余人,会期7天,需要费用3万多元。

4月29日　下午,听取社科编辑部汇报工作。计划1982年完成两卷,1983年完成四卷,1984、1985、1986、1987年每年要完成6卷,工作量很大,要调些大学生来加强编辑力量。

听取石磊同志汇报《中国文学》卷的编辑情况和问题。会上说中国青年报社要调来一些干部。

5月11日　上午,听取经理部汇报工作。排版厂的任务包括铅印、打印、复印、校对。日本产的复印机较好,国产的常出毛病,因复印量很大。

5月17日　上午,主持领导小组会议,研究新调入9位干部(中国青年报社等单位调来的)的安排问题,讨论知识分子政策落实问题,学习宪法。

6月1日　听取《航空·航天》卷汇报:全卷有12个分支,其内容要达到外行看了得到知识,不会看不懂,内行看了没有差错。航空、航天合成一卷,明年初彩图可以收齐。

6月4日　下午,听取科技部汇报。《航空·航天》卷责任编辑王樵裕认为:《航空·航天》卷框架征求意见的做法好。领导是否看稿?不改善编辑部一级领导的工作方式,工作很难开展。杨公瑾说:领导钻入看稿的工作,放弃了领导,计划不能完成怎么办?姜椿芳说:部领导应看试写稿和发排稿,而不是看一般的稿。

6月10日　上午,听取出版社顾问吕东明等汇报地理学科的工作。地理学分为三卷:《世界地理》卷,由华东师大李春芬担任主编;《中国地理》卷,由中国科学院地理研究所所长黄秉维担任编委会主任;《地理学》卷,由总社负责编。准备分别在1983年底、1984年二季度、1986年发稿。

6月11日　下午,在北京西单西斜街中央编译局主持召开"商量举行中国翻译工作者协会成立大会事宜"的预备会。参加会议的有王子野、叶水夫、陈庶、宋书声、吴文焘、杨承芳、季羡林、浦寿昌、曹汀、德林、钱伟长等20人。

(会议通知由外文出版发行事业局发出)。

6月18日　上午,听取《中国文学》卷的工作汇报,《中国文学》编委会委员陈伯海说:先秦文学8月底前定稿;隋唐文学7月初才能收到征求意见稿,8月改稿,10月改好;北方各分支进展不大;近代文学延期两个月;汉魏文学无进展,也要推迟。现当代文学也要推迟。审稿改稿只做了隋唐文学。要请特约编辑刘德重,40多岁,能力较强。

6月23日　上午,中国翻译工作者协会成立大会在人民大会堂西大厅举行。姜椿芳被推选为会长,并作为会长在会上致辞。参加大会的有:全国人大常委会和国务院的领导人王震、乌兰夫、阿沛·阿旺晋美、薄一波、杨静仁和中宣部副部长王惠德等;老一辈有名望的翻译家,在各条战线上从事外语和少数民族语文的翻译工作者;长期在我国工作的外国老专家爱泼斯坦、横川次郎、夏庇若、川越敏孝、秋迪、沙博里等。

7月3日　上午,在北京外文局主持召开中国翻译工作者协会第一次常务理事会议。出席会议的有:王子野、叶水夫、陈庶、宋书声、吴文焘、曹汀、德林、刘德有、于宝榘、冯亦代、孙绳武、齐铉、何卓云、张纪明、赵仲元,列席者:刘山、李宝芝、林煌天、王善谋、沈江。

7月7日　在北京华侨大厦召开的《舞蹈》编委会筹备组工作会议上讲话:希望舞蹈界的专家、学者克服困难,更好地完成党和国家交给我们的光荣任务。舞蹈家吴晓邦主持会议。会上讨论通过《舞蹈》编委会成员名单。出席会议的有:吴晓邦、叶宁、田雨、陈锦清、戴爱莲等。

7月15日　上午,在军科院召开的《军事》卷第二次编辑工作会上讲话(《军事通讯》第12期1982.8)

7月25日　上午,主持出版社党内生活会。姜椿芳首先检查自己,接着阎明复发言。

7月26日　上午,主持党内生活会。

7月26~30日　在北京外交通讯总台招待所举行的《科学社会主义》①工作会议开幕式上作了原则性指示。苏绍智主持会议。会上修订了《科学社会主义》卷条目表(三稿);讨论了条目范围要点、配图方案、约请撰稿人等。

---

①　因《中国大百科全书》精简卷数,后作为专业百科全书以《科学社会主义百科全书》名称出版。——编者注

出席会议的有各编写组的主编、副主编和出版社有关同志共 25 人。社领导高步青、阎明复参加了开幕式。(科学社会主义编辑部"简报"第 4 期 1982.8.5)

7 月 29 日　在《电子学与计算机》编委会筹备组扩大会上讲话,题为《大类分卷的编法与交叉重复》。(姜椿芳《从类书到百科全书》第 125～128 页)

8 月 28 日　上午,参加在全国政协礼堂东大厅举行的城市发展战略思想座谈会。

8 月 28～31 日　在《心理学》编委会第二次工作会议上讲话。出席会议的有:潘菽、陈立、高觉敷、陈元晖和各分支学科主编、部分副主编 24 人。出版社的阎明复、金常政到会。

9 月 9 日　听取《教育》卷责任编辑贺亚麟汇报工作,该卷原定 780 条,现为 794 条,除少数几条外都已落实,1983 年 10 月发稿。

9 月 22 日　听取《考古学》卷责任编辑胡人瑞和赵雅琴、编辑翟德芳汇报工作。该卷 1981 年 7 月开始撰稿,1982 年 3～4 月催稿。现已开始初审,大多数稿件基础较好。1983 年上半年学术审定,下半年社内成书定稿,年底发稿。

10 月 7 日　主持召开社领导会议,出席会议的有石磊、王顾明、高步青等。社领导针对现有舞蹈条目存在的问题,作了两点重要指示:①下一阶段应把大、中条目抓好,因为它最能体现出学科水平;②尽量充实舞蹈学科在理论上和美学上的基本内容,可从两方面去体现,一是从大、中条目中体现,二是在框架中增加理论和美学方面的条目去体现。

10 月 18 日　上午,在北京外文出版局主持召开中国翻译工作者协会第二次常务理事会议。会上讨论:会刊问题、各地成立译协情况等。出席会议的有:王子野、宋书声、吴文焘、季羡林、浦寿昌、德林、刘德有、齐铉、何卓云、李大万、赵仲元等。

10 月 20 日　在《语言·文字》编委会筹备组第一次会议上讲话。出席会议的有语言学家李荣、周祖谟、倪海曙、周有光、许国璋、傅懋勣等以及 9 个分支学科负责人。

10 月 21 日　出席在西安召开的中国外国文学学会理事(扩大)会议。会议内容:①讨论今后 3～8 年外国文学研究工作规划;②总结近两年的工作;③为明年春天召开的全国外国文学工作座谈会做准备;④修改学会章程,调

整、增补理事。(中国外国文学学会"通知"1982.9.29)

11月　在北京邮电学院召开的《地理学》编委会筹备会上讲话。出席会议的有地理学界的专家学者及出版社的编辑人员。

11月2日　下午,主持召开小型工作座谈会,就《外国文学》卷第二卷"土耳其文学"条的释文错误(书缓出)以及修改问题进行讨论。出席会议的有:《外国文学》编委会主任冯至、副主任季羡林、叶水夫、"土耳其文学"条撰稿人,《中国历史》卷辽宋西夏金史副主编蔡美彪,《外国历史》卷亚洲史副主编马雍,中央民族学院副教授魏萃一,以及出版社领导王顾明、阎明复、叶佐群和《外国文学》卷责编及总编室的同志。会上冯至、季羡林、叶水夫和姜椿芳在专家发言后讲了话。他们的意见主要是:①《外国文学》卷的这个问题被及时发现,避免了可能引起的不良政治后果,是一件好事。②《中国大百科全书》的不少条目,在国内研究工作中是空白点,不得不借助于国外资料,对国外资料又必须要有分析地引用,今后这种情况还会有,要特别慎重。③《外国文学》是社科部最先出版的学科卷,出问题并不足为奇,要引以为戒。为了防止再发生类似问题,要加强社内、社外的三审制度,重点抓好责任编辑和主编两道审稿关,健全二审和三审,提高各层审稿人员政治责任感。(总编室"简报"第6期1982.11.15)

11月上旬　姜椿芳同《苏联百科词典》译审委员会主任赵洵商谈该书翻译工作,金常政、张曼真等在座。决定成书、编辑工作均由黑龙江大学承担。

11月8~13日　"全国编辑职称工作座谈会"在北京总政招待所举行,姜椿芳与会。会上宣读了文化部"关于组成文化部编辑干部业务职称评定委员会的批复",宣布评委会组成名单:边春光任主任,王子野、宋木文任副主任,陈原、曾彦修、韦君宜、邵宇、孙慎、姜椿芳、李侃、方钜成、林元、王代文等10位任委员。(文化部出版事业管理局通知1982.10.13)

11月11日　下午,听取张稚枫关于《百科知识》的组稿和发行工作汇报。

11月15日　上午,与刘尊棋和徐慰曾讨论《简明不列颠百科全书》的翻译、编辑、出版工作。徐慰曾汇报工作情况:1983年第三季度各学科审稿完毕,汇总后,按拼音排,1984年发排一卷,以后每两个月发一卷,1985年全部出齐。决定调周绍昌、张遵修、郑伯麒、梁从诫、全如瑊参加此项工作。

11月18日　下午,姜椿芳和《考古学》编委会主任夏鼐在考古研究所确定了《考古学》卷的工作计划,要求1983年春节前稿件基本收齐,1983年底完成全卷各分支审稿任务。

11月19日　上午,听取金常政汇报《纺织》卷工作,转达上海分社领导陈虞孙的意见:①《纺织》卷的基础条件较好,文字质量较好,但成书时可能有困难;②二审和终审由总社负责,水平不能与《天文学》卷比,但不致为丙等,可能是乙等。

11月22日　听取《戏剧》卷编辑白岩的工作汇报。她说《戏剧》卷的框架已经是第八稿了。大条目26条,中条目213条,小条目487条,共计726条,字数大概是63.8万字。金常政表示,总表不尽符合体例,理论部分较好,小条目多了,不够系统,结构不太好,有些琐碎。

11月23日　在社领导小组扩大会议上讲话。出席会议的有社领导及各部、室、处负责人。

11月25日~12月9日　参加全国政协文化组的活动。

12月13~21日　参加在北京怀柔召开的《哲学》卷框架条目修订会,并就《中国大百科全书》的性质和任务讲了话。中国社会科学院哲学研究所所长邢贲思主持会议。出席会议的有北京、长春、沈阳、天津、上海、南京、武汉等地的专家学者和出版社的工作人员共80人。(《哲学》卷筹备组"简报"第3期1982.12.27)

12月16日　上午,《戏剧》卷开会,《戏剧》编委会副主任刘厚生参加会议,姜椿芳听取汇报。

12月21日　上午,《简明不列颠百科全书》编辑部召开1982年工作总结会,姜椿芳到会讲话说:"……《中国大百科全书》是正业,目前《简明不列颠百科全书》也是重要工作。出了第一版后,还可能有第二、第三版。工作是通过实践来提高的,当初商务、中华创办时也是没有经验的,《不列颠百科全书》经历了200多年,一改再改。我们通过编译它,既传播了西方文化科学知识,又可以培养一批人才。"刘尊棋主持会议,徐慰曾代表编辑部作总结。(《简编》编辑部"简报"第5期1982.12.25)

12月24日　在社领导小组召开的全社各部门工作汇报会上讲话。阎明复主持。(总编室总结工作"简报"第4期1982.12)

12月26日　听取《民族》卷汇报工作:1982年年底收齐稿件,明年12月开始审稿,小会为主,容易召集。

12月26~30日　《科学社会主义》卷撰稿人大会在石家庄河北宾馆举行,姜椿芳代表中国大百科全书总编委会和出版社在会上讲话。会上确定了撰稿的计划、要求和注意事项。中国社会科学院马列主义研究所所长苏绍智主持会议,出席会议的有来自上海、天津、武汉、广州、成都、沈阳、济南等地的撰稿人,出版社的阎明复、金常政、叶佐群以及有关编辑。(《科学社会主义》卷撰稿人大会纪要)

12月31日　上午,召开社领导小组扩大会议,翟富中报告上海分社情况,阎明复、李钦、肖德荣、王纪华、吕东明、周志成、许勤、高步青等分别发言。会上阎明复说:①正常运转,要结合总结定出措施,要长规划、短安排,对三类人,即刚毕业大学生、没有做过编辑工作的、做过编辑工作的,要分别抓他们的学习;②出书计划的安排,增加人力很难,1983~1985年三年间,减少出书计划,来加强学习。翟富中说:1983年出版8卷,1984年10卷,《简明不列颠百科全书》若干卷,由上海分社排版到外面印刷。周志成说:摆脱一些事务,多看些稿子,下半年11个学科要成书,旧班子不动,另外找些新人。

1983年　71岁

1月5日　上午,听取《矿冶》卷责任编辑韩大钧、高林生汇报工作。专家审稿三次,编辑部再审,采矿部分180条60万字,全书688条130万字[1],6月底可以发稿。

1月7日　上午,听取《教育》卷责任编辑贺亚麟汇报工作。1983年6月《教育》卷的稿子收齐,7~9月成书,9月发排,预计1984年第一季度出书。

1月10日　下午,听取《音乐·舞蹈》卷音乐组责任编辑陈应时、狄沙、廖叔同等人汇报工作。

1月11日　听取《交通》卷责任编辑孙志敏、刘志荣汇报工作,并谈该卷存在的问题。学科不成熟,常为生产需要考虑。邮电没考虑理论,管道运输无统计,未作专门学科来研究,无资料。有技术人才不少,但能写的人不多。因此稿子质量差,差距很大。内容不充实,往往限于中国情况,有时论点不清楚,绝大部分定义写不清楚;语言不清楚、言之无物。计划1年内定稿,1984年第一季度成书发排。

---

[1]　出版时条数、字数有所增加。

1月12日　下午,听取《世界经济》卷责任编辑丁日昕汇报工作。共分四大块:资本主义世界体系;社会主义体系;民族主义国家(发展中国家);社会帝国主义。5家搞了5个框架,经过开座谈会多次讨论,6月9日才定下来。现有条目793条,大条占9%、中小条占90%。来稿质量不高,有些国家的经济无人研究,与《世界地理》卷交叉的条目占30%(人文地理与自然地理的矛盾,地理与世界经济的矛盾)。

1月15日　上午,在《外国文学》卷总结会上听取责任编辑汇报工作。《外国文学》卷用了两年半时间,全书360万字,版面字数354万字,彩图64幅,黑白图1466幅,3000个条目(参见45条),条目数与索引条数之比为1:4(12500条),撰稿人438人。

1月17日　在《音乐》卷审稿会期间(7~22日),姜椿芳到会看望大家并讲话。他希望音乐界人士关心《音乐》卷的撰写工作,以便使这一卷书又好又快地和广大读者见面。参加审稿会的有编委会委员汪毓和等及出版社编辑组成员狄沙、陈应时、黄礼仪。

1月18日　上午,在党校召开的《教育》编委会成立会暨工作会议上讲话,题为《编好〈教育〉卷》。董纯才说,《教育》卷80%已交稿,进度很快,要在11月定稿,勿因教改而停顿,争取按期发排,要在老教授健在之时写稿出书。当时全国教育科研队伍有1200人,群众性研究人员有4万人。参加会议的有董纯才等教育界专家学者。

1月20日　下午,在文学研究所召开的《中国文学》卷的工作会议上讲了工作进度要求及人事安排的意见。会上研究工作计划及调整社内编辑班子的问题。出席会议的有:许觉民、王元化、叶佐群、沈玉成、杨哲。

1月21~23日　参加在上海召开的《电影》编辑委员会成立会并发表讲话。出席会议的有编委会副主任陈荒煤、司徒慧敏、袁文殊和电影界其他专家学者,出版社金常政等。

1月27~29日　与陈虞孙、金常政等在上海金山宾馆召开的《纺织》编写工作会议上讲话。《纺织》编委会成员周启澄主持会议,出席会议的有纺织界专家学者严灏景、陈受之、方柏容以及出版社的郭云、李钦等52人。

3月9~14日　在北京召开的《哲学》编委会成立大会上讲话。出席会议的有编委会主任胡绳,副主任邢贲思、任继愈等,出版社石磊等。

3月11~25日　在此期间,美国不列颠百科全书公司代表吉布尼和中国大百科全书出版社姜椿芳、常萍、阎明复多次会谈。吉布尼提出几项建议,姜椿芳、常萍表示:①愿意同《不列颠百科全书》法文版 universalis 合作,有关考古条目资料,要到1984年上半年《考古学》卷定稿后提供。②支持召开百科全书学术会议,并建议吉布尼考虑可在此基础上成立世界性的百科全书编纂者学会。③中国大百科全书出版社忙于《简明不列颠百科全书》编译工作,完成后可进一步商定双方继续合作的项目。此外,姜椿芳请吉布尼转告《不列颠百科全书》日文版出版社社长吉田先生,我社再次邀请他和夫人访华。("简编"1983年第2期)

3月16~19日 与金常政在广州召开的《航空·航天》卷分支学科会议上介绍了出版社编辑出版《中国大百科全书》的概况和条目撰写的要求,并希望《航空·航天》卷能够在1984年年底或更早些时间交稿。(社"简报"第7期1983.4.18)

3月28日 专程走访《音乐·舞蹈》舞蹈学科编委会主任吴晓邦,随行的有狄沙、徐欧光,就舞蹈学科编辑工作的以下几个问题进行交谈并取得一致意见。①《音乐》已经走在前面了,《舞蹈》要想办法跟上,以便合卷出版。②要有一个编辑办公室,现在是分散的,应当集中办公,否则很难集中力量解决大条目、中条目的一些难题。③关键问题是撰写条目,最大的困难是大、中条目。要成立一个编辑小组,由姜椿芳与张庚同志商谈,从艺术研究院抽几位有经验有能力的人,出版社方面至少有狄沙和徐欧光参加。④将意见转告编委会副主任叶宁,舞蹈学科的编纂工作委托给她,再动员一些舞蹈界人士一起工作。我们依靠的是舞协、舞研所和叶宁,只靠一个单位力量太单薄。⑤工作力量光靠北京不行,还要请上海和其他各地的人。北京要找个工作地点,改稿班子可住在办公室。工作班子可超然一些,有舞协的人,也有舞研所的人。(狄沙、徐欧光记录的谈话要点1983.3.30)

3月29日 联邦德国科隆大学满学教授马丁·吉姆与丹麦哥本哈根大学中亚问题研究所讲师麦耶女士作为我国文化部的外宾在北京参观访问,离开北京之前,出版社姜椿芳等人在东来顺饭庄为他们饯行。

4月 《考古学》编委会审稿会在社会科学院考古研究所举行,姜椿芳到会讲话。出席会议的有《考古学》编委会主任夏鼐、总编委会副主任张友渔等。

4月2日 下午,出席在全国农业展览馆召开的《中国大百科全书·农业》卷和《中国农业百科全书》编辑出版领导小组全体会议。会上讨论对两书要加强领导的问题。出席会议的有何康、刘瑞龙、林乎加、李友九、刘锡庚。

4月4日　出席大百科出版社与中共中央宣传部新闻局联合邀请首都新闻单位负责人的座谈会。会上讨论了《新闻·出版》卷新闻学的框架条目草案。出席会议的有《新闻·出版》卷新闻学科编委会主任萨空了,新闻界专家方言、左漠野、邢方群、安岗、刘爱芝、余世光,出版社刘尊棋等。

4月5日　在中央美术学院主持召开《美术》卷首次座谈会。出席会议的有美术界专家吴作人、王朝闻、刘开渠、艾中信、常任侠等23人。到会者热情表示支持《美术》卷的工作。会后又分别在北京、上海等地召开了多次座谈会。(《美术》卷"工作简讯"1986.7.23)

4月6日　在《军事》卷第三次编辑工作会议(6~14日)上讲话。会上交流编审经验,研究编审工作。《军事》卷4个分支学科8位同志介绍了初审、试审"核研究"、修改条目释文的情况和体会。(《军事通讯》第18期 1983.4)

4月7日　上午,听取《外国文学》卷责任编辑汇报工作,出席会议的有阎明复和《外国文学》卷编辑人员。

4月8日　上午,听取《中国文学》卷工作汇报。

4月12日　《新闻·出版》卷开会讨论新闻学框架条目。出席会议的有新闻界人士王揖、丁希凌、邓季惺、王士谷、王维、冯英子、陆诒、余宗彦、徐铸成等,出版社叶佐群等。

4月21日　中共文化部党组对中央宣传部1983年4月11日(83)干任字27号文关于姜椿芳、常萍同志任免报告的批复,中央同意下列同志的职务任免:……姜椿芳同志任中国大百科全书出版社总编辑,常萍同志任中国大百科全书出版社社长。(中共文化部党组"关于曾彦修等九同志任免的通知"〔文党字(83)第60号〕)

4月22日　下午,在上海分社听取《宗教》卷责任编辑吕子都汇报工作。上海分社领导陈虞孙说:《宗教》卷1978年就开始,已搞了5年,那时政策尚不明确。现在已有党的政策,先把基督教搞出来,佛教较有基础,也搞出来。其他就好办了。

4月26~28日　在上海华东纺织工学院召开《纺织》编委会第二次扩大会议上指出:《纺织》卷是重要的文献性著作,它不仅仅反映了中华民族历史上的纺织成就,而且集中反映了现代纺织科学技术的水平,可以作为进行爱国主义教育的教材。出席会议的有编委会主任陈维稷,副主任陈受之、严灏景,32位编委会委员中的28人,还有编辑组成员,出版社分社负责人陈虞孙、郭云和总编室、美编室有关人员。陈维稷、陈受之、严灏景轮流主持会议。(上海分社"简报"第1期1983.5.3)

4月底5月初　在中央戏剧学院召开的《戏剧》编委会成立会上讲话。出席会议的有编委会主任曹禺,副主任刘厚生、孙家琇、葛一虹、舒强、廖可兑,顾问罗念生,委员吕复、夏淳、阮若珊、赵寻、汤㵘之、风子、胡可、李之华等。

5月4日　下午,听取《中国文学》卷责任编辑杨哲的工作汇报。

5月5~9日　在《音乐·舞蹈》卷音乐学科编委会成立大会上,姜椿芳代表中国大百科全书总编委会宣布编委名单,发聘书并讲话。音乐学科1979年底开始筹备,1980年下半年开始组稿撰稿,至今已经三年半,姜椿芳希望音乐界同心协力把音乐学科尽快编好。出席会议的有音乐学科编委会主任吕骥,副主任赵沨、缪天瑞,委员丁善德、于润洋等35人,出版社副总编阎明复以及叶佐群和音乐舞蹈编辑组狄沙、黄礼仪、徐欧光等。吕骥代表音乐学科编委会宣布各分支编写组正、副主编名单并发聘书。赵沨、缪天瑞轮流主持会议。(音乐学科"工作简讯"第9期1983.5)

5月10日　上午,在化工部举行《化工》卷的筹备会(座谈会)上讲话。

5月18日　上午,听取《生物学》责任编辑张均康、卢豹、全如瑊等汇报工作。

5月19日　上午,听取《纺织》卷责任编辑沈蓉芬汇报工作。沈荣芬说:1981年3月筹委会提方案和设想,1982年3月框架条目进行了反复讨论。3月底成立编委会,定框架、定撰稿人,4月开始组稿,10月组稿、撰稿、审稿。11月10日进入后期工作,1983年5~6月为成书阶段,绝大多数稿件送往北京,少数留在上海。共10个分支,700条,90万字。金常政日夜工作了3个月,成书工作已进行一半。

5月20日　上午,在政协礼堂主持召开北京市翻译工作者协会成立大会和中国翻译工作者协会第一届全体理事会。参加大会的有老翻译家、语言学家、中青年翻译工作者、两个协会的理事以及在京工作的部分外国专家,共350人。

5月23日　上午,主持召开出版社领导小组常务会议,出席会议的有社领导小组全体成员阎明复、翟富中等。阎明复讲:编辑部工作的质量差,已出的《外国文学》卷、已发排的《戏曲·曲艺》卷有问题,编辑中的《戏剧》卷、

《音乐·舞蹈》卷、《自然辩证法》卷①的问题,如何控制质量,发稿计划应考虑。

5月24日　上午,主持召开社领导小组会议,讨论编辑、后勤等问题。领导小组成员出席会议。会上翟富中谈到:落实今明两年发稿计划,承包制,评职称,职工培训,评选先进,党的工作,建社五周年活动等内容。阎明复谈到:存在问题和如何解决,薄弱环节,编辑中的情况;1983~1984年发稿计划,解决办法,编辑机器的运转等内容。

5月25日　在酒仙桥酒仙饭店召开的《中国文学》卷少数民族文学审稿会议上讲话。出席会议的有许觉民、钟敬文、马学良等。(杨哲提供)

6月　在北京召开的《经济学》编委会成立会上讲话。出席会议的有经济学界专家学者、该卷责任编辑张智联等。

6~7月　主持召开在上海举行的《美术》卷编撰工作座谈会②。出版社参加会议的还有阎明复、陈虞孙、郭云。与会者一致认为《中国大百科全书》应有中国特色,在中国美术方面,资料要全、新、精,论述要客观、系统、准确,要具有权威性。(《美术》卷"工作简讯"1983.7.11)

7月9日　上午,听取《固体地球物理学·测绘学·空间科学》卷的工作汇报。安排如下:固体地球物理学和测绘学由殷宗玲负责,空间科学由邓茂负责,编辑楼遂协助。1983年10月开始加工,1984年4~6月征求意见,7~9月成书,9月底发稿。

听取《大气科学·海洋科学·水文科学》的工作汇报。安排如下:其中大气科学部分52万字,由韩玉如负责;海洋科学部分60万字,由李小文、孙关龙、温宗文负责;水文科学部分36万字,由盛志浩负责,全书总计148万字。成书要6个月,1984年底发稿。

7月14日　上午,听取《世界地理》和《中国地理》两卷汇报工作。吕东明讲,《中国地理》1400条,收到初稿1300条,未交来的都是重头条。《世界地理》1040条,收到50%多,关键问题是无人催稿。1985年底《中国地理》卷和《世界地理》卷都可以发稿。

下午,阎明复交来各卷发稿计划:《教育》卷1984年发稿,《力学》卷

---

① 因《中国大百科全书》精简卷数,后作为专业百科全书以《自然辩证法百科全书》名称出版。——编者注

② 先后在杭州、北京两地分别召开了《美术》卷座谈会。

1984年5月中旬发稿,《考古学》卷1984年8月底发稿,《固体地球物理学·测绘学·空间科学》卷1984年初发稿,《交通》卷1984年9月发稿,《大气科学·海洋科学·水文科学》卷1984年4月发稿,《机械工程》卷1984年12月发稿,《航空·航天》卷1984年12月发稿,《中国文学》卷1984年12月发稿,《民族》卷1984年12月发稿,《音乐·舞蹈》卷1984年12月发稿,《物理学》卷1984年12月发稿。

7月15日　中华人民共和国国务院总理发出任命书(第03212号),任命姜椿芳为中国大百科全书出版社总编辑。①

7月21日　上午,在北京图书馆举行的《图书馆学·情报学·档案学》卷中图书馆学方面的座谈会上讲话。出席会议的有图书馆系统的有关人员。

8月3~5日　在北京体育馆举行的《音乐·舞蹈》卷舞蹈学科编委会扩大会议讲话。编委会主任吴晓邦、副主任叶宁主持会议。出席会议的有编委会委员和舞蹈界专家胡果刚、贾作光、盛婕、田雨、赵德贤、郭明达、游惠海、丁宁、彭松等19人,以及出版社副总编辑叶佐群、编辑组狄沙、徐欧光等。(舞蹈学科"工作简报"第3期1983.8)

8月20日　《机械工程》编委会主任沈鸿来出版社与姜椿芳等谈编辑中遇到的困难。(《沈鸿论机械科技》第373页)

8月27日　在哈尔滨参加东北党史会议。

9月13日　在北京召开的《机械工程》编辑委员会第三次扩大会议上讲话。编委会主任沈鸿、大百科出版社顾问吕东明等也先后在会上讲话,会上主要研究和部署定稿工作。出席会议的有编委会主任、副主任、委员、各编写组正副主编和部分成员、编委会工作人员、大百科出版社领导及有关同志65人。

9月21日　上午,主持讨论关于总社和上海分社的相互关系问题。

9月21~25日　参加在河北省涿县桃源饭店召开的《矿冶》卷有色金属分支学科编审总结会议。冶金编委会副主任孙鸿儒主持会议。出席会议的有:学科编委会委员、学科编辑、条目撰稿人,出版社副总编辑周志成、责任编辑高林生等。

----

① 姜椿芳被任命为中国大百科全书出版社总编辑,相关文件有两份:一份是1983年4月21日文化部党组对中央宣传部关于姜椿芳任命报告的批复,一份是国务院总理签发的任命书。

9月28日　下午,出版社党委会第一次全体会议,推选姜椿芳为书记,常萍、翟富中、阎明复3同志为副书记;姜椿芳、常萍、翟富中、阎明复、石磊、周志成、叶佐群7人为常委会委员。中共文化部出版事业管理局机关委员会于10月13日发出"关于大百科全书出版社党委常务委员会组成人员名单的通知",表示同意。

10月　参加在中国社科院经济研究所礼堂召开的《经济学》卷在京撰稿人大会上讲话。出席会议的有该卷在京撰稿人、出版社责任编辑组张智联等。

10月5日　作为中国翻译工作者协会会长在山西太原迎宾馆与山西省外语界人士会晤座谈。

　　参加在山西太原举行的山西省外国语学会省机关事务管理局幼儿英语班开学典礼。参与活动的有省人大常委会副主任魏蕴瑜副教授、省政协副主席朱景梓教授、省高教厅长解玉田、山西大学外语系主任赵超群副教授、省外国语学会负责人孙玉生。

10月8日　在山西大同举办的山西省外国语学会大同分会第一次学术活动上讲话,随行的有出版社的翟富中。

10月24日　在厦门大学参加由苏联文学研究会举办的全国屠格涅夫学术讨论会。出席会议的有翻译家叶水夫、戈宝权、陈冰夷、许磊然、孙绳武等。

10月29日　下午,参加在上海艺术剧场举行的庆祝著名作曲家、音乐教育家贺绿汀从事音乐教育、创作活动60年纪念活动。

11月5日　上午,在《简明不列颠百科全书》成书决战动员大会上讲话:"《简明不列颠百科全书》的编辑工作已到决战阶段。关于印刷问题,常萍社长已去上海洽谈。上海分社在印刷上潜力很大,已为《简明不列颠百科全书》按时开印创造好了条件。排版方面也在加紧准备。校对缺人,也在积极解决。关键还是看文稿是否齐、清、定,是否及时、按期发排。过去的一些想法'反正还可推迟',现在不行,要打消推迟的想法。各个环节都要有保证。1923年,商务印书馆的总经理就打算翻译《大英百科全书》,组织了一些大学生,翻译了300多万字,耗费了很多钱,后来因困难太大,只得中途停下来。我们现在翻的是《简明不列颠百科全书》,这是一个创举,这对百科全书和各方面来说都是有用的,是了不起的工作,所以要求在座的全力以赴,完成这部书的出版工作。"刘尊棋主持会议。参加大会的有《简明不列颠百科全书》编辑部全体人员和协助人员共70余人。

听取《农业》卷责任编辑陶家祥汇报工作。他说:稿件一审已结束,有的已经进行了两轮。共计1954条,稿件缺得很少,基本处于一审定稿阶段。争取1984年上半年完成定稿。经过编辑加工后,计划1985年6~7月发稿。要组织好社外力量,主编和副主编要脱产一个时期。

11月15日 主持召开中国译协和北京市译协联合举行的首都部分翻译界人士座谈会。讨论翻译界如何贯彻党的二中全会精神,防止和清除精神污染问题。

下午,听取《世界地理》卷汇报南京编辑会议的情况,南京会议宣布《世界地理》编委会正式成立,编委会主任李春芬,副主任鲍觉民、张景哲、张同铸、陆漱芬4人。讨论审稿内容、方式,并商定了配地图共838幅;计划1984年6月底编写完成。

在中国译协会刊《翻译通讯》创刊号上发表《翻译工作要有一个新局面》。

11月22日 上午,听取《戏曲·曲艺》卷总结会的汇报(《戏曲·曲艺》卷于1983年8月出版)。编委会的一半成员到会。会上肯定了成绩,大家认为编百科是培养人的过程,缺点主要是京剧这一条不符合百科全书要求和体例。

12月 参加上海市委党史资料征集调查委员会在上海东湖宾馆召开的上海党史资料征集座谈会。

在海南岛召开的《民族》编委会扩大会暨审稿会上讲话。

12月30日 上午,在中国大百科全书出版社1983年度先进集体、先进工作者表彰大会上讲话。出席会议的有社党委常委、顾问及部分离休干部。常萍、阎明复在会上也讲了话,翟富中向大会报告评选先进的工作情况。

1984年 72岁

1月10日 文化部出版局发出出版《中国人名辞典》的通知,其中选姜椿芳为入编人物。① (文化部出版局1984年1月10日通知)

---

① 1983年4月文化部出版局在京召开《中国人名辞典》第一次编委会,拟收人物2.5万人左右,解放前后各占一半。释文每条200字,出版界人物100人。要求选收全国知名、有突出贡献和成就的人物。

2月6日　下午,听取《航空·航天》卷责任编辑王樵裕汇报工作。他说:1982年9月搞出第十五个框架,各分支陆续召开撰稿人会议,决定1984年3月在长沙召开终审会,确定邹家华为编委会主任。认为要把60%的力量放在初审上,25%的力量放在复审,15%的力量放在核对。

2月11日　上午,听取《语言·文字》卷责任编辑李鸿简汇报工作:定于2月20~24日在国务院第一招待所召开编委会成立会。自1982年6月8日《语言·文字》卷筹备组成立,1982年10月正式开始筹备,至今已有一年多。朱德熙不承担编委会主任工作,使工作拖延了10个月,最后决定主任由季羡林担任,副主任是周祖谟和许国璋。

2月16日　上午,听取《土木工程》卷责任编辑张庆文汇报工作。《土木工程》卷于1980年第四季度开始,1982年4月框架初定,在无锡成立《土木工程》卷筹备组,筹备组组长茅以升,副组长赵祖康和李国豪。1983年底16个分支初审完毕。1984年4月成立《土木工程》编委会,9月编完,10月成书加工,1985年6月发稿。

2月20日　上午,在北京国务院第一招待所召开的《语言·文字》编委会成立会上讲话。会上讨论框架及其他工作。出席会议的有编委会主任季羡林,副主任周祖谟、许国璋,顾问吕叔湘等,出版社李鸿简等。(出版社"简报"第2期1984.3.16)

2月21日　上午,听取《电子学与计算机》卷汇报工作:定于3月1~3日在军区招待所开编委会成立会,稿件已收到80%,三分之一可加工,其他还要修改,总论两篇已完成撰写,要讨论修改。各分支分别审稿,6月底完成,交编辑办公室加工①。9月底完成,第四季度进行成书工作。

　　听取《化工》卷责任编辑白以素汇报工作:《化工》编委会筹备委员会主任杨光启,副主任侯祥麟、时钧、苏元复、陈冠荣4人,7个分支共10个负责人,筹委会25人。框架已写了第5稿,正准备写第6稿。

2月28日~3月2日　《简明不列颠百科全书》中美联合编审委员会第三次会议在北京举行。会议期间姜椿芳和常萍会见了双方人员。出席会议的有:中方成员刘尊棋、钱伟长、周有光,以及徐慰曾、张慈中、肖德荣,上海分社的汤季宏、李仲、茅德林;美方成员吉布尼、索乐文及普莱西尔、何德乐。

---

①　编辑办公室有十余人,大多有电子学知识。

3月1~2日　在北京召开的《电子学与计算机》编委会成立大会上讲话指出："两年来《电子学与计算机》编委会筹备组在专家学者的大力支持下,完成了大量工作,编撰工作进展也比较快,总编委会对此表示满意。今天成立编委会,标志着我们这卷的编撰工作进入了一个新的阶段。电子学和计算机的发展,在我国实现'四化'中起了重要的作用。现在国际上都在讨论'第四次工业革命'或新的世界性技术革命问题,这直接涉及微电子技术和计算机的发展。因此,广大读者殷切希望早日能看到这一卷的出版。"姜椿芳还就《中国大百科全书》各卷编辑进展情况作了介绍,到会同志受到很大鼓舞。此外,他还介绍了英、美和苏联等国编撰百科全书的一些情况。编委会主任孙俊仁主持会议。出席会议的有编委会委员和各分支学科负责人、本卷责任编辑杨公谨等,共72人。

3月6日　上午,听取《土木工程》卷责任编辑张庆文汇报工作。听取《电影》卷责任编辑杨小凯汇报工作。该卷有5个分支:①中国电影史;②中国现代电影事业;③现代外国电影;④电影技术;⑤电影艺术。其中①②分支1984年8月完成,③④分支基本完成,第⑤分支已完成60%。

3月7日　下午,听取《建筑·园林·城市规划》卷责任编辑刘永芳汇报工作。刘永芳说,现已收到三分之二的稿件,已初审一遍。1983年13个分支已有9个分支开过审稿会,个别审稿和开会审稿相结合。现在已有一半稿子有加工基础,年底大部分可定稿。

3月8日　下午,参加在人民大会堂三楼小礼堂召开的第六届全国人民代表大会常务委员会第四次会议。会上听取国务委员兼外交部长吴学谦关于赵紫阳总理访问美国和加拿大的报告。(全国人民代表大会常务委员会办公厅的通知)

3月13日　上午,听取统一资料编辑室汇报工作。编辑室12个人,做人名、地名、组织机构名、书刊名、事件名、学术名词等的统一。

　　主持在人民大会堂举行的"庆祝翻译界、理论界和出版界的老前辈张仲实同志从事马列著作翻译、研究和出版工作五十周年活动"会议,并代表中央编译局、中国马列著作研究会、中国译协和中国出版工作者协会四个举办单位致祝词。

3月16日　主持中国译协和北京市译协联合举办的学术报告会,邀请《人民中国》杂志社日文专家、日本汉学家山孚作学术报告。

3月22日　上午,听取《军事》卷责任编辑吴丽汇报工作。她说,《军事》分两卷,共24分支,250万字,含图要严格控制在300万字之内。目前情况,全部条目基本完成,还有一些难点条目,撰稿人解决不了,要求开座谈会讨论。

3月29日　在宁夏银川举行的宁夏翻译工作者协会成立大会上作学术报告。会议期间共作了三次报告,每次长达4个多小时。期间,代表译协拜会宁夏回族自治区主席黑伯里同志。

4月6日　出席在镇江召开的《土木工程》编委会成立会并讲话。李国豪为编委会主任,萧桐、朱振德、吴中伟、王枑4人为副主任,茅以升、赵祖康为顾问,会议由李国豪主持,茅以升讲话。编委会成立后就开始定稿工作。

4月28日　四川省翻译工作者协会成立,姜椿芳发去贺信。

4月29日　上午,听取《生物学》卷汇报工作。《生物学》共13分支,有6分支已经学术定稿。1984年底完成全部学术定稿,1985年初开始编辑加工,1985年底发稿。负责终审的金常政在座。

5月3日　上午,听取《自动控制与系统工程》卷汇报工作。1980年启动,1983年成立编委会。全卷共11个分支,1983年底到1984年初开撰稿人会议,讨论各分支条目。

5月13日　下午,参加全国政协新闻出版界的小组会。
　　　　由出版社办公室主任矫玉山转来总编委会主任胡乔木给李荣和朱德熙的信。

李荣同志并请转朱德熙同志:
　　好久不见。今有一事相商。中国大百科全书拟请你们两位参加编委,听说均遭谢绝。你们的理由我不敢争辩。但此书不同寻常,如它的编委会不能反映出中国各学科的学术水平,则有不如无。你们两位当然不能参与编辑事务,但重要条目的拟定和内容的审定,终须相烦,这关系到国家学术的荣誉,想你们两位出于爱国的责任心,是决然不会推却的。既然如此,只要保证不让你们涉及任何事务性活动,可否仍勉为其难?在今天中国编大百科全书,条件不具备,我也只是被姜椿芳同志的殉教者式热情所感动;又想十年以后,条件有些可能好些,有些则可能因老成凋谢,青黄不接,还会差些;所以才勉强同意了。十全十美的事,犹如河清难俟。总之,仍望在编委中列名如何？拳拳之意尚乞谅察。

胡乔木
一九八四年五月十三日

5月14日　参加全国政协文化组讨论会。

6月8日　上午，听取《音乐·舞蹈》卷音乐学科责任编辑狄沙汇报工作。该卷音乐学科设立条目1523条，尚缺135条，古代部分有一半条目没完成，音乐家条目缺，年底前全部搞完。舞蹈学科设立条目360条，还差30～40条，在世人物上书还未定，拟上4人，分支稿审定稿工作要加强。

上午，听取《世界经济》卷汇报工作。该卷共803条，尚缺20条。相当部分稿件质量不合要求，其中金融投资部分较好。西方理论稿件交主编看后，也不符合要求。

6月14日　听取图书编辑室张稚枫汇报工作。到1983年底共计存稿80多种，怎么办？慢慢消化。有些书将自然淘汰，有些书逐步排印。上半年发稿30种，400万字，下半年600万字，也是30种。

6月15～17日　参加在北京远望楼宾馆召开的《航空·航天》卷编委会筹备组第一次会议。会议由国防科工委举办。出席会议的有编委会筹备组成员、顾问：邹家华、周吉一、沈元、季文美、张阿舟、王南寿、任新民、梁守槃、屠守锷、孙家栋、曹鹤荪、陈芳允、周一萍、曹文祥、张钧等，出版社周志成、金常政、王樵裕、《航空·航天》卷编辑办公室董孝、赵中、邵箭等。

6月18日　上午，听取由上海来京的上海分社副社长李仲汇报建厂、印刷、出版诸事，分社茅德林在座。内容如下：

一、新厂问题：①面积26万平方米，土建70%，698万元；设备29.7%，295万元；整地拆迁83.7万元，争取1984年建成。②外汇问题，联营或贷款？三五年后，进新机器，如不联营，则搞贷款，利息0.25%，希望用《简明不列颠百科全书》外汇收入的150万元，在国外买机器，从香港拍卖的机器可进口。

二、办技校，招生，培养排版印刷方面掌握新技术的工人。

三、各处请老工人，凑成生产班子，共12个老工人，每月完成300万字，加奖金可完成350万字。年鉴11月出版。

《矿冶》卷先上,170万字已排好,配图问题较大,彩图还未发,《纺织》卷7月可出版,《简明不列颠百科全书》9~11月可出版几卷,争取9月出版《矿冶》和《法学》。

6月19日　上午,主持召开总、分社联席会议。李仲说,《中国大百科全书》以发行10万册为目标,成立总、分社发行小组,在全国设特约经销店30个,代销网点50个,银行开特别账户,总、分社统一指挥,广告、宣传、折扣比例都要统一规定。

7月4日　上午,党内生活会。姜椿芳首先检查自己:不检查,不自觉,浮在上面,焦急是不解决问题的。

7月7日　上午,召开新入社大学生座谈会并讲话。然后大学生发言:认为出校门,进了出版社,觉得人与人之间很冷淡。责任编辑等都陷于事务中。打印、校对、看稿,忙闲不均,觉得编书过程很乱。

7月13日　上午,听取《民族》卷责任编辑金效静汇报工作。她说,现在主要问题是民族史、古代民族还未审,云南20多条未交来,世界民族体系较乱。

8月5~10日　在沈阳辽宁饭店举行的《化工》编委会筹委会上讲话。出席会议的有筹委会主任杨光启等50人、出版社陈广田、白以素等。

8月16日　在哈尔滨市举行的黑龙江省翻译工作者协会成立大会上作有关翻译问题的学术报告。会议期间拜会了黑龙江省省长陈雷。

9月10日　姜椿芳应聘兼任中国苏联友好协会①理事。(中国人民友好协会〔84〕友协第1913号文件1984.9.10)

9月21日　在民族文化宫召开的出版社建社六周年纪念会上回顾了建社6年来所走过的路程,对今后工作提出了希望。姜椿芳说:"中国大百科全书出版社在边筹备、边编书、边出版的创业过程中,得到了中宣部、国家出版局、文化部和文化部出版局、编译局等领导机关的大力支持,得到了国务院各有关部委和全国各界专家学者的积极协助。经过总、分社全体同志的共同努力,到今年年底将出版10卷《中国大百科全书》。事实证明了我们不但有条件编出百科全书,而且也能够完成党中央交给我们的十年出齐第一

---

① 为加强对外民间友好工作,经中央批准,重新调整一批对口友好协会领导机构,此协会为其中之一。

版 75 卷百科全书的光荣任务。"他要求全社同志紧张地工作,为完成这一艰巨而光荣的任务发扬艰苦奋斗的创业精神。每年以出版 10~15 卷的速度,于 1989 年出齐 75 卷,向国庆四十周年献礼。他向热情支持我社工作的同志们表示感谢,向在创业过程中作出过贡献的陈虞孙、汤季宏等同志和 6 年来在我社辛勤工作的全体同志表示感谢。他还向正在为国庆献礼三本书日夜奋战的总社的同志、上海分社的同志和海峰印刷厂的工人同志们表示衷心地感谢。社长常萍主持会议。出席会议的有出版社全体职工、上海分社代表和从社外借调的同志与出版系统有关单位的领导同志五百余人。会上张友渔、王子野、宋木文、阎明复讲了话。常萍号召全社同志发扬光荣传统,为迎接即将到来的发稿高峰而勤奋工作。(社办公室"简报"1984 年第 10 期)

下午,参加在中国人民对外友好协会召开的中苏友好协会理事会。(中苏友好协会通知 1984.9.13)

10 月 11 日　下午,参加在北京饭店召开的人民音乐出版社成立 30 周年茶话会(人民音乐出版社社庆筹备组发"人民音乐出版社通知")

10 月 16 日　参加在石家庄召开的《电子学与计算机》编委会扩大会议。出席会议的有编委会主任孙俊人和编委会成员,以及出版社的杨公谨、林知恩。

10 月 16~20 日　参加在北京怀柔北京市委宽沟招待所举行的文字改革工作座谈会。就开展文字改革工作的问题交换意见,并在座谈会之后向中央递交题为"在新时期文改的方针任务"的请示报告。出席会议的有各省、市、自治区文改会或教育厅、局的负责同志和有关单位的代表。(中国文字改革委员会通知)

10 月 24 日　在沈阳举行的辽宁省翻译工作者协会成立大会上讲话。

11 月 1 日　在《中国文学》卷加工修改问题会议上讲话:第一,今天把进行加工的原则拿出来讨论;第二,请文学研究所派一二人协助搞成书工作,希望王伯恭参加成书加工工作。编委会副主任许觉民主持会议。出席会议的有:周振甫、孙静(北大)、许觉民(文研所所长)、邓绍基(文研所副所长)、曹道衡(文研所研究员)、范宁(文研所研究员),出版社杨哲等。

11 月 2 日　听取《美术》卷责任编辑贾玉江汇报工作。贾说:《美术》卷框架正在修改,准备在 1985 年中国美术家协会开全国会员代表大会时成立编委会。姜椿芳建议请艺术上有地位的吴作人担任《美术》编委会主任。

11月3日　上午,参加出版社召开的编务会议,出席会议的有翟富中、李钦、吕东明、林盛然、周志成等,讨论"改革的决定"。

11月5日　上午,听取《固体地球物理学·测绘学·空间科学》卷汇报工作,关于定名问题。主要从固体地球物理角度讲地球大气圈、水圈、岩石圈,所以可称作《固体地球物理学·测绘学·空间科学》。

11月6~10日　姜椿芳为成都举行的科技翻译经验交流会(25省市自治区)撰写了题为《繁荣科技翻译事业,更好地为四化服务》[①]的书面讲话。[②]

11月7日　上午,听取《中国文学》卷责任编辑杨哲等汇报工作,谈关于承包问题。

11月9日　在出版社编务会议上讲话。姜椿芳指出:"关于分册,有出书前的分册和出书后的分册两种。出书前的分册又有两种,基本定稿的和征求意见稿。凡是公开发行的书不能用'试行本'、'未定稿'的字样,这样要影响营业。凡是要拿出来见读者的不要分前后。关于封面问题,要朴素大方,用本色,这样可节省钱,上面的字用照版机上的字。关于档案、房子、柜子问题,虽有困难,但是我们要想办法把资料储藏起来,我们可根据这些资料写出很多副产品。"出席会议的有周志成、梁从诫、李钦、睢联五、刘加乾、翟富中等。会上讨论关于分册问题,管理问题,出版局来的文件有提高稿费问题、版权问题、合同问题。

11月12日　上午,听取《语言·文字》卷责任编辑李鸿简汇报工作。该卷计划1984年12月前把初稿收齐,1985年6月底前编写组初审完,10月进入成书编辑,1986年初发排。

11月15日　上午,在社科院举行的《社会学》卷筹备会上介绍了百科全书的编纂情况,并要求先找到社会学方面有权威的人,组织一个筹备组,讨论框架等。出席会议的有:社科院的魏章玲、姜其煌、付正元、杨亚冰、施以平等,出版社的李钦、丘国栋、林知恩等。

11月16日　上午,听取副总编辑林盛然关于《物理学》卷的工作汇报。此间提到《化学》卷、《数学》卷的承包问题。

11月29日　上午,听取《中国文学》卷梁从诫、杨哲的工作汇报,关于解决美编

[①] 此文在《翻译通讯》1984年第1期上发表。
[②] 姜椿芳本人没有出席会议。

人员问题。李钦等在座。

12月1日　下午,给时在北京的合肥中国科学技术大学教授、总编委会委员钱临照送聘书,并赠《法学》卷。

12月3日　上午,听取副总编辑石磊关于《哲学》卷烟台会议的情况汇报。关于承包工作,《哲学》卷的编辑同志都是年轻人,有朝气,他们要把工作提前到1985年12月完成,希望其他部门配合。

12月5日　下午5点40分,去社会科学院情报所访问魏章玲同志,随行人员有姜其煌等。魏章玲虽然是情报所的工作人员,但她专长社会学,去国外学习过,并著有社会学方面的书,对国际上社会学很有建树。我社丘国栋认为魏章玲是情报所工作人员,没有实践工作经验。

12月10日　看望《民族》卷在出版社外工作的潘祖淦、金效静等4人,《民族》卷接近发稿阶段。

　　下午,去人民日报招待所①看望《交通运输》卷编辑组的许勤、孙志敏、刘志荣等,并抽查一些重要条目。

12月11日　听取《航空·航天》卷责任编辑王樵裕汇报工作。王樵裕建议买计算机,用计算机来进行编辑工作可以大大节省时间,本来计划1985年6月发稿,现在可提前到春节前发稿。《自动控制与系统工程》卷的编辑人员去学习《航空·航天》卷的搞法,对他们今后工作有利。副总编辑金常政在座。

12月12~14日　主持在北京召开的中国译协第一届常务理事会扩大会议并在开幕式上讲话。出席会议的有中国译协在京部分常务理事和23个省、市、自治区译协或译协筹备组的负责人54人。

12月20日　上午,参加纪念中国社会科学院外国文学研究所建所20周年庆祝活动。庆典在中国社会科学院历史所小礼堂举行。

12月28日　前往中国大百科全书总编委会副主任、《机械工程》编委会主任沈鸿家送聘书,赠《法学》卷一册,并催交《机械工程》卷稿子。(《沈鸿论机械科技》379页)

年底　在李鸿简陪同下前往北京大学给中国大百科全书总编委会委员、《物理学》编委会主任王竹溪教授追送聘书。当时王竹溪已去世,由他夫人接聘

---

① 当时社址外馆东街17号的房屋不敷使用,《民族》、《交通运输》等卷成书阶段在外面租房办公。

书。姜椿芳对王夫人表示慰问。（李鸿简提供）

1984年底1985年初　前往中国大百科全书总编委会委员、《纺织》编委会主任陈维稷家追送聘书，当时陈维稷已去世，由他夫人接聘书。姜椿芳对陈夫人表示慰问。

1985年　73岁

1月7日　下午，听取副总编辑石磊和社会科学编辑一部主任丘国栋作关于《社会学》卷的工作汇报。石磊说：对于魏章玲等7人组成的编委会名单，他们都是中青年，我们不仅要北京的人，还要全国的，还要一些大学的教授，搞社会科学研究的教授。李钦说：魏章玲等要求通过姜老请费孝通和梅益来领导这个班子，这7个人不是主流。姜椿芳说：金效静血压高，我们等不及，他是否能马上来？魏章玲他们定两年半完成。石磊说：姜老先找社科院的领导梅益，请他来组织和支持这项工作，让社科院同意与情报所一起搞这项工作。

1月15日　上午，社党委会开会，讨论党团工作和全社思想工作。姜椿芳在会上谈了三个问题。第一个问题，1985年，在新的一年里要有新的开始，要改革、要整顿，要做好党团工作。我们要抓纪律，抓考勤。如有些人要在家看稿或出外约稿，必须在上级领导批准同意后才能进行。同时每周一定要碰一次面。组长必须掌握每个组员的动向。其他工作人员必须每天按时上班。第二个问题，我们的百科全书工作，要一丝不苟，才能把书编好。社会上对我们百科的要求是很严的，我们在这里工作必须严格。总务科工作，对衣食住行都要有所改进，现在正在盖办公大楼和宿舍，要抓紧班车的问题；医务室的工作，卫生工作，院子里堆满了建筑材料，要设法搞个义务劳动，在院子里腾出一个空间来，让大家有锻炼身体和工间活动的地方。第三个问题，是与上海分社的关系问题，我们共同的目的是把我们的书出好。最后，对某些不适合在这里工作的人员，暂时又调不走的，要给一个期限。

下午，前往黄心川[①]家里邀请他参加《宗教》卷在上海的会议；前往北京医院给总编委会副主任周扬送聘书；前往总编委会副主任吴阶平家送

[①] 黄心川是《哲学》卷西方哲学史副主编，是《宗教》卷编委会副主任。

聘书。

1月16日　下午，姜椿芳、《建筑·园林·城市规划》卷责任编辑刘永芳等前往北京甘家口百万庄城乡建设环境保护部拜访戴念慈副部长。姜椿芳请戴部长协助《建筑·园林·城市规划》卷定稿事宜，希望他们部属的9位同志一起参与工作。戴部长答应发个文，要求下属单位这几位同志负责《建筑·园林·城市规划》卷定稿。

1月17日　下午3~4时，参加中共中央宣传部举办的"遵义会议五十周年纪念会"，纪念会在人民大会堂东大厅举行。（根据中宣部宣传局通知1985.1.12）

1月18~24日　赴湖南长沙参加《航空·航天》卷专家、学者的定稿会。参加定稿会的有《航空·航天》卷的编委会成员，出版社副总编辑金常政和责任编辑王樵裕等。

1月25日　上午，参与讨论《社会学》卷的问题。出席会议的有李钦、石磊、邓伟志（上海知识出版社负责人、社会学家）。石磊说：《社会学》卷可由社会学所的何建章来负责，把情报所的人组织进去。李钦说：这一卷应由总社负责，石磊主要负责，邓伟志协助。姜椿芳说：我们希望这一卷能搞得快些，创造一些新的方法，何建章是学经济的，不是学社会学的，不一定要他来负责《社会学》卷，我们要找对社会学有研究的人担任此项工作。

1月28日　上午，社党委常委与上海分社社长兼总编辑罗洛、上海分社副社长李仲开会，为1月30日下午在北京举行的"新书出版记者招待会"做准备。

叶佐群汇报文艺部的工作：《中国文学》卷的文稿基本定了，责任编辑做了大量的工作，但审稿有困难，所以请王伯恭和文研所的几位教授协助整理和加工稿子。现在总论没有落实，元明清的条目还没有收齐，《中国文学》两卷12月可以发排。《音乐·舞蹈》卷的责任编辑有编辑工作的经验，但是没有成书的经验，统一工作实在太复杂了。《语言·文字》卷明年发排。《电影》卷明年年底发稿。

周志成汇报科技部的工作：科技部在1984年的工作比过去有很大进步，现在增加了两个较强的副总编辑，林盛然和金常政。要求每个分支的编辑工作必须严格，这样成书起来就不会那么困难了。《交通》卷1985年5月，《土木工程》卷1985年9月发稿，《世界地理》卷上海负责，《物理学》

两卷 1985 年 10 月发稿。

常萍:这两年上海分社的经济收入不理想,在新厂没有投入使用前改造旧厂,分社和海峰厂应该使收入上升到 200 万元才行。应加强编辑部门的力量,在不影响大百科出书任务的情况下,加强编辑工作,我们的奋斗目标,要变成大百科出版公司,使我们每年的收入能达到 300 万元。

姜椿芳:今天大家摆了一下情况,存在困难是必然的。今年是战斗的、拼搏的一年,今年发稿 18 卷,而实际上要到明年才能出书。

下午,听取石磊关于《社会学》卷的工作汇报。石磊说:昨天去社会学所,与何建章谈话很顺利,何建章很愿意搞《社会学》卷的工作。接着人事科杨铎汇报工资改革问题。

党委常委会,上海分社领导汇报工作。李仲汇报:①1985 年的计划,一直到 1985 年 12 月 31 日才能完成,还是比较紧张的。②今年纸张比较紧张,印《简明不列颠百科全书》的纸张还没有落实,上海不给我们纸张,要由北京拨指标给我们。③海峰印刷厂要搬家,所以不要他上交利润,但是去年又说他们的厂是要归中央的,就不能免税,所以海峰厂很着急。④因为我们是微利单位,工资改革成问题。⑤人员编制能否增加到 200 人(现 163 人)。⑥运输问题,出版的书运不出去,需要有一辆 4 吨的汽车。⑦仓库不够用,原来两层要加一层,办公楼也要加一层,需款 16 万元。⑧关于发行问题,分社准备搞代销店,代销我们的书和其他出版社的书。⑨香港的印刷机,香港来人到北京,与北京物资公司谈判,上海分社也来人,这台机器 50 多万元,3 月从香港运出,6 月安装,7 月就可以投产。⑩希望大百科全书再找一些印刷基地。① 此外,还谈到要盖房子,解决职工宿舍问题。

接着分社社长罗洛汇报:①编辑方面的工作。②《社会学》卷的工作由邓伟志负责,还要抽调人配合。③四用词典问题,觉得质量有问题。④中国百科词典的工作情况。⑤《农业》卷的问题。

1 月 30 日　下午,中国大百科全书总编委会在北京召开新书出版记者招待会。姜椿芳全面介绍了《中国大百科全书》编辑出版方针、意义和特点,并公布了《中国大百科全书》编辑出版工作的进展情况。总编委会副主任于光远

---

① 翟富中插话:《中国大百科全书》不可能让外单位排版。

主持会议。总编委会副主任张友渔在会上作了祝贺《中国大百科全书·法学》卷出版的发言。总编委会委员、冶金部总工程师陆达发言谈了《矿冶》卷出版的必要性和及时性。纺织工业部部长吴文英在发言中说《纺织》卷内容充实而系统……出席会议的有：周培源、陈翰伯、马洪、宋汝芬、阎明复、许力以、边春光、荣高棠、张庚、王绶琯、叶水夫、季羡林。新闻单位有：新华通讯社、中国新闻社、中央人民广播电台、中央电视台、北京广播电台、人民日报社、中国日报社、光明日报社、工人日报社、中国青年报社、法制报社、北京日报社、北京晚报社、体育报社、经济日报社，文汇报驻京记者、香港文汇报和大公报驻京记者也出席了招待会。《北京周报》、《中国青年》、《中国妇女》、《新观察》等杂志社也应邀出席了招待会。此外，还有兄弟出版社十多家到会。（社"简报"第1期1985.2.4）

2月1日　下午3点，姜椿芳、罗洛、徐玲等拜访总编委会副主任、《农业》编委会主任刘瑞龙。姜椿芳讲到《农业》卷中农林牧副渔都包括在内，实在需要也可以出三卷。刘瑞龙认为，《农业》卷是我国第一部农业方面的书，要尽量全，也可考虑三本。罗洛说：我们先工作一段看，如实在不好压缩再商量。

2月2日　下午，听取《中国文学》卷汇报工作。杨哲说：7月准备开编委会，时间用3～5天，7月中旬把大家拉到北戴河，进行统稿，统稿10～15天。7月底社内外审稿完毕。8～11月请《中国文学》编委会副主任王元化等来通读全稿，并进行4个月的成书编辑。王伯恭讲：①民间文学和少数民族文学两部分共227条，与全卷不平衡，写得较粗，质量较低。某些族的条目很单薄，没有内容，可是又不能去掉，有民族政策的问题。②文艺期刊问题，是否有原则，哪些能上书？③我们的分类目录也是大问题，有两派，一派认为神话是民间文学，一派认为神话是文学的雏形。④因为稿子很多，如何才能加快速度。

　　姜椿芳谈到：大家提出的问题，渐渐地解决了一些。①关于先秦、楚辞等问题，要与姜亮夫先生谈一次。②现当代文学问题较大。③关于少数民族文学部分，与我们中原文化有很多差别，不平衡。我们要尊重历史，各民族都要有，我们的《民族》卷、《宗教》卷和《中国文学》卷、《语言·文字》卷出来后，对少数民族会有很大作用。有的少数民族没有作家或者作家的水平很低，从整体看是不平衡的，但这是历史事实。④民间文学和神话故事的问题。他指出，《中国文学》卷原则上不大动了，如果要动，要与原作者商量。因为9月《音乐·舞蹈》卷要发稿,叶佐群的重点是《音乐·舞蹈》卷,王伯恭来负责《中国文学》卷的审稿工作。从《法学》卷调来的姜逸清参加《中国文学》卷工作。

2月6日　上午9点,在北京市文物局讨论《文物·博物馆》卷文物部分的问题,了解工作进展情况,并解决《文物·博物馆》与《考古学》卷的矛盾问题。参加会议的有文化部文物局顾问沈竹,文物专家顾铁符、王世襄等11位文物编委会筹备组成员,出版社的关裕伦等。姜椿芳说:把《文物·博物馆》卷的框架给考古所夏鼐看看,要说明我们《文物·博物馆》和《考古学》卷是不同的,文物和博物还是需要编百科的。现在筹备半年,用两年半到三年时间完成这一卷的工作。在筹备阶段我们把样条写起来,编委会成立后,马上考虑撰稿人选,召开撰稿人大会,拿出写好的条目作为示范。再向大家讲清体例,避免返工。

　　上午10点半,前往社科院考古研究所拜访夏鼐解决《考古学》卷与文物的矛盾问题。夏鼐认为"文物"不是个学科,我们把"文物"加在"博物馆"一起合成一卷,是凑数。认为文物和博物馆不能合在一起,应把这个问题拿到总编委会来讨论。

2月7日　上午,听取《音乐·舞蹈》卷责任编辑狄沙、杨小凯汇报工作。姜椿芳指出:如果我们不参考国外的音乐舞蹈理论,那么我们编出来的书水平就太低了,人家会说我们是土包子。

　　下午3点半,姜椿芳、杨哲等前往北纬饭店拜访《中国文学》编委会副主任许觉民,商量《中国文学》卷的工作,决定7~10月请陈伯海参加定稿工作。

2月9日　上午9点半,参加在北京文物局召开的《文物·博物馆》卷文物部分编委会筹备组成立会。出席会议的有:谢辰生、沈竹、顾铁符、王世襄、史树青、罗哲文、祁英涛、胡继高、黄景略等,出版社的关裕伦等。

2月12日　上午,在文物局与到会者讨论《文物·博物馆》卷文物部分的框架问题。出席会议的有沈竹、罗哲文、顾铁符、祁英涛、李晓东等,出版社的关裕伦等。

2月14日　下午,参加在北京对外友协礼堂召开的中国译协第一届全体理事会。在会上向理事们汇报中国译协1984年的工作,传达常务理事会扩大会议的内容。(中国译协秘书处通知1985.2.6)

2月15日　上午9点,参加在北京钢铁研究总院学术活动站召开的《矿冶》卷冶金编委会第三次工作会议。商定《矿冶》卷有关善后事宜。(社办公室通知1985.2.1)

2月16日　在出版社1984年年终总结和表彰先进工作者、先进集体大会上讲话,向获奖的先进工作者、先进集体表示祝贺。姜椿芳说:我们这一代人有幸参加《中国大百科全书》的开创工作是光荣的,每一个同志要有高度的责任心和紧迫感,戒骄戒躁、锐意进取、奋力拼搏,按期完成党中央交给我们的十年出齐第一版《中国大百科全书》的光荣任务。

2月24日　上午,在出版社组织召开会议谈1985年的工作。参加的有常萍、李钦、金常政、睢联五、周志成、林盛然、陈广田、林知恩、冯雪明、张慈中、贾玉江、丘国栋等。贾玉江汇报:文学艺术编辑部的压力很大,今年要发4卷书,《中国文学》卷和《音乐·舞蹈》卷进度都很快,但是辅助工作成问题,即索引和配图没有人搞,《音乐·舞蹈》卷的外文名词统一较困难。金常政汇报:责任编辑这一关很重要,我们要搞一些编辑的培训工作。睢联五汇报:造成返工的原因是,有的编辑不知道什么样才算达到成书水平,没有达到成书的程度,就要成书,必然造成返工。关于配套工作,如索引工作,我们不能光靠临时工,要培养一些人。会上大家一致认为,我们出书也要培养人,我们对现有的编辑,特别是责任编辑要加强培训。

2月25日　上午,继续组织讨论1985年工作,参加的有常萍、李钦、叶佐群、金常政、周志成、吕东明、林盛然、张慈中等。姜椿芳说:今天我们想讨论三个问题,一是培训问题,二是美编问题,三是承包问题。凡是培训,由总编室发通知,每个人都要来听。我们是经验交流,副总编和社长都要去参加,讲的东西要有权威性。我们先搞综合性的,以后搞专题的,可由李钦来计划安排;张慈中要考虑一下如何解决图的问题;林盛然讲包干责任制。

2月26日　上午8点半,听取《简明不列颠百科全书》负责人徐慰曾的工作汇报。他说,现在每个季度发一卷非常紧张。美国要检查质量,第一卷请人从头到尾看了一遍,主要是名词统一上有问题,出现两个重条,地名不统一。现在已发4卷,一共要发9卷。关于宣传工作,我们已收集了几十篇对第一卷的批评文章,在国内发行这部书时,要开记者招待会,在国外发行时,美国也要开招待会。姜椿芳说:根据徐慰曾的汇报,美国要宣传,我们也要宣传,但是有很多错怎么行呢?徐慰曾说:现在我们重点要核对地名人名。

上午10点，听取文学艺术编辑部的工作汇报。杨哲：《中国文学》卷12月可发稿，现在正在初审。现在我们要把稿加工完，7月开编委会。为了使《中国文学》卷新颖些，图很重要，彩图400～600个共6个印张。资料核对工作请了一个人，他手下有12个人，对版本很熟，知识面很广，工作很顺利。分类目录，王元化说内容太多，砍掉很多。内容索引还没有动手，本想请张棣帮忙，但是徐慰曾不给。狄沙：《音乐·舞蹈》卷，目前音乐部分已改稿130万字，原计划50万字，现在看来要超出，4月改完全部稿件。图基本齐了。5月开编委会。

2月27日 在北京北太平庄远望楼宾馆举行的《航空·航天》编委会上讲话。姜椿芳说：《航空·航天》卷工作已基本完成，要交出版社出书了。这卷书的编成，在航空航天界是件大事。《航空·航天》卷这样一个尖端学科的书出来了，可以让国外看看中国的水平。因此搞百科全书还包含有爱国主义的精神，如果我们的书水平高，会鼓舞华侨，觉得长了中国人的志气。七八十年来我们拿不出自己的百科全书，现在我们就要有《航空·航天》卷了。如果没有领导的重视和支持是不可能那么快的，我们用了三年时间完成这卷书是因为选了王樵裕这个责任编辑和金常政副总编辑。姜椿芳在会上宣布《航空·航天》编委会名单，委员38人（后增至41人），顾问3人，编委会主任为邹家华，副主任为任新民、孙家栋、沈元、季文美、徐昌裕。出席会议的有邹家华等编委会成员，出版社的金常政、王樵裕等。

3月1日 上午8点40分，电子工业部部长、《电子学与计算机》编委会主任孙俊人到大百科出版社谈《电子学与计算机》卷的工作问题。姜椿芳说：争取6月底发稿，今年年底见书，这卷书出来要反映我们国家的水平。参加会谈的还有出版社的常萍、李钦、金常政、冯雪明、林知恩、杨公谨。

上午10点50分，听取关裕伦汇报《图书馆学·情报学·档案学》卷的工作。关裕伦说：档案学编委会成员总共只有16名，人民大学占12名，人员分配不合适。档案学和图书馆两部分正在搞框架，同时试写条目。姜椿芳说：你可让情报学部分也写出框架，开座谈会。

3月4日 上午10点，参加在北京医院举行的中国大百科全书总编委会委员刘思慕的遗体告别会。

上午11点，听取《物理学》卷责任编辑张云鹗汇报工作。他说：《物理学》卷连图330万字，共12分支，原定3月底开始编辑加工，但工作量太大,要拖后些。物理学的大事年表还没有定,到年底还有两到三个会要召开。大家都很忙,所有业余时间都用上了。现在最大的问题是没有办公室,我们8个人只有半间屋子。希望4月能给我们4间房。姜椿芳认为,文和图都有了,4、5月可进入成书阶段。

下午,在国家档案局与有关专家讨论《图书馆学·情报学·档案学》档案学科编委会名单。参加讨论的还有出版社的关裕伦等。

约1985年初　前往华罗庚家,给中国大百科全书总编委会副主任、《数学》编委会主任华罗庚教授送聘书①。

3月5日　上午,听取社科编辑部的工作汇报。《哲学》卷,共2265条,连图360万字,社内工作人员6个,每人每天加工3000字,到10月底完成。但是打字很紧张,字打不出来,就无法进行译名统一,以下的一系列工作都不能做下去。还有一个问题是配图,郜宗远是配图的,他搞过好几卷,已有了经验,但是最近他想走。石磊说:《哲学》卷有很多有利条件,社外审稿工作做得较好,这个编辑组精神状况很好,争取年底前发稿是可能的。姜椿芳说:配图和打字是问题。但主要是包干问题,时间要稍留余地,你们6个人不够,可以去物色人员,解决配图问题,我们要有一个后备,让一个年轻人配合郜宗远一起工作。

《世界经济百科全书》由责任编辑丁日昕汇报。他说:《世界经济百科全书》从1984年12月进入编辑加工,社外审稿做得稍差,给我们的加工增加很多工作量。《法学》卷的张遵修来做这个卷的二审工作。资料核实和名词统一的问题很大。石磊建议让编外人员段太奇来搞名词统一,把他留下来。《世界经济百科全书》争取9月、保证10月发稿。姜椿芳说:《世界经济百科全书》中理论东西可以少说,放在《经济学》卷中,但要注意,两卷书不要有矛盾的地方。这次我接见一位美籍华人,他有个组织"国际21世纪文化中心",可以向他们要一些图片和资料。

《经济学》卷由社会科学编辑一部主任丘国栋汇报。他说:该卷共450万字,分三册,1983年开编委会,定框架,目前还有45万字没有完成。这卷书由一个老同志带两个大学生,一个研究生,共4人,还有两个临时工。我们的人手是最缺的,但是速度较快,其中龚莉完成得又快又好。我们想

---

①　当时华罗庚教授不在家,其姐姐接聘书。

破格提拔她为责任编辑，希望她不要担任团支部书记的工作。450 万字只用两年时间，今年第四季度发稿，这个工作可推广。

　　《中国历史》卷三册，1988 年完成。

3 月 6 日　上午，与《语言·文字》卷责任编辑李鸿简一起去《语言·文字》卷编委会委员倪海曙家，谈关于文字改革这部分的稿子问题。

3 月 7 日　上午，听取《交通》卷责任编辑孙志敏和刘志荣汇报工作。该卷到现在已完成 90 万字，还有 30 万字，我们虽然有 10 个人，实际上是 8 个人，分成三条线工作，我们不讲什么劳逸结合，拼命地搞，5 月底要齐、清、定。现在配图成问题，美编韩茂堂把图拿走一个半月，还没交出来，影响发排。

　　上午，听取《中国传统医学》卷责任编辑全如城汇报工作。我们必须要有一个懂中医的人参加这个卷的工作，不一定要把他调到我们出版社来，只要他熟悉中医，又是很好的编辑。拟请费开扬负责中医卷的工作，他是中学西的。

3 月 8 日　上午，听取工程技术编辑二部的工作汇报。《土木工程》卷共 18 分支，180 万字，连图 210 万字，5 月 3～4 日开编委会，6 月底发稿。关于交叉的内容，水利工程、港口工程，其中水利部分我们写得较少，因为我们有专门的《水利》卷，港口工程有个概述条，因为《交通》卷已详细写了。副总编辑周志成用两个月时间协助看稿。周志成说：他们这卷困难是很大的，原定 9 月发稿，我建议 8 月发稿，给奖金 1000 元。姜椿芳说：你们可争取 7 月，保证 8 月，7 月发稿，奖金 2000 元；8 月发稿，给奖金 1000 元。编辑部主任陈广田说，《建筑·园林·城市规划》卷的困难比《土木工程》卷大，上次姜老去拜访城乡建设环境保护部副部长、《建筑·园林·城市规划》编委会主任戴念慈，请部里安排 9 个人协助定稿，只能落实 3 个人。该卷责任编辑刘永芳要求再增加一个编辑，增加一个文字加工人员。

3 月 11 日　上午 9 点，参加在清华大学举行的美国不列颠百科全书公司总裁吉布尼向清华、北大、北师大赠书仪式。

　　下午，处理日常事务：①韩茂堂必需交出《交通》卷的图，让人事处杨铎 3 月 14 日去韩家取图交给《交通》卷孙志敏。②复印和打字问题，与会计室说好，可以在外面打字，给予报销。③包干批准问题，批准权已交各部。

3 月中旬　某天晚上 7 点，中央领导同志、中国大百科全书总编委会主任胡乔木通知姜椿芳去他家商谈事情。全国人大常委会副秘书长阎明复在座。

3月23日　上午10点，前往考古所访问夏鼐等，谈上书名单问题。姜椿芳说：我们尊重专家的意见，各学科有各学科的特点。考古学不管是野外还是室内，都应加以考虑。随行的还有刘加乾等。

4月　在上海会见香港翻译学会会长刘靖之博士等翻译界人士。希望港澳地区翻译界同行与内地翻译界加强学术交流，共同为祖国的四化建设作贡献。

4月6日　给在青岛举行的全国中青年文学翻译经验交流会发去贺信。

4月17日　上午，出版社科技编辑部中层干部给社党委提意见，提出下述意见：大百科出版社打了一场持久的消耗战，只消耗没有补给。①消耗了人的体力，缩短了寿命；②才干方面的消耗，6年来社会上出版的书很多，我们没有时间看，没有时间学习，我们社的智力投资很不够；③积极性的消耗，有些同志不安心在这工作，特别是责任编辑干了一卷就不想干了，要求调到别的地方，人才流失现象严重。

4月18日　上午，出版社社科编辑部中层干部给社党委提意见。丘国栋说：我们负责5个学科共8卷书，现在已经开了3个卷6个学科，但人手不够。请外面人搞，他们不懂体例。社里有些人很忙，有些人很闲。我们除了要搞编辑工作，还要做很多后勤工作，出去开会，自己排队买票。缺少放稿子的柜子，领不到。希望把打字室整顿好，为完成任务打基础。金效静说：①争取1989年完成大部分工作，我们要改革，把不合适的人员调走，免得添乱；②落实编辑人员的岗位责任制；③要加强思想政治工作，同时要解决他们的生活困难。贾玉江说：美编室很重要，美编室的工作没有搞好，我觉得是因为领导对是非没有搞清楚。关于改革问题，把权力下放，我认为领导是在卸包袱。我调文艺编辑部，负责8～9个学科11卷，我们部门没有一个懂外文的人。如《戏剧》卷，涉及国外的戏剧，没有懂外语的人和专业人员。我们连编务都没有，希望人事部门帮我们找人，为编辑部门服务。

下午2点45分，姜椿芳、关裕伦、姜妮娜前往文物局向《文物·博物馆》文物学科编委会筹备组成员传达胡乔木对文物学科的意见。胡乔木认为"文物"不能作为百科全书中的一卷，可以编一部文物方面的专门百科全书①。

4月19日　上午,出版社后勤各科给社党委提意见,提意见说:我社在人员安排方面显得很薄弱,印刷厂雇了一些人,不干活租了房子,他们在那儿打扑克,喝茶,一年多了没有人管。我们定了很多制度,但没有人检查,领导上发挥中层干部的作用不够,又放手又加束缚,没有很好地发挥他们的作用。

4月20日　下午5点半,参加在人民大会堂举行的"祝贺爱泼斯坦同志70寿辰和在华工作半个世纪的招待会"。②

4月23日　听取《美术》卷责任编辑贾玉江的工作汇报。《美术》编委会第一次47人,第二次60人,艾中信任编委会主任,有10位顾问,这是美术界的政协,各个方面的人都有。美术家协会会员代表大会5月召开,现在他们提出来,利用美代会期间做些工作,华君武建议在《美术》杂志上公布编委会委员名单。姜椿芳说:我社与《美术》卷12个分支每个分支签订协议,而没有一个全面的负责,这是个问题。

4月24日　下午,拟请萨空了担任《新闻·出版》卷新闻部分筹备组负责人,为此前往萨空了家。这卷新闻部分的总论请萨老写。随行的有《新闻·出版》卷责任编辑赵素吾等。

4月29日　上午,听取综合编辑室王渝丽汇报工作。最近全国自然科学名词审定委员会举行成立大会,会上对大百科出版社提了希望,我们社出版的几卷书中有名词不统一的地方,希望我们今后做得好些。

　　　　上海辞书出版社编审尚丁建议姜椿芳出面成立一个全国辞书委员会。

5月8日　上午,听取《音乐·舞蹈》卷音乐部分责任编辑狄沙汇报工作:湖北艺术学院有人提出乐器分类法;人物上书问题,特别是在世人物上书问题有待定夺。

5月9日　上午,听取《交通》卷责任编辑孙志敏汇报工作。准备本月18日下午召开编委会,会期7天。共820个条目,120万字(不包括图),有两条航海部分没有完成,还有一个分支十几个条目没有写完,如果再不交,就不要了,因为不是重要的条目,影响不大。编辑可能根据百科的体例和从百科的整体性出发,对稿件有所删节,请姜老到会给撰稿的专家们说明一下,希

---

① 出版时,还是归入《中国大百科全书》系列,与"博物馆"合并,定名为《文物·博物馆》卷。——编者注

② 招待会由宋庆龄基金会、外国专家局、文化部外文局、《中国建设》杂志社举办。

望撰稿人能够理解。

下午,听取《考古学》卷责任编辑胡人瑞、赵雅琴汇报工作。总论部分夏鼐写了一半,因为他要出国,另外一半由王仲殊先生接着写,编委会拟于5月14~20日举行。编委会上主要讨论9个大条和一篇总论,困难在于夏鼐的总论不愿让别人改。请总编委会副主任张友渔参加会议。14日开会,请姜老和石磊讲话。

5月10日　上午,听取《军事》卷责任编辑吴丽汇报工作。她说,原定2660个条目,经分支定稿2497条,两卷书中的彩图共9个印张,线条图290幅。上书的193个军事人物有的有过错误,如陈昌浩等,都要送审。23个国民党高级将领要实事求是地体现政策。

听取《外国历史》责任编辑于瑞玺汇报工作。他说,该卷是1980年1月上马的,同年4月成立编委会。有两卷300万字。存在的问题:①人力不足,只有4人,3个是编辑,其中一个编辑还不安心,要出国。②工作量大,牵涉的面很广,如很多非洲小国家,还有北欧的几个国家,我们国家对这些国家很少研究,很难组稿。只能使用国外资料。③我们没有配图的人和资料核对的人。石磊说:编辑还可增加一两人,把名词统一、资料核对工作包出去。

5月13日　上午,听取出版社编委王伯恭汇报《中国文学》卷的工作。他说,最后600个条目,准备在7月开编委会前搞定,8、9、10三个月做成书工作。11月发稿,有一个月的余地。《中国文学》卷比《外国文学》卷和《天文学》卷有进步。元明清共有400条,其中50条差些,再挑一下,有10多条需重新写。存在的困难是总论,由周扬署名,请刘再复执笔,他现在正在起草文代会的文章,没有时间写总论,能否请许觉民组织一个班子来写,最后由许觉民定稿。《中国文学》卷责任编辑杨哲说:我们接着文代会在北京开几天编委会,会上姜老代表总编委会宣布编委名单,接下来,编委会20人加社里人共30人到烟台审稿。

5月14日　下午,在北京西山举行的《考古学》编委会会议上讲话。出席会议的有《考古学》编委会成员及出版社石磊、刘加乾等。

5月16日　上午,整党活动,出版社党委集体对照检查。

下午,听取上海分社茅德林汇报工作。①关于发行工作;②小三线厂已和安徽省达成协议①；③资金紧张；④纸张紧张。

5月18日　上午，在《交通》编委会会议上讲话。

5月21日　上午，《音乐·舞蹈》卷音乐学科编委会在十三陵天寿山饭店举行，姜椿芳参加。出席会议的有编委会委员以及出版社叶佐群、狄沙等。

下午，听取《中国历史》卷李世杰和杨川汇报工作。存在的困难：①只有6个人，按过去的经验，每卷平均要220个工作日，《中国历史》共3卷，要用660个工作日，现在已用了202个工作日，还需要6个月。②还有大约300幅历史地图未绘，现在看来要减一些，我们只有一个兼职的绘地图的人。③没有美编人员。

5月22日　赴上海参加阿隆·阿甫夏洛穆夫90诞辰纪念活动，姚以恩陪同。

6月1日　上午，在北京京丰宾馆举行《音乐·舞蹈》卷舞蹈学科编委会上讲话，并祝贺吴晓邦当选舞协主席。编委会主任吴晓邦说：《中国大百科全书》的方针是不仅要写东方、西方的舞蹈，还要写不受人们重视的亚非拉的舞蹈。现在已撰写39万字。经过努力，终于达到接近定稿的程度。我们要集中起来通读一下全文，利用五天时间，把这些任务完成，特别是领头的条目。出席会议的有吴晓邦等编委会主任、副主任、委员以及出版社的叶佐群、杨小凯等。

6月3日　会见南斯拉夫辞书出版社制图及旅游指南编辑部主任博日达尔·菲尔德鲍埃尔。

下午4点，主持中国大百科全书出版社与南斯拉夫辞书出版社《在辞书出版科学领域进行合作的总协议》正式签订会。中国大百科全书出版社社长常萍和南斯拉夫辞书出版社社长伊沃·采齐奇分别在《总协议》文本上签字②。（出版社"简报"第5期1985.6.5）

6月7日　上午，听取上海分社社长兼副总编辑罗洛到总社汇报上海分社的工作，今年的任务是出版5卷《中国大百科全书》：《力学》、《教育》、《航空·航天》、《固体地球物理学·测绘学·空间科学》、《民族》，6卷《简明不列

---

① 《中国大百科全书》当时是由上海迁至安徽绩溪山沟里的上海海峰印刷厂排版、印刷、装订的。那时，上海迁到安徽的工厂通称小三线厂。

② 1980年常萍任原国家出版局副局长时，曾率中国出版代表团访问南斯拉夫，转达了南斯拉夫辞书出版社愿意同中国大百科全书出版社合作的愿望。1981年南斯拉夫辞书出版社社长访问我国时和姜椿芳、阎明复进行了友好会谈。

颠百科全书》。分社有 18 个校对人员,还缺 2000 万字的校对人力。目前解决的办法是动员社内的人作业余校对。校对人员应增加到 30 人。生产环节的调度,调度得好,就可提高生产效率。

6 月 8 日　上午,上海分社罗洛来总社,就提高经济效益方面进行商讨。如服务公司,可以出售百科全书、知识社出版的书,及印刷剩余的边角料制作成的练习本,还附带销售生活日用品。分社还出版服装年鉴,交通知识等小册子,以增加经济收入。

6 月 10 日　下午,与《电影》编辑委员会委员程季华在大百科出版社谈《电影》卷工作,在座的有杨小凯等。

6 月 12 日　上午,出版社开整党会,党委常委对照检查。参加人有姜椿芳、常萍、翟富中、石磊、周志成、吴江江、李钦等。姜椿芳说:翟富中起草的检查,总的来说是好的。关于缩短战线问题,我们不这样提,我们搞 75 卷,战线就是长,不能停下来,否则到时间完不成。主要是《简明不列颠百科全书》拖累了我们。软弱问题,我们领导不坚强,对某些人没有及时处理。行政部门、后勤部门要把大百科事业搞好,就是要使大家吃得好,住得好。

6 月 17 日　上午,听取《图书馆学·情报学·档案学》卷关裕伦汇报工作。关裕伦谈到该卷的档案学编委会名单和档案学准备开撰稿人会议。

6 月 18 日　出版社党委常委扩大会议,讨论常委对照检查的初稿。

6 月 21 日　上午 8 点半,在人民日报社召开的《新闻·出版》卷新闻学科编委会首次扩大会议(21～22 日)上讲话。会上确定框架条目总表,确定重点条目撰稿人,讨论部分条目试写稿、送聘书。编委会主任萨空了主持会议。编委会顾问吴冷西和邓季惺在会上讲话。

6 月 25 日　上午,参加中国翻译工作者协会会议。

6 月 27 日　上午,出版社党委常委整党。姜椿芳首先对照检查:
　　①把困难想得过多。编百科全书本身就是迎着困难而上的任务,外国人能做到的,我们也要做到。资产阶级没能做到的,我们要做到,过去很多人想编百科全书都没做到,我们就是要做前人没有做到的事情。1978 年、1979 年形势很好,很多教授支持我们编百科,但是实行改革开放政策以来,学校和科研单位的任务很重,不能抽出很多时间来编百科,针对这种新形势应该怎么办?我们每次开会,谈问题,谈得不深,问题谈出来了,时间就到了。始终没有作出决定和作出决议。

作为出版社的领导之一,提出过在新形势下的办法,如包干责任制,我提了,但是没有坚持,也没有检查。我曾经想,对某些撰稿人,如果他的稿子基本上可用,是否先付一半稿费,但是提出来后,没有深入地讨论。

②有些问题,我觉得要作为专题来讨论,但是始终没有讨论。有些人不上班,他们为什么不来上班?各部门领导是否了解?应该到各个编辑部去了解。不了解情况,就不能深入,决心就不大,所以有些事情拖拉。

③我们有些人对百科事业信心不大,相当一部分人,说我搞完这一卷,就不搞了。有的人觉得百科事业太累了,太苦了。我们对那些受苦、受罪的人解决了什么问题?对他们照顾得怎样?有的人编了一部书,就想当副总编辑,当不了,就想走。我们应该对这些人做些工作,谈谈心,也不能因为听到这些话就觉得我们出版社是多么不好。

对大家叫苦的情形,我思想上对他们有放松的地方,如有的稿子已经搞了五年六年,他们还要半年一年,我只是同意他们缩短一到二个月,不要绷得太紧。

④长远计划问题,第一版75卷1989年要完成。ⅰ第二版要按字母顺序来搞(30或40卷)①;ⅱ编一部中国的百科全书,没有国外部分②;ⅲ还要出中国小的百科全书,中国百科辞典③;ⅳ与有关单位合作搞专业百科全书。

这些远景计划,我们无暇顾及,所以有些人觉得搞完第一版就关门了。我把这个远景计划向大家谈了,但没写出一个书面的东西,让大家看。

关于青年人的培养问题,要通过工作来进行培养,应该从工作出发,从大百科全书的发展前途来考虑,各部门应该有一个培养计划,我们有九大编辑部,好像安心了。我对总编室的工作关心得不够,他们的工作范围和职责是什么?

⑤对工作抓得不紧,检查不严;有安排有计划,但是检查不严;要层层检查,部主任要检查责任编辑。到最后发稿的时候,就非常紧张,如果我们平时搞得很好,到出书的时候就不至于那么忙,平时严要求,到时候才能更好地解决。

---

① 《中国大百科全书(第二版)》(32卷)于2009年出版。——编者注
② 《简明中华百科全书》(3卷)于1994年出版。——编者注
③ 《中国百科大辞典》(10卷)于1999年出版。——编者注

我说过每本书两年半时间完成,时间拖长了,我们写的材料就陈旧了。要层层抓,我的最大缺点是没有对中层干部严格要求和严格检查。有的人说我抓进度,而不抓质量,因为我总是要求快,没有看稿。开始抓得不紧,中间不抓,到最后再抓就来不及了。

⑥开始我希望有几个骨干,我们团结一致,甚至同生共死,但是这几年我不敢提这个问题了,有些人走了。我们要克服一切困难,无论多大的困难,我们也要克服。我们今后讨论问题,必需讨论出结果来,才能罢休。最近我们的生活会质量差了,考虑面子,不能思想见面了。

⑦人事方面,我们要雷厉风行,对某些人,我容忍得太多,反而影响不好,在一些问题上不果断。我们最多有20个人在这里工作不合适,我们把他们集中起来解决,不是很好吗?

⑧我的年纪最大,大家照顾我,让我半休息,我是在其位不能谋其政,有的工作不能全面照顾,我多么希望有个人能帮助我工作,我们可以很好地分工。归根结底自己工作能力不够,易原谅别人,易讲情面,不大胆。大百科全书必需出下去,在新形势下,要有新的姿态来工作。

7月　在山东泰安召开的《图书馆学·情报学·档案学》卷编委会成立会议上讲话。出席会议的有:本卷编委会主任、副主任、委员等以及出版社工作人员关裕伦等。

7月1日　上午,全社党员大会,动员党员进行对照检查,同时姜椿芳和常萍进行对照检查。

7月2日　上午,政协活动,纪念吴晗;在国务院第一招待所举行座谈会,座谈7月1日在吉祥剧院看的《海瑞罢官》。

7月4日　下午,去中国社会科学院中国文学研究所所长许觉民办公室,与许觉民讨论《中国文学》卷编委会问题。随行的还有《中国文学》卷责任编辑杨哲等。

7月5日　上午,①谈招待第一位进入太空的华人王赣俊等一行的问题;②听取《固体地球物理学·测绘学·空间科学》卷责任编辑殷宗玲的工作汇报。

下午,去北京展览馆参观苏联书展。

7月6日　写贺信向在烟台召开的中青年文学翻译经验交流会"表示真挚的贺意和希望",贺信由出席会议的姚以恩整理后向会议代为宣读。

7月7日　下午6点,在仿膳招待第一位进入太空的华人王赣俊一行。陪同人员有金常政等。

7月8日　下午4点半,在七机部五院空间技术研究院举行赠书仪式,代表大百科出版社向美籍华人王赣俊赠《中国大百科全书》三卷:《天文学》、《戏曲·曲艺》、《法学》。并送给他《航空·航天》卷中他的条目。金常政参加仪式。

7月18日　上午9点半,参加在北京宣武饭店召开的《中国文学》卷编委会。出席会议的有中国文学编辑委员会的副主任王元化、许觉民、季镇淮等,出版社有主管文艺部的副总编辑叶佐群、责任编辑杨哲等。

7月19日　参加在烟台举行的《中国文学》卷编委定稿会议。出席会议的有40余位编委会委员。

7月20日　上午9点,参加在北京新侨饭店召开的《电子学》卷[①]编委会在京委员会议。听取关于本卷编撰工作完成情况,并向出版社移交稿件。

7月27日　给在秦皇岛召开的全国第二次科技翻译经验交流会发去贺信。

8月5～12日　在新疆召开的第一次全国民族语文翻译学术研讨会期间代表翻译工作者协会讲话。谈到了四个方面问题:国内整个翻译界形势;民族语文翻译问题;加强汉语文和民族语文学习;成立各级翻译工作者协会的问题。会议期间,姜椿芳拜会了新疆党政负责同志王恩茂、司马义·艾买提。全国政协副主席包尔汉出席会议并致辞;翻译家曹靖华为会议题词。

8月16日　上午,在北京第一档案馆召开的档案学编委会和撰稿人会议上讲话。出席会议的有责任编辑关裕伦等。

　　下午2点,在中国大百科全书出版社会见苏联代表团[②]。参加会见的有出版社领导常萍、翟富中、石磊、周志成、叶佐群、吕东明、林盛然、肖德荣、李钦、金常政。

8月19日　上午8～11点半,参加出版社与苏联代表团座谈会。参加座谈的还有常萍、李钦、金常政、林盛然、郑伯麒、王伯恭、刘志荣、丘国栋、陈广田、张曼真。

　　下午2～4点,在出版社会议室与苏联代表团商谈两社合作事宜。参

---

① 出版后定名为《电子学与计算机》卷。——编者注
② 根据《中苏一九八五年文化合作计划》,以苏联国家出版委员会莫达万为团长的苏联国家出版印刷和图书贸易代表团1985年8月15～23日正式访问我国。

加会议的有常萍、翟富中、石磊、李钦、林盛然。

下午,参加在工程兵招待所召开的《戏剧》卷在京编委会会议。会上谈到如何解决交叉重复问题。

8月20日　上午,大百科出版社党委常委会,总结整党工作。常萍说:现在决定由两个人来协助姜老搞业务,李钦抓出版清稿工作,林盛然抓几个部门的编辑业务,由殷宗玲代替林知恩的工作。由吴江江担任社长助理,管党委办公室和社办公室。

8月21日　上午,听取《电工》卷责任编辑王樵裕谈该卷的基本情况。《电工》卷130万字,800个条目,彩图72面,索引3000条。金常政说:这个卷有优势条件,主要动用社外人员,但是对百科体例控制很难,我们要抓紧控制。杨公谨、冯雪明、金常政、林盛然、许勤、翟富中参加会议。

8月22日　上午,参加编务会,研究发稿和出版问题,李钦说:《固体地球物理学·测绘学·空间科学》、《教育》、《力学》、《航空·航天》4卷1985年可以出版。《民族》卷因为少数民族的字没有,暂缓。今后我们一年20卷,稿子一定要齐、清、定,再不能在长条样①上改。《土木工程》、《音乐·舞蹈》、《电子学与计算机》、《哲学》、《世界地理》年底前发稿。科技部明年发排《农业》卷和《中国地理》卷。

晚上6点,在颐和园宴请苏联代表团,在座的有姜椿芳、常萍、吕东明、金常政、白以素。

8月23日　上午,听取《现代医学》卷责任编辑全如瑊的工作汇报:现在的关键问题是没有人,只有我和胡颖,还有几个人,如郑伯承正在参加《简明不列颠百科全书》的工作,10月才能脱身,陈盈盈还在《生物学》卷,明年第一季度可以脱身。为此,我们要到1987年底或1988年初发稿。姜椿芳希望1987年底发稿。

8月26日　下午,听取林盛然和周志成谈《数学》卷问题。《数学》卷的万厚郡联合《数学》卷的专家学者们写了一封联名信,要求出版社撤掉《数学》卷责任编辑戴中器,使《数学》卷的工作一度停滞。

8月28日　上午,听取《农业》卷责任编辑徐玲的工作汇报:顺利的话1985年

---

① 定稿后,先按稿件内容单栏捡字,打印出的铅排样,称长条样。长条样经编辑加工、改版,成熟后,出拼版样。

10月就能搞完,经我手的还剩40~50个条目,我们不想去上海,把我们搞完的这部分交上海①。

8月30日　下午3点,参加在戏剧家协会召开的会议。

8月31日　上午,代表全社同志欢送林知恩、张志伟、吴尚之赴河南讲师团工作。

9月12日　在北京红山口军事学院招待所召开的水文科学编委会成立大会上讲话。出席会议的还有出版社工作人员吕东明、盛志浩等。

9月18日　上午,参加在军事科学院干休所召开的大气科学编委会成立大会。出席会议的有出版社工作人员吕东明、韩玉如等。

　　下午4点,前往中国电影协会走访电影史专家程季华,讨论《电影》卷的工作。

9月19日　上午,听取社科一部的工作汇报。《经济学》卷是三卷本,500万字,10个分支,2259个条目,分组审稿基本完成了,还有20%条目没有审,现在准备加工,还需要11个人。经编委会讨论,还要增加50多条,主要是在世人物条目,其中我国的10人,国外40人。现在存在的困难:①缺美编人员;②缺名词统一人员;③缺2个复查人员,共缺4个人,现在必须进入工作。副总编辑林盛然:综合编辑室可以调出一两个搞校对工作,关于人名地名的统一,可由责任编辑从稿中挑出需要统一的人名地名,交名词统一组去统一。社科一部主任丘国栋:我们计划明年12月发稿,可争取10月。

　　《军事》卷责任编辑吴丽汇报:原定1986年底两卷本发稿,目前还有些问题,如"文革"提不提,江青等的干扰怎么提?①关于框架的稳定;②关于彩图框架的统一;③大事记的工作还差一些;④全卷外文名的统一,正在进行。

9月20日　上午,听取社科一部的工作汇报。《外国历史》卷存在的问题:①专家很忙,请他们审稿,他们觉得费很多时间,拿不到多少钱,说是出力不得利;②编辑力量较薄弱,三个编辑,两个编务。其中两个编辑不安心工作,一个要调动,一个要出国。如果给予人力补充,明年1月进入成书加工阶

---

① 《中国大百科全书》在上海分社排印,大多数卷的编辑在成书加工阶段需移师上海。——编者注

段,1987年底可发排。社科二部主任李世杰:关于人力问题,准备调一个部主任去他们卷,可兼副责任编辑工作。

9月21日　听取文教部副主任赵建山汇报发稿计划:《科学社会主义》卷明年发稿,稿已收全,一大半的条目都已审完,只有部分较复杂的还没有审。《语言·文字》卷责任编辑李鸿简:《语言·文字》卷基本审完,还剩26条要到烟台会议上讨论。资料核实请段太奇搞。名词统一正在搞,民族语和《民族》卷有交叉。

9月25日　上午,听取总编室主任李钦和林盛然有关总编室的工作汇报。

　　李钦说:对于审读组,我认为应该归总编室领导,有合适的人应该输送到审读组来,如张遵修是有经验的人,应该放到审读组,可以在更多的卷中起作用。关于综合编辑室,让叶佐群主持改革,我认为不合适。综合编辑室应该由林盛然来管。综合编辑室现在很乱,他们分散在各卷里,某个人负责一个卷,同时又业余去抓另一个卷的工作,可以得到额外的收入。我认为这个室应该抓今后的统一和资料工作,不要分散到各卷去,统一资料应该由各卷自己搞。

9月26日　上午,听取金常政汇报《电子学与计算机》卷情况。认为它达到中等水平,框架方面有些缺点,是中条目主义,后来补了100多条"参见",索引量6665个,这两点起到弥补作用;第二个缺点是分支设得太多,交叉就较多;第三个缺点,可读性方面有缺点,太专太深,有8%到10%条目是这样。

9月27日　上午,前往军事科学院访问军科院的奚原院长,讨论《军事》卷与其他学科交叉问题,并发表讲话。在座的有《军事》卷编审室全体同志、还有《军事》卷责任编辑吴丽等。(《军事卷通讯》第42期1985.10.25)

　　下午,在中医研究院召开的《中国传统医学》卷第一次筹备会议上讲话,介绍百科的概况,要求10月份请有威望的老中医来座谈。出席会议的有中医研究院院长费开扬、中医理论研究所副所长陆广莘、出版社工作人员胡颖等。

10月4日　下午,参加在北京怀柔召开的《电影》卷统稿会议。出席会议的有电影编委会主任夏衍和委员程季华、于伶等,以及出版社工作人员叶佐群、杨小凯等。

10月7~15日　参加在山东烟台市芝罘宾馆召开的《语言·文字》卷编辑委员

会第二次会议。会上讨论、审定《语言·文字》卷中内容重要、影响较大、引人注目的及内容可能有争议的条目,共 26 条,约 26 万字。出席会议的有:吕叔湘、季羡林、周祖谟、俞敏、朱德熙、胡裕树、张斌、徐宝华、詹伯慧、倪海曙、傅懋勣、道布、马学良、戴庆夏、王均、王宗炎、黄长著、刘涌泉,以及出版社工作人员叶佐群、赵建山、郑伯麒、邵宗远、李鸿简、段太奇、王铁柱、马五一、殷华雷等。

10 月 17 日　上午,参加在中医研究院召开的《中国传统医学》卷第二次筹备会议。出席会议的有:唐由之、陆广莘、施奠邦、出版社工作人员全如瑊等。

11 月 11 日　上午,开会讨论关于修改黄皮书①问题,参会人员:姜椿芳、王伯恭、张遵修、石磊、金常政、黄鸿森、林盛然、周志成等。商定先由黄鸿森拿出一个初稿,王伯恭协助。

11 月 13 日　下午,会见澳大利亚出版商。会见中澳大利亚出版商介绍他们出版社的情况。共出了 25 种百科全书。有一卷本,有按年龄分类的百科全书。插图量很大,有的达到 50%。有 2000 多种刊物,想与我国的报刊出版社协作。姜椿芳也介绍了我们的百科全书。

11 月 16 日　上午,听取生命科学部张均康的工作汇报:《农业》卷 1986 年上半年可发稿。《心理学》卷,应该是今年年底发稿,现在张人骏一个人在干,如果没有人,明年也无法发稿。《现代医学》卷要调综合编辑室的人来协助工作。《生物学》卷,现在感到人手不够,1983 年曾提出要文字和美术编辑,现在计划 1986 年第二季度开始成书工作,争取在 1987 年完成,可抽出力量来帮助全如瑊的《现代医学》卷成书。

11 月 18 日　上午,讨论综合编辑室的工作。姜椿芳说大部分人应该为第一版服务,我们没有力量搞新的东西,18 个人至少可以调出 12 个人。

11 月 20 日　上午,主持召开总编辑和副总编辑会议,讨论综合编辑室的安排问题,参加会议的有常萍、林盛然、李钦、石磊、周志成、吕东明、叶佐群、金常政、李敉力、郭庆麟。金常政说:各卷必需把本卷的人名、地名、机构名都统一,然后找出可能与别的卷交叉的卡片,请综合室核对和统一。林盛然说:应该依靠专家,专家写的稿,应该附外国人名和出处。如果专家的稿不全,名词统一等都不全,可返回专家再加工。

---

① 指《〈中国大百科全书〉编写体例》,由于是黄色封面,称黄皮书。——编者注

姜椿芳指出：首先，综合编辑室的建制要保留；第二，科技部各卷虽然自己首先做本卷的统一，但并不等于不要"核对"，社科部要综合编辑室全部做统一工作，这是暂时的。关于积累资料的剪贴工作，放到后期作，我们要把大部分力量放在统一、核对工作。

下午1点半，在中国轻工业部第二会议室召开的《轻工》卷筹备会议上讲话。出席会议的有轻工部部长、轻工编委会主任季龙和副主任周湛等，出版社白以素、陈广田等。季龙主持会议。周湛介绍大百科全书。

11月22日　上午，常委扩大会，徐慰曾汇报《简明不列颠百科全书》的工作，第4卷正在装订，第5卷拼版，到1986年1月20日或月底可出书，明年要出6卷，8月底全部出齐。第3卷中错误较多。

姜椿芳说：《简明不列颠百科全书》编辑部和翻译室，可以合成编译情报室。《简明不列颠百科全书》的工作早些把人解放出来，如全如珹，可早些着手搞《现代医学》卷，这很好。编译情报室的建制要保留下来，现在还有很多任务，最近法国巴黎的教科文组织曾来与我们联系，他们愿与我们协作，翻译我们百科全书中的中国部分。其次香港、美国等都想来与我们合作，还有澳大利亚的巴伯也出百科全书，要与我们协作。我们也应该买些录像设备，来了解一下国外的信息和资料。我们开始时很重视了解国外的情况，现在好像不太重视国外的资料。我们有些编辑是外文盲，而外面找来的编辑、撰稿人也是外文盲，这样编写出来的东西的质量又如何呢？有些人出来教外文，组织大家学习外文只有促进工作，不会影响工作。

11月23日　上午9点，在北京前门饭店会见英国春分出版社的出版商李察士，互相介绍各自出版社的情况。参加会见的还有徐慰曾、翟富中、林盛然等。

11月26日　上午9点，在北京召开的海洋科学编委会扩大会议上讲话。姜椿芳说：应该感谢大家，我们主要靠各学科的专家教授来编这部书。5年来大家付出了很大的努力，终于现在能开这个会，来确定条目。百科所以能编成，主要靠专家们。这部书编出来，使大家能了解海洋科学的全貌，世界各国都很重视我们的百科事业。最近一个月时间就有四个不同的出版社与我们谈判，如英国牛津大学、英国春分出版社，还有两个美国的出版公司，其中一个在夏威夷租了半个岛，要建房子、造旅馆，请我们去介绍中国，对我们大百科的工作很重视。《中国大百科全书》今年发8卷，明年要发

20卷,后年20卷,大后年20卷,计划在1989年出齐。曾呈奎主持会议。出席会议的有罗钰如、业治铮、方宗熙、文圣常等以及出版社工作人员李小文等。

12月4日　上午,主持召开党委成员和顾问会议。讨论美编室机构设置和领导干部任命问题;批准丘国栋任出版社的编委问题;审批党员转正问题。出席会议的有常萍、翟富中、李钦、林盛然、石磊、杨铎、吕东明、周志成、叶佐群、殷宗玲、吴江江等。

12月7日　上午,召集大家讨论总编室的工作职责。出席会议的有李钦、林盛然、殷宗玲等。林盛然认为总编室有以下7项工作:①抓计划、进度、调度、检查;②体例的完善和贯彻;③学习探讨和对内、对外宣传;④培训工作,包括业务和外语;⑤稿酬和档案;⑥美编和综合编辑;⑦编务。

12月14日　主持召开美术编辑室恢复后的第一次全室会议。出席会议的有常萍、林盛然。

姜椿芳以总编辑的名义签发了《世界经济百科全书》。①

12月16~21日　姜椿芳和常萍在上海分社上海海峰印刷厂召开的总、分社领导会议及在分社全体党员大会上讲话。指出要通过整党,更好地完成1989年国庆40周年前出全《中国大百科全书》第一版75卷的繁重任务。讲话分析了《中国大百科全书》编辑工作的进展情况和目前的出版印刷条件,指出完成任务第一是有可能的,第二要有信心,第三要采取有力的措施,必须有计划、有步骤、很科学、很合理地安排好今后三年半的工作。出席会议的有翟富中、李钦和分社领导。会上研究确定了1986年出书的计划。

12月28日　在天津外国语学院召开的天津市翻译工作者协会成立大会上讲话。

年底　姜椿芳、周志成等前往北京大学登门拜访《数学》卷编委会副主任段学复教授,讨论《数学》卷工作②。

---

① 《世界经济百科全书》1987年6月出版时,版权页上署名总编辑梅益,顾问姜椿芳。
② 1985年5月间,由于社外专家与社内编辑产生矛盾,致使《数学》卷工作停顿了8个月,为了使《数学》卷工作继续下去,姜椿芳先后在社内召开会议研究此事,曾亲赴上海会见《数学》编委会主任苏步青,在北京拜访段学复等专家。

1986年　74岁

1月6日　《美术》卷在中央美术学院召开工作会议(6~9日),姜椿芳讲话:《美术》卷,已经开始两年了,因为没有严格的进度要求,打打停停,拖了。今天要把框架定下来,否则别的工作很难进行。①关于字数,两卷最多不超过400万字,可以略有膨胀,有一点专业性,但又不能太细;②关于质量,我们是几个大国中较晚编百科的国家,我们要后来者居上,国外的百科全书中,中国的材料很少,所以我们编的要有中国特色,要注意质量;③我们的编委会还没有成立,等编到一定程度,了解情况后,我们就可成立编委会,希望1987年能出书;④人物上书的问题,总编委委员,分编委委员都上书,所有条目无论大小都要署名,条目中叙述到某某人,人物作为专条时必需是有特殊贡献的人物(无论故世的和在世的);⑤关于体例问题;⑥关于我们社的印刷力量,每年15~20卷,对编辑要求书稿齐、清、定;⑦这是光荣艰巨的任务,总的要求:高质量、快速度。

上午,在《美术》卷工作会议上研究分支审稿的若干问题。出席会议的有:美术编辑委员会主任艾中信和副主任邵大箴、华夏以及委员等50人。会议通过了框架,明确了审稿要求,解决了各分支的交叉问题,还讨论了配图工作。(《美术》卷工作简讯1986.7.23)

1月7日　上午9点,在北京大学一院(数学系和心理学系楼)召开的《数学》卷的编辑和社外专家之间的协调会上讲话。姜椿芳说:我们这一卷的责任编辑是潘寰,他不是编内人员,而且身体不好,所以请戴中器协助工作。一本书的定稿有两步,一是学术方面的定稿;二是体例文字上的定稿。这第二步工作,主要由编辑部搞,但是他们的修改,必须通过撰稿人。出席会议的有:段学复、冷生明、陈明德等11名数学专家,出版社工作人员林盛然、潘寰、吴希曾、王勤等。从此,《数学》卷工作恢复正常。

下午,听取《中国历史》卷责任编辑杨川汇报工作。杨川说人手不够,1988年才能发稿。

1月9~13日　姜椿芳、常萍、翟富中主持出版社第一次思想政治工作座谈会。(总编室"百科动态"第2期1986.2.1)

1月11日　上午,姜椿芳及分管的副总编辑听取《新闻·出版》卷责任编辑赵素吾的工作进展情况的汇报。"出版学"比"新闻学"薄弱,因为出版学在我国是空白,没有出版理论,大学里没有出版专业,这部分框架已搞到第五稿。《新闻·出版》卷1987年发稿。

听取《图书馆学·情报学·档案学》卷责任编辑关裕伦汇报工作。关裕伦说:现在正在撰稿,今年开始分支审稿,情报学稍差些,正在完善,去年底开了协调会,确定了框架,估计今年底以前全部交稿。

1月15日　上午,姜椿芳及副总编辑听取张均康、卢豹、全如珹对《生物学》卷、医学卷①的工作汇报。就汇报中提到的交叉重复问题,姜椿芳指出,交叉重复的地方应该在过程中解决,不能放在最后搞。现在张均康很忙,应该找个得力的助手,助手要能独立工作。全如珹说:郑伯承6月底才能从《简明不列颠百科全书》工作中脱身,我下周就可从《简明不列颠百科全书》任务中出来,集中力量搞医学卷的工作,我们1987年可发稿。

1月16日　上午,姜椿芳和总编室工作人员秦黎听取陈广田和白以素对《轻工》卷和《水利》卷的工作汇报。姜椿芳说:我觉得你们出书计划定得太晚了。因为你们已经有编一部书的经验,而且水利部也在编水利百科,我们可以借鉴。假如《轻工》、《水利》卷都挤到1988年底,1989年就出不来了。

1月21日　上午,姜椿芳及有关副总编辑听取赵舒凯、谢长朝、杨小凯对《戏剧》卷和《电影》卷的工作汇报。

1月22日　上午,听取谢长朝对《戏剧》卷的工作汇报,并决定23日下午召开撰稿人会议。

听取《生物学》卷责任编辑张均康汇报工作。

1月23日　上午,听取《电工》卷王樵裕汇报工作。

下午,参加在北京戏剧学院召开的《戏剧》卷工作会议。出席会议的有:在京的《戏剧》卷编委撰稿人,出版社工作人员赵舒凯、谢长朝等。此会目的是促进撰稿、审稿速度。

1月25日　上午,听取狄沙谈《音乐·舞蹈》卷人物上书名单问题。

2月1日　姜椿芳、肖德荣会见日本国东方书店副经理竹部先生。(总编室"百科动态"第3期1986.2.28)

2月3日　上午,听取汪锦城对《自然辩证法百科全书》汇报工作:这个工作是1982年开始的,由于光远提议的,现在由我组织联络,于光远负责,成立了

---

① 包括《现代医学》和《中国传统医学》。——编者注

筹备组,它是一个卷外卷,即不属于《中国大百科全书》系列。①指导思想,坚持马列主义、坚持中国特色。②工作计划,5 年完成,1982 年开始调研和准备,组织筹备小组,写出框架,写出试写条目。③基本概况、读者对象,以哲学工作者和科技工作者为对象,还有高中以上文化水平的人。180 万字,长条 101 条,占 12.5%;中条 584 条,占 72.2%;小条少。有 305 人撰稿,编委会成员 38 人,主任于光远,副主任 7 个,顾问 7 个。搜集了 7 个国家有关自然辩证法的内容,有的是从国外百科全书中摘译的。全国已经有自然辩证法的研究会会员 8000 人,自然辩证法是研究生的必修课,大学生的选修课。此卷工作 1982 年到 1983 年曾一度停止,因为与《哲学》卷冲突,基本上让路。1983 年成立编委会,我们这卷难度较大,要达到三点:科学性、哲学性、符合百科体例。争取 1987 年上半年编辑加工,年底发稿。④存在问题:一是编辑人员不足,需要对哲学感兴趣的自然科学工作人员;二是我们需要一个办公室,以前在师大租了一个房间,费用由外单位报销的;三是经费困难,到现在已经用了 5 万元。

2 月 5 日　参加在国家出版局召开的成立文化部出版专业人员高级职务评审委员会会议①。主任委员边春光,副主任委员王子野、宋木文、范敬宜,委员刘杲、张惠卿、孟伟哉、李侃、陈原、姜椿芳、邵宇、李章民、王代文。(关于成立文化部出版专业人员高级职务评审委员会通知,文党字〔86〕第 16 号)

2 月 6 日　上午,主持召开出版社干部总结工作大会并在会上讲话。姜椿芳首先肯定了总社、分社和印刷厂的同志们克服各种困难,编辑出版百科全书所取得的成绩,并要求在今后几年出书计划仍比较紧的情况下,要继续苦干巧干,不遗余力,按期完成第一版《全书》的出书任务。常萍作总结报告。(出版社"简报"第 3 期 1986.2.15)

2 月 7 日　姜椿芳、常萍、叶佐群、林盛然等同志参加美编室同志举办的春节茶话会。(总编室"百科动态"第 3 期 1986.2.28)

2 月 17 日　上午,听取《心理学》卷责任编辑张人骏汇报工作。姜椿芳希望这卷书在《生物学》、《现代医学》、《中国传统医学》卷之前的 1987 年 6 月发稿。

2 月 19 日　上午,听取研究室工作汇报。研究课题有 10 个:①百科全书的比较研究;②《中国大百科全书》第二版的总体设计方案;③百科工具书的系

---

① 评审委员会设在国家出版局。

列化,系列化的现状;④知识分类和百科全书的框架理论;⑤全书总索引,关于索引的学说;⑥百科全书的体例研究;⑦百科全书史的研究,发展规律;⑧中国类书的研究;⑨各种百科全书的编辑方法;⑩百科全书发行问题的研究。姜椿芳说:我们要有学术委员会,要搞些研究,要招研究生,学术委员会可以进行论文的答辩。

2月20日　上午,与黑龙江大学李锡胤谈关于姚以恩《苏联百科词典》是否上一审问题。

下午3点半,胡乔木的秘书到姜椿芳家,宣布中国大百科全书出版社的人事变动问题。

2月23~24日　主持在北京召开的十六个省、市、自治区中华诗词协会筹备工作会议。出席会议的有钟敬文、周一萍、林林、张报、毕朔望等筹委会负责人和各地代表。名誉会长钱昌照出席会议并讲话。会上为筹备当年端午节召开中华诗词学会成立会,讨论了修改中华诗词学会章程草案;谈论民主协商代表、理事名额、分配方案及基金来源问题。会上决定5月31日~6月3日在京召开中华诗词协会成立会。

2月24~26日　参加生产领导小组在京召开的会议,研究1986年《中国大百科全书》发稿出书计划。出席会议的有:常萍、翟富中、李钦、林盛然同志及上海分社的李仲、海峰印刷厂戴振华等同志。(总编室"百科动态"第3期1986.2.28)

2月27日　参加《物理学》卷的发稿庆祝会。出席会议的有常萍、石磊、周志成、林盛然等以及编辑组成员。(总编室"百科动态"第5期1986.4.20)

2月28日　参加《哲学》卷发稿庆祝会。出席会议的有常萍、石磊、周志成、叶佐群、林盛然等以及编辑组成员。(总编室"百科动态"第5期1986.4.20)

下午,姜椿芳、林盛然召集1986年《全书》发稿各卷责任编辑与生产领导小组的同志,共同研究发稿中、出版过程中需要解决的问题。

3月　在林盛然等陪同下前往苏步青在京住地①访问《数学》卷编委会主任苏步青并讨论工作。

3月1日　参加《大气科学·海洋科学·水文科学》卷发稿庆祝会。出席会议的有常萍、石磊、周志成、叶佐群、林盛然等以及编辑组全体成员。(总编

---

① 正值苏步青来京参加全国人民代表大会之际。

室"百科动态"第 5 期 1986.4.20）

以总编辑的名义签发了《大气科学·海洋科学·水文科学》卷①。

3月4日　参加《音乐·舞蹈》卷发稿庆祝会。出席会议的有常萍、石磊、周志成、叶佐群、林盛然等以及全体编辑组成员。（总编室"百科动态"第 5 期 1986.4.20）

3月17日　以总编辑的名义签发了《物理学》两卷②。

3月18日　在中南海勤政殿中共中央书记处，邓力群传达胡乔木关于百科人事变动的给中央组织部建议信。在座的有姜椿芳、梅益、赵仲元、姜妮娜。邓力群宣读"胡乔木写给中央组织部尉建行同志的信"抄件。

3月22日　上午，听取徐慰曾关于《简明不列颠百科全书》出版工作进展情况的汇报。出席会议的有常萍、翟富中、林盛然、李钦等。（总编室"百科动态"第 5 期 1986.4.20）

3月24日　上午 9 点 40 分，在北京饭店会见意大利联合出版社总经理佩罗索③。向佩罗索介绍了大百科出版社的组织机构和出书情况。（社"简报"第 7 期 1986.4.18）

3月25日　在北京军事科学院召开的《军事》卷第四次编审工作会议上讲话。出席会议的有姚峻、奚原、李静等。（《军事通讯》第 45 期 1986.5.30）

3月27日　在中医研究院举行的《中国传统医学》卷第三次筹备会议上讲话，并决定 4 月份到中医研究院宣讲百科体例。出席会议的有陆广莘、陈绍武、李经纬。

4月初　邓力群办公室给中国大百科全书出版社通知："关于百科出版社总编辑人事变动。"宣布"胡乔木同志写给尉健行同志的信。"

4月5日　中国大百科全书出版社办公室主任矫玉山给邓力群办公室电话，询问关于梅益来百科出版社工作和赵仲元任职问题，是否还要有中组部的行文？

4月6日　12 点 25 分，邓力群办公室王怀臣来电："邓力群说，就按乔木同志给健行同志的信宣布，不再发文了。信里写得很清楚，中组部已同意这个信的内容。"

---

① 《大气科学·海洋科学·水文科学》1987 年 5 月出版时，版权页上署名总编辑梅益，顾问姜椿芳。
② 《物理学》两卷 1987 年 7 月出版时，版权页上署名总编辑梅益，顾问姜椿芳。
③ 应中共中央联络部的邀请来华访问。

4月8日　下午,姜椿芳、常萍、翟富中、金常政等同志向记者组介绍编纂《中国大百科全书》的基本情况,百科全书的发展历史,社会作用以及读者对大百科全书的反应等。记者组由《人民日报(海外版)》、《北京晚报》、《文艺报》、《中国文化报》、《瞭望(海外版)》、《半月谈》、《博览群书》7个媒体的记者组成。(总编室"百科动态"第5期 1986.4.20)

4月19日　上午,参加在中医研究院召开的《中国传统医学》卷第四次筹备组会议,在会上宣讲《全书》的编写体例。出席会议的有中医研究院郑金生、李慕材、伊广谦、李经纬、陆广莘,出版社的金常政、全如瑊、赵韵梅等。

4月21日　上午,在人民大会堂小礼堂举行的第一次全国翻译工作者代表大会开幕式上主持会议并讲话。题目是《团结起来,开创翻译工作者新局面》,会上姜椿芳再次当选为会长。出席会议的有全国各地的翻译工作者代表。

4月23日　在中国革命博物馆礼堂,由中国大百科全书出版社、出版局、北京图书馆联合举行的报告会上作了"百科全书"的报告。出席会议的有高等院校图书馆系、文化馆站、机关单位的近四百人。(总编室"百科动态"第6期 1986.5.5)

5月3日　上午,举行全社职工大会,欢迎新上任的总编辑梅益。出席会议的有全社职工,其中社领导有常萍、翟富中、姜椿芳、梅益等。会上梅益宣布:因为目前对"百科"的工作不熟悉,日常的工作,过去是姜老管的,仍然由他管,人事方面都暂时不动。全社职工大会后,姜椿芳听取《中国文学》卷责任编辑杨哲的工作汇报。

　　下午,大百科出版社认为凭建议信任免干部手续不完备,请上级单位——国家出版局向文化部党组索要梅益同志为总编辑和赵仲元同志为副总编辑的任命书,以及免去姜椿芳总编辑职务,任顾问的任免书。文化部党组拿不出来。

5月7日　姜椿芳与梅益同志同机前往上海分社,向上海分社全体职工介绍梅益同志。

5月10~14日　在上海参加上海城市文化建设战略规划的讨论会。

5月中旬　在上海拜会著名作家、翻译家巴金同志。代表译协感谢巴金担任中国译协名誉会长,并商讨如何进一步发展中国翻译事业问题。会见由上海翻译家协会会长草婴、秘书长姚以恩陪同。

5月23日　中国大百科全书出版社职称评定委员会开会,参加会议的有评委主任梅益和副主任石磊、林盛然,以及委员黄鸿森、全如诚、姜椿芳、徐慰曾、张慈中及其他所有副总编辑(周志成、金常政、叶佐群、李钦、赵仲元)。

5月27日　下午,和《水利》卷编辑组龙以律、沈素敏等一起去中国水利电力部,请钱正英部长担任《水利》编委会主任。

5月28日　上午,出席在北京城乡建设环境保护部招待所召开的全国第三次地名工作会议①。

5月30日　国家出版局分党组向文化部党组打关于姜椿芳同志任免的报告。

下午,出席全国第三次地名工作会议闭幕式。

6月2日　上午,在北京辽宁饭店举行的《法学》编委会会议上讲话。出席会议的有编委会主任张友渔等,以及责任编辑张遵修。张遵修总结《法学》卷的工作情况:北大国际法研究所把《法学》卷作为教材用;出版发行量达到32万册;国外认为出乎意外,中国出了《法学》卷,辞书出版社认为这部书是有史以来法学方面最大最全的书。

6月6日　下午,侨委宣传司召开研究成立华侨出版社或祖国出版社问题的会议,出席会议的有姜椿芳、邢院生、连子(连贯的女儿)等。姜椿芳说:出版社要有后台(即要有领导),要有资本,要有编辑人员等。出版的宗旨是对散在世界各地的3000万华侨做宣传工作,主要是介绍祖国的山河、历史、地理、风光、历史人物的小故事,每本书都要有拼音表,某些字要注音。某些华侨所在地,不允许中文书入境的,我们可以把它翻译成英文,如印尼就是这样。我们也可以为华侨编一些拼音文字的、学习汉语的课本。

6月13日　下午,参加在全国妇联召开的《社会学》卷编委会筹备会议并发表讲话。参加会议的有社会学专家雷洁琼、陈道、魏章玲、陶春芳、袁方、宋家新、刘铮、邓伟志,出版社石磊、谢寿光。

6月14日　上午,在北京远望楼宾馆召开的《数学》卷编委会上讲话。出席会议的有数学编辑委员会主任苏步青和副主任段学复等,出版社周志成、林盛然。

上午10点,主持英国著名华裔作家韩素音女士来华访问中国译协座谈会。会后宴请韩女士。

6月16日　文化部正式下发梅益、赵仲元、姜椿芳的任免通知,姜椿芳改任顾问。

---

① 姜椿芳是中国地名委员会副主任。

6月17日　上午9点,在北京医院空腹做腹部超声波检查,发现胰尾部有直径3厘米的异物,下午又做CT检查,初步认为胰腺上有肿块。

6月18日　上午,参加在人民文学出版社举办的高尔基逝世50周年纪念会。

6月20日　去北京医院做胃肠造影检查,胃肠无异常,CT检查认为是胰腺囊肿,需要住院。

6月23日~7月26日　在北京医院住院检查身体,打胰岛素,调整剂量等。

7月2日　下午,对大夫说:我不能在医院住下去,在这里与社会隔离了,我成了活死人,我一定要马上出院,我的眼睛不好,但我的耳朵还可以,头脑还可以,我还要工作。

7月9日　下午,石磊来探视,谈起《社会学》卷的问题,分给魏章玲很大一部分工作,但她不愿承担,她想亲自出面组织。《经济学》卷,关于在世人物上书的问题,提出了不少人的名单,特别是中年人上书的问题,上谁不上谁很难办。姜椿芳说:对老年的可放宽些,因为这版之后,他们都去世了,以后也不一定再上书,而对中年人可紧一些。除了上书名单以外,其他人在某某方面写过什么文章或做过什么工作的可以在概述性条目中提一下。

　　这天来了五批探视的人,第二批北京外国语学院3人;第三批上海外国语大学第一期校友张舆、濮阳翔、姜其煌;第四批吴江江、郜宗远;第五批李毅明。到医院来探视姜椿芳的除亲属以外,有他的老朋友,有编译局的和大百科出版社的工作人员。

7月28日　上午,去百科出版社开会。

7月29日　上午,去政协开会。

7月30日　上午,参加职称评委会的会议。

8月4日　上午,见翟富中和常萍同志。以总编辑的名义签发了《机械工程》两卷①。

8月5日　上午,与常萍、翟富中、林盛然、李敉力等一起开会。

8月7日　上午,与石磊、林盛然、翟富中等开会。

8月11日　上午,参加出版社领导研究评职称、定编定员问题会议。出席会议的有常萍、翟富中、肖德荣、石磊、林盛然。(总编室"百科动态"第10期1986.9.1)

---

① 《机械工程》两卷1987年7月出版时,版权页上署名总编辑梅益,顾问姜椿芳。

8月15日　上午,听取林盛然谈近期工作:①评职称的问题;②关于《机械工程》卷发稿的问题。

今年要出版的书《交通》、《民族》、《考古学》、《土木工程》、《大气科学·海洋科学·水文科学》、《中国文学》两卷、《电子学与计算机》两卷、《世界经济百科全书》共10卷。《音乐·舞蹈》两卷、《哲学》两卷、《物理学》两卷共6卷明年出版。

8月18日　下午,雷洁琼到姜椿芳家拜访。

8月21日　上午,姜椿芳、常萍在出版社召开干部大会上讲话。欢迎参加85届、欢送参加86届讲师团的同志。翟富中主持会议。出席会议的有张志伟、吴尚之、田野和林知恩,第二批讲师团成员吴江江、肖爱华和洪虹,以及在京的社领导。(社"简报"第11期1986.8.23)

8月25日　与梅益交谈。

8月26~27日　参加出版社党委常委会议。

8月29日　下午,去护国寺中医医院著名中医大夫李澍仓家,为《中国传统医学》卷找一个懂中医的责任编辑。

9月2日　上午,与李钦谈话。

下午,带着李澍仓大夫见翟富中和全如瑊,看他们是否同意请李澍仓为《中国传统医学》卷的责任编辑。

9月4日　晚上,宴请英国自动控制专家罗森布罗克,在座的有金常政、王樵裕等。

9月5日,7日,11日　去香山植物园参加大百科出版社的职称评定会。

9月8日　听取《音乐·舞蹈》卷贾玉江的工作汇报。狄沙请上海音乐学院的两个专家把音乐部分整个过一遍,1987年《音乐·舞蹈》卷可出版。于瑞玺来谈《外国历史》卷的工作,1987年6月发稿。

9月9日　与常萍、翟富中谈话。

9月10日　上午10~11点,在人民大会堂118厅,胡耀邦总书记接见参加《简明不列颠百科全书》中文版发行仪式的美国不列颠百科全书公司董事长格温、副总裁吉布尼及其一行。姜椿芳陪同一起接受接见。在场的还有宋木文、边春光、梅益、常萍、刘尊棋、钱锋、龙文善、徐慰曾。(总"百科动态"第11期1986.10.3)

晚上6点,在人民大会堂举行的中国大百科全书出版社庆祝《简明不列颠百科全书》出版发行招待会上致欢迎辞。出席会议的有中央领导、有关方面负责人和学术界人士。常萍代表中国大百科全书出版社介绍中美双方合作过程,最后胡乔木以总编委主任身份祝贺《简明不列颠百科全书》出版发行。(社"简报"第10期 1986.9.25)

9月13~15日　去香山植物园参加大百科出版社职工职称评定会。

9月17日　上午,听取《美术》卷、《生物学》卷、《农业》卷的工作汇报。《美术》卷已来稿70%,加工50%。

9月19日　上午,参加出版社党委常委会,会上讨论百科出版社的领导体制问题。

9月20日　参加出版社党委常委会。

9月22日　上午,参加出版社党委常委会。

9月23日　参加中国翻译工作者协会会议。

9月26日　下午,参加中华诗词协会筹备活动。

9月29日　上午,欢迎分社来的10名先进工作者。

10月3日　晚上,参加吴景略从事音乐60周年音乐会。

10月4日　上午,参加由中国戏剧家协会举办的欢迎以上海昆剧团名誉团长俞振飞为首的上海昆剧团茶话会。

10月5日　上午,在吉祥剧院看上海昆剧团演出。

10月6日　上午,在中国大百科全书出版社接见加拿大标准术语中心一行。

10月7日　上午,去人民剧场参加欢迎上海昆剧团的座谈会。

10月8日　下午,去政协参加许涤新从事学术工作55周年纪念活动。

10月9日　上午,与赵仲元、肖德荣谈话,北京要成立一个出版部,因为每卷样书,总社没有看,上海就出版发行,有错的地方再版时也没有改。提议上海的出版工作要改进。

10月10日　上午,去政协开会。

　　晚上,看上海昆剧团演出。

10月13日　上午,去政协开会,传达12届6中全会会议精神。

10月14日　上午,参加政协小组讨论会。

10月15日　上午,参加民乐复兴方面研讨会。

10月16日　上午,参加政协常委会。

　　下午,去人民大会堂参加刘伯承追悼会。

10月17日　上午,去常萍家。

10月18日　上午,去政协开常委会。

10月20日　晚上,沈允来访,请求为译著《归》写序。

10月21日　晚上,举行家庭会议,"纪念四位老人"——爷爷姜岳安、奶奶张长生、外公张芝莲、外婆彭氏,重点是奶奶,因为她100周岁诞辰。会上姜椿芳介绍了四位老人的姓名、出身、从事的工作,详细讲述了奶奶的一生。在场的人有姜椿芳、张安英(姜椿芳妻)、姜妮娜、姜抗生、姜岩(望娜)、姜廷(亭娜)、姜解生、姜路娜以及洪坚(大女婿)、谭雅涛(三女婿)、纪恒俊(五女婿)、崔季英(三儿媳)、任震英(姜椿芳在哈尔滨时期的好友)。

10月22日　上午,与林盛然讨论工作。林盛然说《中国科技报》的方铭迪等说,可在他们的报纸上开一栏,专门介绍百科全书的情况,起到宣传百科的目的。

　　"术语标准化"第二次会议上决定:术语标准化第一分编委挂靠在我社。

　　姜椿芳强调:编辑会议要定期召开,否则体例不一致。

　　下午,与政协文化组的沈小昭讨论政协文化组的工作。

10月27日　上午9点,参加梅兰芳纪念馆揭幕的活动。①

10月28日　上午,参加梅兰芳纪念馆揭幕座谈会。

10月29日　上午,参加叶剑英的追悼会和遗体告别仪式。

10月30日　上午,与梅益、常萍讨论工作。

10月31日　上午,去周一萍家商量中华诗词学会工作。

　　晚上,看梅派京剧。

11月1日　中华全国世界语协会副理事长李士俊来大百科出版社访问,姜椿芳说:我们打算出一本用世界语写的有关中国的百科全书,中文的我们现在就着手搞,世界上各国都有介绍中国的书,但是都不全面甚至不正确。我们应该有一本内容充实的详细的介绍中国的小百科全书,字数在150~200万字。

11月3日　上午,百科出版社在煤矿文工团礼堂召开全社大会,宣布改革方案。梅益讲话:现在少做一些事,为了今后多做一些事。根据这个精神,乔木让姜椿芳退居二线。①要改总编辑和社长负责制为总编辑负责制。过去的方法是不好的,一个机关两个领导是不合适的,现在是否保持社长,我

---

① 姜椿芳是梅兰芳艺术研究会副会长。

认为是可以的,总编辑兼社长,过去是党政合一,抓业务多,抓思想工作少,发展了官僚主义,削弱了思想工作。②现在党政要分开,让政有独立性,进一步加强政治思想工作,对我们的工作是有好处的。③要调整出书计划,我从计划中看,觉得多变,计划不周密。对外宣传的口径不一致,有说70、75和80卷的。今后我们的计划要有确实的依据,国家要求我们在1990年集成百科全书各卷,并没有提出要完成多少卷,所以我们可以适当调整,我们要有主次,可出可不出的,放在最后出。今年底和明年初,对75或80卷来个通盘讨论,哪些出哪些不出,通过领导批准。④加强出版、印刷、发行工作。我认为我社有两个主要任务:一是编书,二是印刷出版发行工作。我们不能总是向国家伸手,我们要讲经济效益。⑤我们要设一个办公室主任,他的下面有三个人:一个人主管后勤、行政、人事;一个人主管出版发行;一个人主管编辑业务工作。⑥从1987年开始,要逐级规定每个人的职责,年终要根据每个人的职责来检查工作,如果完成得不好,可以不聘任。⑦各学科卷,实行包干,节约可奖,超出不补。⑧严格实行离退休制,培养中青年干部,把一些干部提拔到领导岗位上来。

姜椿芳发言:开始我只是想搞一个编辑部,后来出版局上报时,说要成立出版社。后来又说要成立印刷厂,后又说要成立发行公司。根据乔木的意见,做了人事的变动。梅益来了,现在又有了新的改革的方案,而且乔木也批准了。我说三点:①在新体制下有很多工作可做,如与社会上其他出版社分工的问题。②党委负责制要结束了,我们原党委要做一些工作总结,把工作移交给新的体制,社长和副社长的工作也要结束了。③我们出版社是出大百科全书的,我们的工作要继续下去,有些部已经出了书,腾出来的人力,应该好好地安排,不能忙的忙,闲的闲。

11月6日 在北京召开的《水利》卷筹备组扩大会议上讲话。出席会议的有筹备组成员、各分支主编、副主编、特邀专家,出版社周志成、陈广田、龙以律、沈素敏、许丽君等。水利编委会副主任娄溥礼代表水利部领导讲话。

11月12日 上午,去人民大会堂参加孙中山先生诞辰120周年纪念活动。
　　　　　下午,听取工程二部工作汇报。

11月13日 下午,到戏剧家协会讨论于伶的生平。
　　　　　下午,与常萍一起到翟富中家,讨论原党委的总结报告。

11月14日 上午,参加中华诗词学会筹委会成立会。

11月15日　上午,去政协开会。

11月18日　下午,看望王元化夫妇;看望张允和、张元和。

11月19日,22日　上午,原党委常委进行工作总结。

11月21日　上午,参加汤显祖纪念活动学术讨论会。
　　　　　下午3点,参加在周一萍家举行的中华诗词学会筹备会议。

11月24日　上午,与总编辑和副总编辑讨论1987年百科全书发稿计划。

11月25日　上午11点,去看王顾明。

11月26日　在北京召开的中国译协文学艺术翻译委员会成立大会结束前讲话。姜椿芳希望文学艺术翻译委员会和译协理事会中从事文学艺术翻译工作的同志们,共同团结广大翻译工作者,加强与省、市译协中有关部门合作。出席会议的有:叶水夫、冯亦代、孙绳武、卢永福、李文俊等、中国译协副会长叶君健、常务副秘书长林煌天。

11月27日　下午,上海分社孙立功来访。

12月1日　下午,去人民剧场看昆剧。

12月2日　下午,看美籍华人张元和与周有光夫人、张元和妹妹张允和同台演昆剧。

12月3日　晚上,在民族宫观看新疆"木卡姆"①表演。

12月4日　晚上,去政协礼堂看新疆"木卡姆"演出。

12月9日　下午,参加党支部会,讨论金常政转为正式党员。姜椿芳为第一介绍人。

12月12日　在北京召开的中国译协社会科学翻译委员会成立大会上讲话。出席会议的有宋书声、林煌天、易克信、姜其煌等。

12月16日　下午,《中国文学》编委会副主任钟敬文来访。

12月17日　上午,参加在总参招待所召开的《中国传统医学》卷第三次筹备委员会议,讨论框架和样稿。出席会议的有中医研究院的陆广莘、郑金生、李幕才、李经纬,出版社的全如瑊、赵韵梅等。姜椿芳说:我们要把中国故有的传统科学,用现在的科学技术和观点来总结和写成百科全书,百科全书要有历史的观点。在我们《中国大百科全书》中的《中国地理》、《中国历

---

① 新疆维吾尔族的古老传统音乐。

史》、《戏曲·曲艺》和《中国传统医学》,这四卷①是完全写中国的情况,因此,①我们要用今天达到的水平来介绍中医,要用批判的眼光来介绍,肯定正确的,批判错误的。②对中外资料我们都要收集一下,包括西方过去写的有关中医中草药方面的资料。这就是科学的和历史的观点。

12月23日　上午,与《语言·文字》卷责任编辑李鸿简等一起到语言文字编委会顾问吕叔湘家,给他祝寿。

12月26日　上午9点半,在北京召开的《语言·文字》卷第三次编委会议上讲话。出席会议的有《语言·文字》卷编委会委员,责任编辑李鸿简等。

1987年　76岁

1月3日　上午,与出版社总编辑和副总编辑们一起讨论1987年出书计划的调整以及某些卷的合并压缩问题。

1月7日　上午,参加大百科出版社例会。

下午,去中央编译局,与宋书声和秘书长毕克谈话。

1月8日　上午9点,与原国防科工委副主任、诗人周一萍一起去中国国际信托投资公司,要求他们给中华诗词学会赞助,第一副董事长唐克作为中华诗词学会的赞助者。

上午10点半,　参加《数学》卷发稿庆功会。

1月9日　上午,讨论各卷的承包问题。

1月12日　下午,到剧协开会。戏剧出版社成立30周年,准备出版50种外国戏剧精选,50种现代戏剧,准备成立作品编委会和理论编委会两个编委会,由姜椿芳担任作品编委会主任。剧协会长刘厚生讲话:我们要集中力量出一些套书,现在没有版权问题,抓紧时间多出些书。姜椿芳说:我们应该多做些调查研究,把目录搞出来,请专家们发表意见,从精选的提纲来看,我觉得日本的分量是否大了些,有关苏联的,某些似乎不合适,北欧的如易卜生的东西没有,东欧的东西太少。

1月13日　上午,参加在政协第一会议室召开的十三个工作组组长联席会。

下午,参加在民族宫举行的茶话会,庆祝中国戏剧出版社成立30周年。

---

① 还有《中国文学》卷。——编者注

1月14日　上午,在政协第三会议室参与文化组讨论文物市场的开放管理问题。姜椿芳说:建议教委把文物保护的基本知识在小学中学的教课书中讲讲。建议法制委员会要有文物保护法,对文物的破坏要有法来管。建议今后的外贸系统和出售文物的地方,要经过鉴定,不能任意出口。

1月15日　上午,在大百科出版社,①与李钦同志谈话,了解生命科学部的工作进展情况,并了解《百科知识》出版情况。②林盛然谈到《中国文学》卷中的问题,赵仲元等正在联系修改。

　　　　　下午,去中央编译局读文件。

1月16日　上午,在大百科出版社开会,肖德荣从上海分社回来,谈经费等问题。

　　　　　下午,在家写纪念赵尚志的文章。

1月17日　下午,去中央编译局。

1月19日　上午,去北京医院查血糖。

　　　　　下午,党内生活会,学习中央文件,关于学生闹学潮问题。

1月20日　上午,在家为"纪念东北抗联领袖赵尚志殉难四十五周年"写文章。

　　　　　下午,去中央编译局读中央文件。

1月21日　上午,在大百科出版社听中央文件的传达;李鸿简来谈《语言·文字》卷的稿子发上海分社后的情况。

　　　　　下午,政协文化组开会。

1月22日　上午,大百科出版社社务会议,讨论出书计划的调整。

　　　　　下午,分别到时代出版社的老同志陈冰夷家、叶水夫家、倪海曙家拜访,还拜访了董书君。①

1月23日　上午,到人民大会堂参加宋庆龄基金会理事的座谈会。

　　　　　下午,到周一萍家,谈中华诗词学会筹备会相关事宜。

1月24日　上午,参加出版社各卷责任编辑们的茶话会。

1月25日　上午,到原民革中央副部长、诗人钱昌照家,讨论中华诗词学会的章程,及大会期间的经费和准备办一个杂志诸项事宜。

1月26日　上午,参加大百科出版社社务会。

1月27日　上午,参加在煤矿文工团礼堂举行的大百科出版社全体职工大会,

---

① 董书君是原上海锦江饭店女老板,连任七届全国政协委员,堪称女权运动的先驱。

奖励先进。会后去常萍家拜访,中午在林盛然陪同下去肿瘤医院探望《民族》卷责任编辑潘祖淦。

下午,去中央编译局。

2月9日　下午,在中央编译局学习中央文件。

2月10日　下午,与林利①、瞿独伊②一起到中联部的老干部处,询问欧阳菲③的生活费等问题,希望组织关心她。

2月11日　上午,听取杨哲汇报《中国文学》卷的问题。

上午11点,去北京电影制片厂,找原厂长高汉同志,谈中华诗词学会经费问题。

下午3点,在北京饭店西楼宴会厅参加商务印书馆开馆90周年纪念活动。

晚上,与周一萍一起去梅行处,为中华诗词学会筹措经费。

2月12日　下午,在中央编译局阅读党内文件。

2月14日　上午,到北京医院开转院证明,转同仁医院治疗青光眼病。

下午,在王建中家参加野草诗社的活动。

2月16日　上午,参加大百科出版社社务会。

下午,在中央编译局召开中华诗词学会筹委会。

2月18日　上午,在大百科出版社开会,研究1987年发排出书计划。

下午,译协常委会在姜椿芳家举行,讨论议题:①我国译协邀请德国译协访问中国;②准备在北京召开全国各地译协的秘书长会议;③在青岛举行翻译理论会议。

2月21日　胡乔木和梅益到姜椿芳家拜访。

2月23日　上午,中华诗词学会全国协调会。

下午,为中华诗词学会的成立做准备。

2月24日　上午,在和平街北口的七省市招待所,召开全国术语标准化技术委员会术语理论和应用分委会成立大会④。

---

① 林伯渠的女儿。

② 瞿秋白的女儿。

③ 林利、欧阳菲从小在俄国长大,俄语非常好,曾和姜椿芳一起参加中央文献室中译外的工作,"文革"中被诬陷为苏修特务,关押在秦城监狱,其中欧阳菲不幸被逼疯。据说欧阳菲是烈士的女儿,没有直系亲属。

④ 这个分委会挂靠在大百科出版社。姜椿芳是全国术语标准化技术委员会顾问。

姜椿芳说:术语标准化工作走了五十多年,半个多世纪以来,从实际工作中感到这方面的工作要有一个有权威的组织来搞。术语标准化不能仅靠几个出版社等单位,而要有一个政府机构来管理,要有一个权力机构来管理名词的统一和术语的统一。为了保证四个现代化和两个文明的早日实现,为了促进与世界各国的交流,我们必需使全国的术语标准化。术语统一要靠现代化的机器,即计算机,因此我们要普及和应用计算机。

2月27日　上午,参加政协文化组活动,关于成立民俗民间文化馆的问题。

下午,在中央编译局写30年代的上海党史。

2月28日　上午,在外文局召开中国翻译工作者协会理事扩大会。

下午,去中央编译局。

3月2日　下午,去民革中央找贾亦斌,为中华诗词学会筹措经费。

3月3日　上午,去八宝山参加原中央编译局副局长张仲实遗体告别会。

3月4日　上午,讨论承包及上海分社的管理问题。

3月5日　上午,为中华诗词学会第一次大会出刊写稿,题目:《歌唱赵尚志》。

下午,与周一萍一起去工商联,为中华诗词学会筹款。

3月6日　下午,去中央编译局查阅《时代日报》资料。

3月7日　上午,参加中华诗词学会筹委会会议①。

3月9日　下午,为中华诗词学会筹措经费,去王光美家。

3月13日　上午,去中央编译局查《时代日报》上有关"半周军事评述",为秦上校即为《姚溱的军事思想》写前言。②

下午,原时代出版社工作人员牟小东来访。

3月14日　上午,听林盛然谈上海分社情况。

3月15日　上午,参加政协常委会,听赵紫阳的报告。

3月16日　参加政协常委分组会,讨论赵紫阳的报告。

3月17日　上午,参加出版者之家筹备处成立座谈会。出席会议的有王子野、王仿子、许力以、胡德平、叶至善、王亦康、陈翰伯等。

下午,参加政协常委分组会。

3月18日　参加政协常委会。

---

① 会议在周一萍家召开。

② 没有来得及作为《姚溱的军事思想》前言,而在《上海党史》1989年第8期上发表,题目为《姚溱与〈时代日报〉》。

3月19日　下午,主持召开中国翻译工作者协会会议。①
3月20日　上午,参加政协常委会。
　　　　　下午,参加沈性元②遗体告别会。
3月22日　上午,请由作家苏曼华介绍的聂亚杰大夫用音乐疗法治疗眼病和糖尿病。
　　　　　下午,牟小东介绍山东的张维祥大夫治眼病和糖尿病。医生要求少用药和胰岛素。
3月23~25日　连续三天,不吃药,不打针,病情并无好转,便秘依然如故。不再试验,恢复吃药,仍然打胰岛素。
3月24日　上午,在政协参加党小组长召集人会。
　　　　　下午,在人民大会堂参加政协六届三次大会,在主席台上就座。
3月25日　上午,到远望楼宾馆参加政协的第34组小组会。
　　　　　下午3点,列席人民代表大会。
3月26日　上午,列席人民代表大会。
　　　　　下午,参加政协小组会。
3月27日　上午,参加政协小组讨论会。
　　　　　下午,拜访正在北京参加人民代表大会的黑龙江省省长陈雷,陈雷解决了中华诗词学会成立大会的经费。
3月29日　下午,林盛然来访。
3月30日　上午,参加政协六届五次会议小组会。
　　　　　下午,与原上海《文汇报》总编辑徐铸成谈上海30年代时的情况③。
3月31日　上午,政协六届五次会议小组会。会前与老新闻工作者顾执中谈话。
　　　　　下午,听政协六届五次会议的第二次大会发言。
4月1日　上午,政协六届五次会议小组讨论会。
　　　　　下午,中国翻译工作者协会在姜椿芳家开理事会。
4月2日　上午,去北京医院查血糖(128)。
4月3日　上午,听政协六届五次会议的第三次大会发言。

---

①　会议在叶水夫家召开。
②　沈性元是钱昌照的夫人。
③　徐铸成要搜集上海过去的情况,准备写上海史。

下午,到日坛宾馆参加中共上海市委组织的上海党史的讨论会。

4月4日　上午,参加政协小组会。

4月5日　上午,参加龙潭湖公园举行的清明诗词会。

4月6日　上午,去中央编译局阅读中央8号文件。

下午,参加政协常委会。

4月7日　上午,参加政协六届五次大会的活动,小组照相。

上午10点,与林盛然一起去通县结核病和肺部肿瘤研究所看望社科二部副主任刘加乾。

4月8日　上午,在家接待中华诗词学会周一萍和汪普庆的来访。

下午,去人民大会堂参加政协六届五次大会。

晚上,在远望楼宾馆参加政协六届五次大会闭幕式宴会。

4月9日　上午,在家:①为上海的故事集写文章,寄给上海《解放日报》记者张默。②为共青团中央举办的《华夏一日》文集写指导性意见。《华夏一日》文集以1987年5月21日为准,邀请刘尊棋为主编,姜椿芳为顾问。

4月10日　上午,到中央编译局查阅《时代日报》有关秦上校编写的半周军事述评专栏情况,为《姚溱的军事思想》写前言。

4月11日　上午,在大百科出版社开会。

下午,陪同上海来的政协代表、原《时代日报》记者陆诒和编辑出版界知名人士郑炳中看望老友叶水夫、许磊然和倪海曙。

4月13日　上午,在大百科出版社:①李鸿简来谈上海分社有关《语言·文字》卷的出版问题;②林盛然谈事,并转来出版局有关职称办公室的密件一份;③与金常政谈话。

下午,政协工作组沈晓昭和王德虎来谈政协文化组的工作。姜椿芳说:政协文化组的工作,主要是戏曲、音乐,包括乐队、歌唱,歌剧,目前戏曲处于停顿,音乐也同样。再就是出版,新闻问题。文物保护、文学问题,电影也存在问题。老演员没有戏演,还有老年人问题,希望排一下队,逐个解决。开了会要有收获,要解决问题。

4月14日　上午,去北京医院治牙,因为过了预约时间,要等一个多小时,于是去二楼看望住院的刘晓①和周扬,去三楼看望曹靖华。

---

① 刘晓1955~1962年任驻苏大使,1962~1966年任外交部常务副部长,"文革"被关在秦城监狱7年之久。

下午3点,去军科院参加中国译协军事科学翻译委员会成立大会。会上伍修全、姜椿芳、曹汀作了发言。

4月15日　上午10点,去八宝山参加司徒慧敏遗体告别会。

下午,在国际俱乐部电影馆听英国前首相希思的国际形势报告。

4月16日　上午,在大百科出版社:①赵仲元来谈接待苏联大百科全书出版社的客人问题;②去金常政办公室谈话;③读《语言·文字》卷的"百科全书"条目中长条样。

下午2~4点,在政协三楼大厅参加由《新华日报》、《救亡日报》、《群众周刊》、《国际新闻社》、《香港华商报》5个新闻单位举办的在京战友联谊茶话会筹备组会议。

晚上,大百科出版社在和平门全聚德烤鸭店宴请苏联大百科全书出版社的客人,姜椿芳坐陪。

4月17日　上午,去北京医院口腔科治牙。

下午,去北京饭店拜访来京参加全国人民代表大会的香港《大公报》社长费彝明先生,一方面是会友,另一方面是为解决中华诗词学会的经费问题。费先生说可与王光英联系,请他解决一部分。

4月20日　上午,听取工作汇报。①赵仲元汇报:接待苏联大百科全书出版社的副社长的情况。②徐慰曾谈《简明不列颠百科全书》的工作,他说闵洁①找他谈话,要他退休,并要他交待《简明不列颠百科全书》的工作,但是谁接他的工作?③林盛然来谈职称问题。

下午,中国翻译工作者协会常委在姜椿芳家开会,讨论去香港的名额问题,叶水夫、林煌天、宋书声、李越然、浦寿昌到会。

4月21日　上午,去新闻出版署参加高级职称评定会。

下午,在政协工作组的办公室开会讨论出版方面的工作。参加会议的有王益、邵毅、叶至善。他们决定用两个月的时间调查,第三个月分析研究调查材料,第四个月拿出意见,送中央、政协、新闻出版署。在了解调查中,还应了解国外的情况。

4月22日　上午,请聂亚杰大夫到家里来,用音乐疗法治疗眼睛和糖尿病。

4月23日　在中央编译局接待美国戏剧工作者罗汉玉和罗高星的来访。他们请姜椿芳介绍西方歌剧在中国的发展情况。姜椿芳说:俄国十月革命之

---

①　闵洁时任办公室主任。

后,即1917年,很多俄国的歌舞剧演员跑到中国的哈尔滨,中国人最早接触外国的歌舞剧是在哈尔滨,我1928年到哈尔滨,在那儿看到俄国人演出的芭蕾舞剧。1933~1934年日本占领哈尔滨,在那里的俄国演员都转移到上海,我1936年去上海,在那里看到他们的演出。最后罗汉玉和罗高星向姜椿芳借走了7张照片和一批英文的有关阿隆·阿甫夏洛穆夫的材料。

4月25日　上午,聂大夫做音乐治疗,似乎对便秘有些疗效。

下午,河北乐亭的祖志铎①来访。

4月26日　上午,请聂大夫用音乐疗法治疗眼病和糖尿病。

4月27日　上午,去北京医院查血糖。

下午,去中央编译局。

4月28日　上午,①给袁励康、丁毓珠写回信。给政协工作组的沈晓昭写信。②周潜川大夫的儿子周巢父来访,他懂得医术,给姜椿芳的糖尿病和便秘开了一个偏方。

4月29日　上午,去中央编译局。

9点半到家,接到同仁医院的电话,说有床位,可以进行青光眼的手术治疗。

11点半,去同仁医院办住院手续。②

4月30日　在医院做常规检查。

---

① 祖志铎是乡村教师,因姜椿芳在《人民日报》上发表的文章《学点外国文》,他感兴趣,后来结为朋友。

② 姜椿芳的青光眼病,在秦城监狱7年没有治疗,愈来愈严重。出狱后,他一心想推动编辑百科全书的工作,1976~1977年,主要是调查研究,国内外有关百科全书的资料,根据所掌握的材料,写成建议书。1978年将建议书送到中央常委,李先念等同志都画圈表示同意。商议之下决定由姜椿芳同志负责筹备成立中国大百科全书出版社。他一心想在他的有生之年,把百科全书编出来。由于"文革"耽误了十多年,科技领域、社会科学领域都出现了断代的现象,必需抢救,在老专家有生之年把他们的知识传承下来。眼科大夫早就劝他做手术。后来,他也觉得眼睛一天天看不清了,但是不舍得停下工作来治病。1980年8月应美国不列颠百科全书公司的邀请,中国大百科全书出版社组团访美。在美访问期间,姜椿芳的大女婿洪坚正在中国驻美大使馆科技参赞处任三等秘书,他女婿事先为他联系了美国国立卫生院。在那里对他的眼睛做了检查,并说他们可以免费给他治好眼病。但是他放不下工作。

现在胡乔木不要他再管百科的工作了,他就为自己列了一个工作计划,分两部分:一是计划编辑几本书,有杂文集、译诗集、戏剧电影评论集、独幕剧集、苏联少数民族小说集、序文集、怀念集,翻译小说《上海——罪恶的都市》。二是计划要写几篇文章,冼星海母亲及其他,一个劳动妇女的一生(回忆母亲)、孙尚香夫人等等。由于姜椿芳当时视力很差,他决定先安排时间,治疗自己的眼睛,他竭力想维持仅有的一点视力,以便更好地进行他未完成的工作。

5月1~2日　医院放假,没有安排任何检查,觉得非常无聊。

5月3日　上午,眼科主任张淑芳大夫和邓慧娟大夫一起对姜椿芳眼睛做详细检查。

5月4日　上午,张主任说姜椿芳的青光眼病已经发展得很严重,右眼更差,本说可以采取激光治疗,现在看来只能做手术,而且要冒风险,也许在手术过程就失明。因为血糖高,会使切口不愈合,所以血糖降低时才能做手术。

5月8日　上午,血糖164.6,尿糖(＋＋＋),由于化验指标太高,不适宜手术。

　　下午,①中华诗词学会的周一萍来探望;②周汉民等哈尔滨的《人生知识大辞典》编辑部人员来访,请姜椿芳担任主编,被拒绝了;③林盛然来访。亲友来访。

　　晚上,林盛然又来(因为白天来访者太多,没有谈上话)。

5月10日　下午,亲戚蒋志铭夫妇及他们的女儿蒋秀兰来访。许磊然来访。

5月11日　上午,血糖178,尿糖(＋＋＋)。

　　下午,邓大夫来查房,她说胰岛素要调整剂量,多打一次。给北京医院蒋国彦大夫电话,请教他如何调整胰岛素的剂量。

5月12日　下午,①中央编译局的宋书声和刘秉年来探望;②大百科出版社赵仲元和闵洁来探望。

5月17日　下午,①上海外国语大学第一期校友张舆、濮阳翔来访;②大百科出版社白以素和原明来访。亲友来访。

5月18日　上午,去北京医院查血糖,去政协参加文化组的会。在家午休后,去编译局理发并看望老同事们。晚饭后回同仁医院。

5月19日　上午,查血糖129,尿糖(－),邓惠娟大夫立刻来病房给姜椿芳做术前准备。

　　下午,①青年艺术剧院的胡辛安带来黄佐临的信;②大百科出版社的金常政、张曼真来访。

5月20日　上午8点,进手术室。

　　8~10点,手术,大夫说手术顺利。

5月21日　上午,张主任和邓惠娟大夫来查房,给眼睛换药。

5月22日　上午,术后换药,邓大夫说,昨天张主任忘了姜椿芳是糖尿病人,用手压了一下他的眼睛,现在有一点出血,但是不要紧,血能被吸收。

下午,①政协工作组沈晓昭和杨德虎一起来探望,还带来了礼物;②林盛然和石磊一起来探望,他们向姜椿芳汇报发稿情况,《军事》卷今年底要发稿,《世界经济》卷已发稿。亲友来访。

5月23日　上午,右眼换药,大夫想放瞳孔看眼底,但是放不开,邓大夫说:等拆线后再做放瞳检查。

5月24日　上午,邓大夫发现姜椿芳的眼睛肿了,输液1小时,休息一天。

下午,黄铁城来访。

5月25日　上午,邓大夫来查房,右眼已消肿,拆了线。邓大夫说星期五查血糖,如果血糖情况好,下星期一可做左眼手术。

5月26日　上午,邓大夫检查姜椿芳的右眼,说还有水肿,所以视力没有提高。

下午,中央戏剧家协会的刘厚生和柳以真来访。

5月27日　上午,右眼看不见了。发现右眼仁上有血渍,邓大夫说:马上输液,卧床休息两天。并打了一针止血药。

5月28日　上午,大夫给姜椿芳右眼滴塞马心安,抹油膏,蒙上纱布。然后输甘露醇,以加快血流速度,尽快把眼睛上的淤血消除。

5月29日　上午,空腹查血糖87,尿糖(－)。能看见东西了。邓大夫、王大夫说姜椿芳右眼好多了,瞳孔已经露出来了。可停止输液,但两眼仍要覆盖。

下午,赵尚朴,叶佐群、叶水夫、唐守愚、吴小佩、沈希文等分别来访。

5月30日　上午,怕血糖太低,没有注射胰岛素。双眼蒙盖的纱布去掉了。两眼眼皮肿,怀疑有肾病,遂去内科查尿常规,检查结果正常。

5月31日　上午,到政协礼堂参加中华诗词学会成立大会,与来宾习仲勋、楚图南、赵朴初、杨静仁等合影留念。姜椿芳在会上作了书面发言(请别人念发言稿)。会上选举赵朴初和楚图南为名誉会长,钱昌照为会长,姜椿芳为常务副会长。

下午,在家写了8封信,写一段空一段,还有重叠,看来手术后,视力并无改善。

晚上,回同仁医院。

6月1日　上午,打10个单位的胰岛素,邓大夫检查,认为姜椿芳右眼眼仁上的血渍还没有完全吸收,仍需吃云南白药。还要多点几次米多林散瞳的药,加强瞳仁的活动,免得打开的洞被堵塞。

9点半~10点,萧军①到姜椿芳病房来聊天,谈论木兰词和琵琶行。

6月2日　上午,血糖96,尿糖(-),邓大夫做过检查后,说姜椿芳右眼对血的吸收情况不好,眼压:左眼17,右眼25。照理右眼做了手术,眼压应该低些,说明右眼出血后,有血块,使洞有一半堵塞,所以眼压上升。

下午3点后,上海分社的社长兼总编辑罗洛等来访。

6月3日　上午,检查眼压,左眼17.8,右眼17.7,邓大夫对右眼稍做按摩。

6月5日　下午,山西大同市翻译工作者协会的吴宝田来访;上海市的京剧演员董春柏来访。

6月6日　上午,眼压:左眼17,右眼20。张淑芳主任说:如果右眼手术后还不如手术前,那么左眼的手术可以不做。但是邓大夫不这么认为。

6月8日　上午,邓大夫对姜椿芳的右眼做了检查,说右眼的血都已经吸收了。邓大夫认为,只要血糖正常,最好马上进行左眼手术,否则再过2~3个月,左眼的瞳孔也在缩小,手术就更难做了。

6月9日　上午,血糖118。右眼内的血都被吸收了,以后每天按摩右眼3次,每次30下。视力(戴着眼镜):左眼0.06,右眼0.05;眼压:左眼15,右眼17。

下午,原上海时代出版社常晓帆来访。

6月10日　上午8点,进手术室做左眼手术,9点45分回病房,邓大夫说手术比较顺利。

下午3点后,邓大夫给右眼按摩,并吃云南白药。

6月11日　上午,邓大夫来为左眼换药,认为这次左眼的手术很好。

6月12日　上午,换药并点散瞳的药。

下午,金常政和赵仲元来探望。他们第二天就要代表中国大百科全书出版社去苏联大百科出版社访问。

6月13日　上午,邓大夫给姜椿芳点5次散瞳药,看了左眼的眼底,认为视神经由于青光眼引起萎缩。

6月14日　下午,人民日报外文版的田禾来访。

6月15日　上午,邓大夫来检查眼睛,认为左眼手术很好,去掉纱布。

下午,姜椿芳把自己写的文章"八年抗战中上海的新闻出版"又做了

---

① 在医院偶遇萧军女儿萧耘,才知道萧军也住同仁医院。

一次修改①。

6月16日　上午,左眼拆线,两眼每隔2小时点一次氟氯霉素,每天三次米多林。眼压:左眼12,右眼17。

下午,萧军的夫人王德芬来访;出版社司机张焕宇、李光夏来访。

6月17日　上午,眼压:左眼14,右眼17,点氯霉素和氟氯霉素。

下午,邓大夫查房,左眼眼皮有点肿,认为是正常的。

6月18日　上午,查视野,邓大夫认为比术前有改善,但是姜椿芳认为不如术前,眼前一片模糊。王大夫说,出院一个月会好些。

下午,请假离院,看望老朋友叶水夫和倪海曙。

6月19日　下午,在家写"八年抗战中上海的文艺工作"。

6月20日　上午,回医院,邓大夫检查,两眼都点磺胺药3次,点可的松3次。姜椿芳要求再请假两天。上午9点到中央编译局理发,并去见局长宋书声。10点半在中央编译局读中央文件。

下午3点25分,在政协与中央领导同志邓颖超、习仲勋等合影后,接着开会到5点半。

当天晚上住家。

6月21日　上午,去政协开小组会。

下午,老朋友盛草婴、苗林、屈洪等来访。

晚上住家。

6月22日　上午,注射10单位胰岛素,吃过早饭去同仁医院,邓大夫检查眼睛,两眼都可按摩,每天3次,每次50下。

下午,在医院修改"八年抗战中上海的文艺工作"。

6月23日　上午,血糖168,邓大夫检查两眼,认为恢复得还可以。

下午2点半,去建国饭店见美国不列颠百科全书公司总裁吉布尼等人,3点多回中央编译局,找宋书声谈话。

晚上,在家。上海外国语大学的梅家驹来访;屈洪来访。

6月24日　上午,参加全国政协地方工作组会议的大会发言。

下午2点15分,到农业展览馆旁的招待所参加"《中国农业百科全书》首批卷出版新闻发布会",并在会上作了发言。

---

① 由别人念,他口述进行修改。

晚上,请吴兴达①到家里吃饺子,确定他与三女儿姜岩(原名姜望娜)的结婚日期②。晚上住家。

6月25日　上午,去同仁医院。继续向医院请假两天,医院不同意,他们说医院有制度,不能随意请假,于是回家取了几封邀请函给护士看后,才同意请假。10点半回到中央编译局,看中央文件。

下午,3点到政协参加中国韬奋基金会成立大会。

晚上,给大同市翻译协会成立会写贺信。住家。

6月26日　上午,在政协三楼大厅参加"全国地方政协工作组(委)工作会议"的闭幕式,会后去中央编译局,读中央文件。

下午2点半,到北京大学哲学楼101室,参加北京大学研究生文学和翻译研究会成立大会,并在会上发言。

晚上6点,回同仁医院,开始测量24小时的眼压,每隔两小时测量一次两眼的眼压。

6月27日　上午,继续测量两眼的眼压,准备办理出院手续。

下午2点,最后一次测量眼压,眼压比较稳定。邓大夫给姜椿芳开了眼药③,嘱下周六上午还要到病房来(因为要配低视力眼镜)。出院。④

6月28日　上午,看望中央编译局的工作人员张舆(上海外国语大学第一届学生);看望小儿子解生。

晚上,写了5封信。

6月29日　上午,到人民文学出版社招待所参加译协文学翻译协会举办的"高尔基翻译经验交流会"。

下午,去中央编译局。

晚上,艾中全的二女儿由外地调回北京,来拜访姜椿芳。

6月30日　上午,去大百科出版社,分别与李钦、林盛然、肖德荣来谈话。

下午,去中央编译局。3点侨委办的《桥》杂志社的编辑赵正林来约稿,希望写与国外交往方面的文章。

---

① 吴兴达是农业部规划设计研究院党委书记。
② 三女儿姜岩和三女婿程林,原在银川工作,1984年10月,程林脑溢血去世,姜椿芳让大女儿妮娜到银川把孤苦伶仃的女儿姜岩和外孙子程悦接回北京,同时关心她的后半生幸福。
③ 因为姜椿芳是青光眼的晚期病人,所以仍然要点匹洛卡品。
④ 治疗眼病总结:4月29日~6月27日住同仁医院,5月20日右眼手术,6月9日左眼手术,期间请假出来参加活动9次。

7月1日　上午,去人民文学出版社招待所参加"高尔基翻译经验交流会"闭幕式。

下午4点,屈洪来汇报山西大同译协成立大会情况;《解放日报》驻京代表张默来访,要求为《上海滩》杂志写文章,内容为有关上海地下党的党史。

7月2日　上午,写信8封,并为中央编译局写了一个证明材料。

7月3日　上午,到北京医院查血糖(163),尿糖(＋＋),然后到野草诗社社员张报家,接他一起到大百科出版社,再接了金常政,三人一起去看望野草诗社社员汤茀之。

下午4点,去中央编译局。

7月4日　上午,到同仁医院复查双眼的房角;到北京医院找蒋国彦大夫开治糖尿病药;看望陈冰夷①;看望董竹君。

下午,翟富中、常萍来访。

7月6日　上午,去大百科出版社,杨哲、林盛然、冯雪明分别来看望。去李慧芳②家向她祝寿。

下午2点半,译协的李越然、浦寿昌、宋焕文、叶水夫、林煌天来姜椿芳家开会。

7月7日　上午,参加在政协礼堂举行的"七·七"事变五十周年纪念活动。

下午,原时代出版社的常晓帆来访;读中共上海局党史(1945~1949)的材料,为第二天的讨论会做准备。

7月8日　上午9点,在姜椿芳家举行"上海局党史(1945~1949)讨论会",参会人有唐守愚、吴小佩、王楚良、梅益、艾中全、郑森禹等。

上午,曹瑞来③来访并送来糖尿病的疗效粉。

7月9日　上午,给上海党史办写信汇报讨论会情况,先寄给唐守愚请他修改后再寄上海。

下午,去同仁医院找眼科邓大夫看眼睛。

7月10日　上午,去大百科出版社,张曼真来谈她的职称问题,她低报,希望领导全面衡量;找肖德荣,了解深圳百科苑的颜政邀请信,了解颜政其人。

---

① 陈冰夷是姜椿芳上海时代出版社的老朋友。
② 京剧演员,1940年前后曾是上海"艺友座谈会"的积极分子。
③ 曹瑞来发明了"分组标检索法",此法是一项颇具创造性的研究成果。

7月11日　上午,在家写信,并写了一篇稿:《音乐剧和戏曲》,准备投寄《桥》杂志社。

7月13日　上午,在大百科出版社,李鸿简来谈她的职称问题,她说来百科编了四本书,要求评正编审;李钦来谈他8月份要去党校学习半年。

下午,去中央编译局取信和报纸。

晚上,姜其煌来访;给刘厚生写回信,内容是关于周信芳纪念馆及研究会的会长,顾问等名单的意见。

7月14日　上午8点半,到同仁医院检查双眼的眼压:左眼18.86,右眼13.35。

9点,去社科院参加"金岳霖学术基金会"成立会①。胡乔木也参加了此会。姜椿芳讲:1953年中央编译局开始只是编译斯大林和列宁的著作②,马恩著作没有力量翻译,于是组织北京大学的季羡林等翻译,金岳霖从1955年开始组织很多人翻译了大量马恩著作。

7月15日　在中国大百科全书出版社新楼参加职称评定会。

晚上,剧协的柳以真谈到上海昆剧演员岳美缇等问题。

7月16日　在大百科出版社的新楼开会讨论职称问题。

晚上6点半,三女儿姜岩和吴兴达举行婚礼,姜椿芳、张安英和在京的子女及第三代参加婚礼。

7月17日　上午10点45分,江树峰③来访。

继续讨论职称问题。

7月18日　上午,在大百科出版社新楼讨论职称问题。参加职称评定会人员有梅益、赵仲元、林盛然、石磊、金常政、叶佐群、吕东明、黄鸿森、全如瑊、李钦、张慈中、李牧力、周小平、王德有。

7月20日　上午,写了两封信;修改给《桥》杂志社的文章《音乐剧和戏曲》。

下午,上海华东师大杨雪芬等两人来访,了解抗日时期怎样办时代刊物的情况。

晚上,时代出版社工作人员孙世镇和宣燕音夫妇来访。

7月21日　下午,去同仁医院量双眼眼压,双眼眼压都是14.6,视力:左眼0.06,

---

① 金岳霖为哲学家,他有两本遗著,只有一万多元的稿酬,加上资助的钱,资金有限,需要募集资金。
② 因为中央编译局大多数人都是俄文翻译。
③ 江泽民的叔叔,中华诗词学会会员。

右眼 0.05(戴着眼镜);到中国民间文艺家协会副会长贾芝家拜访。

7月22日 去大百科出版社新楼讨论上海分社员工的职称问题。

7月28日 在家写信,处理3个月以来的信件并复信。

7月29日 晚上,去天桥剧场看由曹禺的小说《原野》改编的歌剧《原野》。

7月30日 上午,为《姚溱的军事思想》写前言。

8月6日 上午,修改《人民日报》海外版准备采用的"八年抗战的上海"一文。

下午,修改为《姚溱的军事思想》写的前言。

8月7日 上午,到太仆寺街的民间文艺研究会开会,讨论民间文艺博物馆筹建问题。

8月8日 上午,中华诗词学会借用民间文艺研究会的会址开会。参会人员:姜椿芳、周一萍、汪普庆、张报、王澍、林林等。讨论了五个问题:①由汪普庆负责找房子;②由汪物色工作人员;③出集子问题;④先搞一个《通讯》,每2个月一期;⑤要有中华诗词学会的会员证,还要交会费。

8月10日 上午,去北京医院查血糖(210),尿糖微量;去同仁医院查眼压,左眼10.2,右眼10.2;去叶水夫家,递交"姜椿芳简历"①。

下午3点半,政协工作组的王德虎来谈第二天的外事活动。

8月11日 上午,在政协接待西德联邦议会内政委员会议员访华代表团一行11人,会议由姜椿芳主持。由姜椿芳介绍中国的政协。西德代表提出问题:①政协与人大有何关系?政协在人民中的影响;②政协委员由哪些方面协商产生?各组组长是怎样产生的?提案如果被否决后,能否还有机会再提出别的提案?③既然政协有这么大的作用,你们是否可以具体地举出一两个文艺方面的提案,告诉我们最后怎样解决的?④关于妇女问题,毛主席说妇女能顶半边天,在一些决策性的问题上妇女是否能占一定比例;⑤听说你们的艺术工作者都是国家职工,但也有业余从事写作和音乐活动的人,如果有农民写了小说,要发表怎么办?针对西德朋友提出的问题,姜椿芳和政协其他同志们一一作了解答。

8月14日 上午,在家读《时代》杂志上有关归侨的文章,做为《归》写序的准备工作。

---

① 因叶水夫将赴荷兰参加"国际译联第十一次代表大会",若"国际译联"能接纳"中国译协",就要"中国译协"会长的简历。

8月15日　上午,去大百科出版社,杨哲、原明等找姜椿芳谈话。11点去出版社附近京剧演员李慧芳家走访半小时。

下午,给同仁医院眼科大夫邓慧娟、姜抗生、祖志铎、吴一虹各写一封信。

8月18日　上午,为参加中国译协第二次全国民族语文翻译学术研究讨论会做准备。

晚上,乘火车去内蒙通辽。

8月19日　同一包厢有周珏良①、段连城②,同行的还有译协的芮敏。

下午2点多,到达通辽,住哲里木盟宾馆。

8月20日　上午,中国译协第二次全国民族语文翻译学术研讨会开幕。这次会议有代表145人,23个民族,21个语种。姜椿芳讲话一个多小时,很受欢迎。③ 会后认识了辽宁日报朝文版的朴渊顺、内蒙语委的阿日亚。

下午,周珏良作学术报告。

晚上,哲盟文工团表演节目。

8月21日　上午,参加研讨会,段连城作学术报告。

下午,小组讨论,姜椿芳先后到哈文组、云南贵州少数民族组、西藏组参加讨论。

晚上,补写发言稿④。

8月22日　上午,小组活动,姜椿芳去朝文组。

下午,继续补写发言稿。5点新疆的德林来访。

晚上,把发言稿交到秘书组。

8月23日　上午,大会发言。

晚上,乘火车回北京。

8月24日　下午2点,到达北京。

8月25日　上午,血糖198,尿糖(++)。到同仁医院查眼压。然后去许磊然家,商议给蒋天佐送花圈问题。

下午,迟衡昌来访,要求姜椿芳为翻译作品《归》写序,谈话两个多

---

① 北京外国语学院教授。
② 原外文局的局长,时任译协副会长。
③ 发言提纲刊载《民族译坛》第3期,1987年。
④ 因为在开幕式上的讲话只有提纲,会上要求交发言稿。

小时。

8月26日　上午,去大百科出版社新楼继续讨论职称评定问题。

晚上,读报、读《归》的有关材料。

8月27日　上午,看望萧军。

下午,去中央编译局。

8月28日　上午,去北京医院眼科量眼压:左眼20;右眼17;称体重69公斤。然后接陈冰夷一起去楼适夷家,三人合影,并商议给蒋天佐送花圈等事宜。

下午,去中央编译局。

晚上,给萧军写证明信。

8月29日　上午,去中央编译局,给北京市文联寄去为萧军写的证明信。

下午,李慧芳来访。

8月31日　上午,写"歌唱赵尚志"的诗,给《野草》投稿,作注解。

上午11点,家乡常州的小学同学袁励康(又名袁彦椿)的前妻陈涓来访。

下午,①到北京医院骨科看检查的结果,大夫说脊柱上有骨刺,无影响,老年人都有的。②到周一萍家,周说,钱昌照认为诗词学会要多做一些实实在在的事情。他建议开一个副会长的会,一共21个副会长,在北京的有周一萍、姜椿芳、张报、林林、张璋、钟敬文、汪普庆、江树峰。要讨论两件事:组织分工和今明两年的工作。要出两本书《中华诗韵》、《中华诗选》。分工问题:学术委员会钟敬文和江树峰负责;编辑出版由姜椿芳和毕朔望负责;教育委员会由周一萍和张璋负责;外事委员会由林林负责;基金委员会由张报负责。

9月1日　上午,①去外文局先找《北京周报》的总编辑汪有芬①。②到译协见译协工作人员金缨和芮敏。③到花园村老虎庙看望上海地下党时的战友,唐守愚的夫人吴小佩。

下午,在人大会堂参加京杭运河座谈会。

晚上,洪有舒②来访。

---

① 汪有芬是高度近视和白内障,在美国换了人工晶体,现在视力很好。并听说,明年美国有一个医疗队来中国,并有人工晶体。

② 洪有舒原为上海外语学校学生,当时在联合国工作。

9月2日　上午,陪苏德那木达尔扎①去大百科出版社找全如瑊谈话。

9月3日　上午,在家分别给阿日亚、吴墨兰、汤人吉写信;去中央编译局,11点半回家;中华诗词学会鞠胜来访。

　　　　下午,①到同仁医院检查眼睛。要求邓大夫写他的详细病情,及眼睛的房角大小,寄往美国,探讨明年美国医疗队来时,给他换人工晶体的可行性。②去叶水夫家,把楼适夷、陈冰夷和他的钱,一起交给叶水夫妻子许磊然,请她寄到蒋天佐的治丧委员会,买花圈。

9月4日　上午,①王丽华等两人来姜椿芳家,谈他们的革命工龄问题。他们是上海俄文学校第二期的学生,1950年入学。②中央编译局工作人员张志、范以楠来访。

　　　　下午,董锡玖来访,谈欧阳予倩的纪念活动问题。

　　　　晚上,常晓帆来访。

9月5日　上午,在中华诗词学会会长钱昌照家开会,讨论分工和今明两年的工作。钱昌照讲话:现在"诗韵"和"词综"很重要,我们能在这方面做些工作,就能站住脚。具体分工:钟敬文、江树峰负责学术研究;姜椿芳和毕朔望负责编辑出版,出诗刊、图书、论著、诗集等;周一萍和张璋负责教育,管函授、录音、录像、书法等;齐光和张报负责基金;林林和汪普庆负责对外联络。最后谈房子问题,办公室的问题。与会人员有钱昌照、周一萍、王澍、林林、毕朔望、张报、汪普庆、江树峰、齐光、张璋、姜椿芳、高野夫。

9月7日　上午,北京医院检查,血糖152,尿糖(-)。

　　　　下午,去中央编译局。

9月8日　上午,①到市长林乎加家,请林乎加给剧协的柳以真写封介绍信,因柳以真要去大庆油田募捐;②到剧协找刘厚生,关于欧阳予倩基金会的问题,并把林乎加写的介绍信交柳以真同志;③去中央编译局,向岑鼎山要潘克拉托娃②的地址。

　　　　下午,去林利家,把潘克拉托娃的地址交给她,以便林利在苏联访问期间去探望他们以前一起工作过的同志。

9月9日　读十三大文件。

---

① 呼和浩特中蒙医研究所工作人员。
② 潘克拉托娃曾是编译局的苏联专家。

9月10日　读《中东铁路》,为写译著《归》的序做准备。

9月11日　上午,去北京医院查血糖、尿糖、肝功、体重。血糖276、肝功40;体重68公斤①,眼压:左眼14.6,右眼:14.6。

9月14日　上午,感觉肝区不舒服,去中医院看病。作心电图,心跳100,心电图基本正常。肝功能略高于正常值,建议12天后再复查。

9月15日　上午,到中央编译局查曾经在报纸上发表过的《愈远愈清楚》,准备为《俄苏文学》杂志写纪念苏联十月革命七十周年的文章。回家后着手写文章。

　　下午,周一萍来谈中华诗词学会的问题。

9月16日　上午,去中央编译局医务室找顾大夫谈病况。

　　下午,修改为《俄苏文学》写的文章;分别给贺国新、聂亚杰、陈欣望、陈涓等人写信。

9月17日　上午,①去邮局发信,并给《俄苏文学》杂志社寄文章《向十月革命致敬》;②到中央编译局理发,11点钟回家,感觉疲劳,卧床休息。

　　下午3点,写解放前上海电影界的情况,涉及上海的苏联亚洲影片公司的情况及上海电影艺术界党组织活动的情况等。②

9月18日　上午,北京医院查血糖281、尿糖(+)、体重67公斤;在东郊民巷10号参加(中华诗词学会)副会长会议,讨论有关人事安排问题,汪普庆正在发言,姜椿芳体力不支睡着了。

9月19日　上午,①去北京医院检查,照胸部透视片,查尿常规,基本正常。大夫要他做B超和胃肠造影检查。②请徐鸣珂写挽联悼念曹靖华。

9月21日　上午,空腹去北京医院做B超和胃肠造影,胃肠造影正常,B超发现肝脏有问题,要做CT检查。

　　下午4点,到政协参加在京政协常委的活动日活动;看望贺龙的前妻蹇大姐。

9月22日　上午,去八宝山革命公墓向曹靖华遗体告别。

9月23日　上午,①把高谧寄来的页码检索法转寄给曹瑞来;②给梅家驹写信;③把汤人吉寄来的有关歌咏史资料转寄给吕骥;④给袁彦椿写回信,帮

---

① 肝功正常值为30,不久前体重69公斤。

② 写的文章后来在《上海党史》月刊总第90期1990年第11期上发表。题目《三四十年代苏联亚洲影片公司在上海和重庆的活动》。

张佩琴写了一封给红十字会香港办事处的信,帮助寻找在台湾的妹妹张佩兰。

晚上,上海分社的何兆源和小顾来访。

9月24日　上午,①空腹去北京医院查肝功能和血糖等,血糖231、肝功46;②去北京医院普通门诊的牙科,为陈冰夷的夫人袁佩兰找汤大夫,接袁佩兰到汤大夫处治牙。③去大百科出版社见林盛然。

下午,见曾三,他81岁,眼底坏了,失明,有严重的便秘。向他了解治眼有什么更好的办法。

9月25日　上午,新闻出版署徐建平来电话,通知定于29日上午召开职称评定会,因为姜椿芳病了,提出换人。

下午,译协《中国翻译》杂志的编辑崔向英带来其他5位同志,他们倡议成立在中国翻译工作者协会领导之下的青年翻译工作者协会。姜椿芳说:各地区成立青年翻译工作者协会还好办一些,开会可以在学校的招待所,经费问题不大,但是如果成立全国性的就要通过劳动人事部、中宣部。挂靠在哪个单位?经费怎么办?

9月26日　上午,去北京医院蒋国彦大夫处看病,医嘱胰岛素要加量,早12单位、晚10单位。

9月28日　上午,去北京医院做CT检查,血糖199;去王竹亭①家。

9月29日　上午,去大百科出版社到各个办公室向大家祝贺国庆节快乐。

9月30日　上午,去北京医院取CT检查结果,怀疑肝、胰腺肿瘤,决定过节后再住院。

晚上,妻子张安英的侄女婿乐意和侄女张慧珠来访。

10月1日　请气功大夫治病,用点穴的办法,使郁气发散,当晚睡得很好。

10月2日　清晨有低血糖的表现,马上吃早饭,喝糖水,没打胰岛素。

10月3日　下午,中华诗词学会周一萍、汪普庆来访;张伯良来访;沈希瑞来访;亲友等来访。

晚上,气功大夫来治病。

10月4日　上午,清晨心慌,虚弱,打过胰岛素后吃饭,9点到北京医院住院,体重66.5公斤。

---

① 王竹亭是土木工程编辑委员会的委员,因为王竹亭家和姜椿芳家相距很近,他们经常互访。

10月5日　上午,做化验,血糖225。在院子里散步,走900步。

10月6日　9点20分,大夫来查房,金主任讲,姜椿芳在1986年6月17日照的CT,与现在CT片比较,胰腺囊肿照旧,但是肝上出现一些小圆点,像是肿瘤转移,但原发的癌在什么地方,还需要查结肠镜后确珍。

下午,眼科大夫邓慧娟和董竹君的儿子夏大明来访。

10月7日　上午8点半,到户外走1000步。

下午,政协的工作组同志来访。

10月8日　上午,做结肠镜窥察,事先洗肠三次,结肠镜发现肠上有些小白点,在小白点上取出一些做活检,没有癌变。

下午,写了两封回信;广安门医院的肿瘤科余桂清大夫来治病;中央编译局的宋书声、刘秉炎、荣子卿、周慧珍来访。

10月9日　上午,空腹做CT加强检查,体重63.5公斤。10点回病房打胰岛素。早晨明显感到脚底痛。

下午3点,周信芳之子周崇圣来访。

下午4点,周主任说姜椿芳患的是肿瘤,CT发现胰腺比去年增大,认为胰腺癌是原发性的癌,而肝上是转移的癌,没有好的治疗办法,只有用中药。

10月10日　上午10点,大夫检查,心率快,100次/分。

10月11日　下午,金常政和张曼真来访。

10月12日　上午,空腹查血糖。9点到院子里散步觉得无力。

下午3点,大百科出版社的翟富中、常萍、吴江江、王华芳夫妇来访。时代出版社的老同事许磊然来访。王华芳的丈夫给姜椿芳做气功,并教他灌气法。

10月13日　早晨,出去散步,回来觉得胸闷,输氧。

10月14日　病房大查房,肿瘤医院大夫来会诊,会诊结果与原来的诊断相同,化疗和放疗疗效低,可出院。

下午3点,余桂清大夫来看病;去看望在北京医院住院的刘晓、周扬、廖梦醒、连贯、庄希泉等同志;4点后,王元化来访。

10月15日　上午,感到左边胸部不舒服,9点钟窦岩主任和胡大夫来查房,说是胰腺痛,服用神经性的药物。

11点,出院。因为在医院没有什么治疗方法,只有吃中药,所以决定回家休养。

　　中午,张焕宇来访。

10月16日　早晨7点起床,自己做保健按摩,然后做气功六字诀,打胰岛素。

　　下午,山西大同翻译工作者协会吴宝田来访。

10月17日　上午11点,王华芳来教灌气法的气功。姜妮娜①到海军医院找冯理达院长,想请中医和气功大夫来治疗姜椿芳的病。冯大夫说:对于肝癌病人,气功师进气后,反射回的是黑气,对气功师有害,所以一般不治疗肝癌病人。建议26日和27日下午去门诊检查。

10月18日　下午4点,①宣燕音的女儿宣虹来访;②屠珍②来访;③《化工》卷编委会主任杨光启等来访;④亲友等来访。

10月20日　李汝栋和肖白来访,略谈15分钟。

　　下午,姜椿芳问大儿子抗生的食管裂孔疝病是怎样好的?③

　　晚上,姜椿芳询问来访的中央编译局医务室顾大夫一系列有关他的病情的问题。

10月21日　下午2点,中医学院曹健、刘东大夫来给姜椿芳做气功治疗。

　　晚饭后,趁着几个子女(老大、老二、老八、老九)在身边,对大家讲了很多话,这就是他对子女们的遗言:

　　因为孩子多,生活一直贫困,没有给你们留下什么东西,只留下一些书。你们要和睦相处,照顾好你们的母亲。在时代出版社工作时期,因为我是领导,有大量的行政领导工作,还有地下党的工作要做,所以我把长篇名著的翻译都分配给叶水夫、许磊然、陈冰夷、盛草婴等同志去完成,而自己只是翻译一些拿得起又放得下的短篇小说和诗歌。因此,我的一生,没有大部头的翻译作品。

　　关于整理文集,很多人愿意帮我弄,编译局的周惠珍说帮我弄,倪海曙说帮我弄,上海的姚以恩也说帮我弄,这许多人都很忙。戏剧方面还有好多文章,要从《剧场艺术》里去找。《剧场艺术》里面翻译的《演员自我修

---

① 姜椿芳大女儿,时任姜椿芳秘书。——编者注
② 梅兰芳的儿子梅绍武的夫人。
③ 因为姜椿芳胰腺癌的有些症状与食管裂孔疝病症状相似,也是不想吃东西,恶心、呕吐。子女们并没有告诉他真实的病情。

养》已出书了，不要了。另外许多剧本也不要出了，如高尔基的戏剧不要另外出了。奥斯特洛夫斯基的，人民文学出版社会陆续出的，也不要出了，普希金的他们也出了。我刚才说的是不大可能再出的。这是一件事。

另外一件事情现在我是做不到了，这件事一直在我的脑子里想，就是创作两部作品。一部写奶奶的一生，我只写了《姜母十三迁》，没有写全，想写一个劳动妇女的一生。这件事恐怕做不成了。

说着，他流下了眼泪。镇静了一会儿，他又接着说：

另外一部书我对谁也没有说，我想写一首长诗、一本书：《孙夫人》，三国的孙夫人——刘备最后的妻子。原来我想写一个剧本，后来想写一首长诗。我想在诗的写作方面做一些探索。用白话，但是有格律，有音韵，有韵脚。什么十四行诗啊，还是七字句、五字句啊，十二字句、十一字句的长诗。为什么要写《孙夫人》？孙夫人是一个牺牲者。刘备要借重孙权的力量站住脚。孙权要借重刘备的力量联合起来打败曹操。当时刘备的两个夫人都已死去，为了两家联合，周瑜设计把孙权的妹妹孙尚香嫁给刘备。诸葛亮将计就计，好！同意。你们来假的，我就来真的。到了荆州，买礼品送给乔国老，请他出来做媒，又派了许多人挑了礼品在街上走过。行人问："干什么？"答："孙、刘要结亲了，我们去送礼啊！"这事很快全城都知道了。这么一来孙权没有办法，只好假戏真做，就把妹妹孙尚香嫁给了刘备。见面就在镇江的甘露寺，我去镇江时还专门到那里去看过。刘备和孙尚香结了婚，周瑜又是将计就计，把刘备留在了孙权的地盘，在南京的一个什么地方，不让他走，这就叫人质。刘备作为人质，荆州借给他了，曹操也被打败了。乔国老、孙权的母亲和孙尚香本人都认为这条路走得对，孙、刘结合，联合战线，打败曹操，统一天下。而且孙尚香认为刘备是汉朝的后裔，出来当皇帝，她可以当皇后，且内心喜欢他，所以她愿意嫁给他，对刘备很好。可是刘备想家，实际上他不愿意，他也就是被孙尚香俘虏了。是孔明派了赵云在刘备身边，并密嘱赵云几个月之后，非得劝刘备回来不行，否则刘备一辈子就要被孙权利用了。后来刘备要回去，怎么回去呢？他就和孙尚香商量，孙同意保护他到荆州去，逃出孙权的掌握。结果刘备这个人质丢了，孙尚香变成了刘备的人质。这是个人质战。周瑜又想了个办法，说孙的母亲要死了,要见女儿一面,派一个人到荆州,并且要她把刘备的儿子也带来。孙尚香听说母亲要死了,当然要回来啦。临走就抱着孩子一起走。到了江心,张飞过来把孩子夺走,说刘备就这么一个孩子,你带走了,我们怎么办?她说这个孩子没有人管教,谁都喜欢他,是因为他是刘备的儿子,孩子不念书,不好好习文练武,我带去才可以管教和照顾他。这是高明的见解。但是孩子还是被抢回去了。这样孙尚香回到了孙权那里,又变成了人质,刘备一直再没有见到她。孙尚香有好几次要去见刘备。一次是孙权家里一个什么人要娶关公的女儿,关公不肯。孙尚香说我和关公的关系很好,我去说一定能成。孙权怕她这个人质丢了,不让她去。好几次都有机会。最大的一次机会就是孙权方面老打败仗,局面很危险。孙尚香出来说:"我去说,让他退兵。"孙权还是不答应,怕她去了,不让她回来。后来孙权这方面用了一个年轻的将领,让他去火烧连营七百里,把刘备打败了。刘备后来就死在白帝城。孙尚香一辈子就没再见到刘备。她一直希望他们能联合抗曹。现在刘备死了,他们完全没有希望了。她一个人跑到江边去祭江,跳到江里死了。她一生就是个牺牲者。她的目的是刘、孙联合,可能不是三国,是一国,这个局面没能完成。一直是人质战,人质被换来换去,换来换去。我想写成一首长诗,曾找了不少材料,我把这些材料寄给了沈知白。当时想搞一个京剧,我让他看看,他也死了,材料也丢了,这个很容易找。这件事估计我也做不成了。就把我过去已经发表的文章搜集起来,搞几个集子留下来。不多说了,以后再说。

10月22日　上午9点,去接张仁济大夫①来看病,开了药方。
10月23日　上午,李汝栋②和上海音乐学院院长来访;林盛然来访。
　　　　　中午,陈渭来访。
　　　　　下午3点,曹健气功大夫来治病。4点,大百科出版社的石磊、赵仲元、林盛然、史纾怀来访。姜妮娜认为他刚接受完气功治疗,最好不要太累,只让来访者与他握一下手,就让他们走了。事后他很生气,说妮娜没有礼貌,不该拒绝别人来访。在大百科出版社的同志来访的同时,中央编译

---

① 张仁济是名医,施今墨的门人。
② 李汝栋是姜椿芳战友金剑啸的女婿,金剑啸是坚强的、英勇的共产主义战士,1936年在齐齐哈尔就义。姜椿芳认他的女儿金伦为干女儿。

局的毕克夫妇来访,没让见。

10月24日　下午,北京中医学院的气功大夫来给姜椿芳治病,此时大百科出版社工程一部的孙志敏和冯雪明来探视,因为正在治病不能停下来,所以没有见他们。

　　　　　晚上,每次气功治疗后,胃口似乎好些,精神也好些。

10月25日　晚上,为大儿子抗生做50周岁生日,那天二儿子姜战生刚从东北出差来京,加上三女儿姜岩、六女儿姜路娜和大女儿姜妮娜,共6个子女在身边,很热闹,姜椿芳饭比过去吃得多了。

10月27日　上午,中央编译局的周惠珍、严平来访;李汝栋等两人来访。

　　　　　下午3点,气功大夫来治疗;肖德荣和周小平来访。

10月28日　上午,梅益来访;上海的徐干人①来访。

　　　　　下午3点,气功治疗。

　　　　　晚上　顾锦屏来访。

10月29日　上午,中华诗词学会的周一萍夫妇来访;哈尔滨的王式斌来访。

　　　　　下午3点,去北京医院,看内科、中医、眼科,取回余桂清大夫配的7副中药。

10月30日　上午,抽血查血糖(208)。

10月31日　上午,去北京医院找蒋国彦大夫,问他是否可以注射干扰素,是否要用静脉滴注多种氨基酸和白蛋白,蒋大夫说:没有必要。不能吃东西的人才注射干扰素和滴注多种氨基酸。去周一萍家;后去廉大夫家,想问他关于近视眼治疗机的问题,但没有见到他。

　　　　　下午3点,曹健来做气功治疗。姜椿芳对医生说了一些他的所思所想:.

　　　　　我不发怒,不生气,但这个"不生气"我现在有一个体会,实际上在生气,只是把它压下去了。"忧愁",忧什么呢?我也受到一些不公平的待遇,我想不通。十年"文化大革命",开始被批斗,后来被抓起来,坐监牢坐了7年,在"文革"中我没有流过一滴眼泪,但是当我看到一段悲惨的故事,我常常要流很多泪。但一想起"文化大革命",是有些忧愁,有怒,是一

---

① 徐干人曾从业于电影界,时年82岁。

种坚强的意志克服了这些。

我现在在职务上没有什么工作了。我在编译局当顾问，可以不看稿子了，只是去开会。我是大百科全书总编委会副主任，在社里是顾问，也不看稿子了，没有事情了，倒变成了负担，那么我干什么呢？活着还干什么呢？现在听了你的开导，我儿子也开导我，其实我还有事情可做。我手头就有好多篇文章要写，还有好多回忆录要写。我一生写了这么多稿子，翻译了这么多书，翻译的书出版了，写的文章散在外面，把它们搜集起来，看一看可以出七八本书。过去不考虑自己的这些成果，都在帮助别人出书。我想我该整理一下出几本书。编《中国大百科全书》，在中国是我第一个发出议论，提出建议，中央批准同意办出版社。我就把这些文章收集起来，编一本《百科全书论》，不完全，因为我是开创人，还有许多内容，不成熟就不成熟。但可以写个序言。

上海当时要我写好多材料，东北当时也要我写好多材料，还有关于文化界与一些人的交往。有些事情，世人都不知道。昨天听广播，冼星海今年逝世42周年。他在延安时，延安中央打电报给上海地下党，说冼星海有个母亲孤身一人在上海无着落。当时上海已沦为"孤岛"，我在文化界做党的地下工作，上面就把这个任务交给了我。我居然把这个老太太找着了，每月替组织送30元钱去，他母亲跟我说了许多话，后来他母亲死了。这一段回忆要把它写出来。不写，我死了就没人知道了。这只是一个例子，说明还有好多事情可做，这是个希望，也是一个使我能够拿出勇气来活下去的动力。所以我思想上逐渐开朗了。我的眼睛不好，可以靠我的女儿，我口述，她写，有些事情用录音机录下来，保存下来后，他们再去整理。

这一天，姜椿芳的精神非常好，他好像又找到了生命的价值。

11月2日　上午，散步，写了两封信。于树来访；陈涓和张琦来访。去中央编译局理发。

下午3点，北京中医学院气功研究所的胡大夫、李大夫做40分钟气功治疗，他们说腹部皮下积水又出现了。

11月3日　上午，给哈尔滨的王式斌写信，希望王式斌在哈尔滨能帮着找到他早年在某些报刊和杂志上发表过的文章。《人民日报》海外版的田禾来电话，说要抓紧治疗，要吃张仁济大夫的药，要练气功，一定要控制住癌症的发展。

下午3点，胡大夫和李大夫来做气功治疗。

晚上，上海分社汤季宏的爱人邢志康来访；大百科出版社的王顾明来访。

11月4日 上午，家人去海军医院联系治病，医院说：来这里治病，他经不起劳累。

晚上，王竹亭，吕东明分别来电话问候。

11月5日 上午，空腹到北京医院做前列腺CT检查，因为要憋尿，一直等了两个小时。侯大夫同意用干扰素注射，每周1~3次，先注射一针，观察反应（有无低烧），这时的体重62.7公斤。回家后，陈冰夷夫妇来访；金常政夫妇来访。

下午，不知是感冒还是注射干扰素后的反应，发烧39℃，4点半又去北京医院。赵洵来访；刘尊棋夫妇来访。

11月6日 在北京医院住院，体温降至37℃。医院温度较高，不舒服。

11月7日 体温37℃，11点开始输含钾的葡萄糖液。

11月8日 继续输液。叶水夫、张伯良、周秀凤、祖志铎、胡尧之、唐守愚、田从豁来访。

11月9日 下午3点，周一萍来访。

11月10日 出院，10点到家。

11月12日 下午3点，田从豁大夫带着国防科工委医院的魏大夫来。田大夫意见：一面吃北京医院余大夫的中药，一面请魏大夫做按摩。

11月13日 下午，张仁济大夫来看病，开了三副药，看到药方里有大黄，没敢吃他的药，恐怕又会引起腹泻。

11月14日 上午，找张仁济大夫把药方中的大黄改掉，方煎后服药。

11月15日 许磊然来访。

11月16日 下午，魏大夫来治病，用梅花针4个穴位引导，还教保健操。做完治疗，非常疲劳。

11月18日 下午，魏大夫来做电针灸治疗，做艾灸和盐推两腿经络。饭后散步。每天散步共1500步，晚上睡觉时觉得腿稍轻松些。

11月19日 上午，散步400步。10点，喝中药（张仁济的消化药）。11点散步400步。12点，散步300步。

下午4点,做艾灸和盐推。王锦文的爱人来说,灌肠不好,可吃番泻叶①。

11月20日　下午,魏大夫来做艾灸,盐推两腿经络等治疗,发现姜椿芳的身体和脸有些变黄。

晚上,通便,十天大便不通畅,排便后稍舒适。

11月21日　上午,去北京医院查血糖(185),查黄胆指数。

下午3点,上海盛草婴的夫人盛天民来访,带来云芝糖肽等药,是专治癌病的药;汤季宏、艾中全等来访。

11月22日　上午,赵朴初、张舆夫妇、王瑾、顾光跃来访。

下午,傅子荣来访。

晚上,顾锦屏来访。开始吃云芝药。

11月24日　晚上,接余桂清大夫到家里来看病,开了一副中药,开了一些"清开灵"注射液。

11月25日　上午,百科出版社李钦、李光夏来访;中央编译局崔士民、周惠珍来访。

晚上7点,在房间里活动,听读报。

11月26日　上午,到北京医院泌尿科看病,大夫说没有炎症,是前列腺肥大引起的病。内科潘大夫建议住院。但是他坚持不住院。11点回家。叶水夫来访。

下午,中央编译局医务室顾大夫来访。

晚上,听读《人民日报》。

11月27日　上午,中央编译局毕克夫人李大夫送来海参汤。早上喝中药,没有吃云芝糖肽。

下午,顾大夫来量血压和听心率,血压160/70,心率120次/分;盛天民来访。

11月28日　上午11点半,请西苑医院气功大夫赵光来治疗。

晚上6点40分,黄传贵大夫②来治病,他分析姜椿芳有四种病:①心包热;②肝胃不和;③经络痹症;④下焦湿热。

---

① 一种治疗便秘的药。
② 黄传贵是祖传的中医大夫,是部队的,医术较高,专治疑难症。

　　　　　这一天大便较通畅,晚上起来6次,尿也通畅了。
12月1日　中央编译局张舆来访。编译局医务室顾大夫来给他量血压,坐着98/50,躺着120/60,心率86次/分。气功大夫做15分钟治疗。没有精神,嗜睡。

　　　　　王竹亭夫妇和陈涓来访。
12月2日　请北京医院的化验员到家里来,测空腹血糖126,体温36.8℃。
12月3日　脚肿,走路困难,每次起来勉强走150步,体温36.4℃,中央编译局医务室顾大夫劝他住院。

　　　　上午,他让大女儿通知大百科出版社的金常政来,金常政和张曼真夫妇来到姜椿芳的病床前,他用低沉的声音说:

　　　　我看我希望不大了,我原来有个计划,所以不出集子(指把有关百科全书的文章结集),我是想写一篇比较全面的东西,把我过去的一段,告一段落,算是一个交待。写到最后,写到了"三不变",为什么提"三不变"?你知道的吧?你要有所说明。这篇东西我现在也写不出来了,你看着办。这些不说了。有一件事情我想对你讲,请你从我建议大百科的那份东西开始,把后来所写的印出来的,有记录的,在报刊上发表的,或者是在《辞书研究》上我发表过的文章,收集一下,收集起来看看,能编成一个小册不?像第一篇,要做点注解,这不完全。

　　　　姜椿芳最后祝福了这对夫妇,他们含泪离开了病床。①
12月4日　早饭后,他坐在沙发上,叫女儿妮娜坐在他身边,准备继续写《归》的序言,但是刚开了个头就写不下去了。他太瘦了,尾骨碰在座椅上,疼痛难忍。再加上体力不支,坐不到一小时又被迫躺下。中央编译局的张志、范以楠、林杨、孙敏、张琦等来访。

　　　　下午,任震英来访,无声地坐在他的床边,拉着他的手。姜椿芳看着他,用虚弱的声音说:"我的老朋友!我的好兄弟,我现在浑身都疼呀!"
12月5日　上午,中央编译局数批人员来访。

---

　　① 后来,这两个遗愿均已实现。由金常政编辑的《从类书到百科全书——姜椿芳百科全书文集》1990年由中国书籍出版社出版。

下午,大百科出版社叶直新来访;楼适夷夫妇来访;盛天民和倪海曙的女儿来访。

12月6日　因为腿肿得很厉害,每次只能下地走30多步。

下午,陈冰夷的妻子袁佩兰来访。

12月7日　上午,中央编译局医务室顾大夫来给姜椿芳量血压,因为这几天他的血压都不平稳,顾大夫劝他赶紧去住院。

午睡后,北京医院的救护车到了,他走到自己的书桌边,剃了胡须,默默地坐了几分钟,环视了客厅、书房,然后由妻子张安英和女儿们扶着躺到担架上,被送上救护车。一进医院的病房,他惊叫起来:"为什么我什么都看不见了,厕所在哪里?床在哪里?"此时,他的眼睛完全失明了。此后几天子女们和中央编译局的几个同事日夜排班守护着他。

12月11日　下午,请气功大夫赵光来治病。

12月12日　上午,整天输氧,一天没吃什么东西。

下午,北京医院打电话给编译局,要编译局领导来,主要认为病人家属与医院配合得不好。因为家属擅自请外面的点穴气功大夫到医院来给病人治病,这是违反医院规定的。

12月13日　上午,没有打胰岛素,输一天氧,向上翻气,吐出一些黏痰。

下午,开始输多种氨基酸抗菌素。

下午5点,气功点穴大夫吕新林来治病,点穴后,向上翻的情况少些了。

后半夜4点,开始说梦话、胡话。

12月14日　输液,一天没吃东西。

下午3点,插上导尿管;5点,点穴气功大夫来治病。

晚上,连续不断地说梦话。说稿子在人民文学出版社,说资料要保存好,说大百科出版社的工作问题,有时还说一连串的俄语,听不清楚。他几天没有吃什么东西,不知哪来那么大的精力一夜不间断地讲话。因为连续说话,嘴唇很干,陪护人员用纱布给他嘴上滴水。

北京医院发出由院长吴蔚然签发的"姜椿芳同志病情报告(二)"全文如下:

姜椿芳同志,男,75岁,患糖尿病及青光眼等症多年。87年10月4日至 15 日曾住院检查,诊断为胰腺癌并有肝脏转移,经肿瘤医院及院内专家会诊,认为病情不宜手术治疗,化学药物及放射治疗效果不好且副作用大,因此建议服用中药。姜老及家属要求回家调养,在门诊继续观察治疗,以上情况已于 1987 年 10 月 23 日书面报告。此后姜老体力逐渐衰弱,消瘦,进食少,并出现黄疸,11 月 21 日查血胆红质 6.66mg%。

12 月 7 日再次入院。拟给予输液、静脉补充营养等支持疗法,但因病情发展很快且姜老及家属均提出不愿再输液,12 月 9 日复查血胆红质已高达 22.22mg%,近 2~3 天来病情迅速恶化,全身衰竭,左下肢肿胀明显,考虑有左下肢癌性静脉血栓形成。今日起进食甚少,无尿,有时神志不清,随时可危及生命。

特此报告。

北京医院
1987 年 12 月 14 日

报送:中央编译局
　　　卫生部保健局

12 月 15 日　上午,输液 1000cc 加 200cc 抗菌素,同时输氧。

　　　下午 5 点,点穴大夫来治病。

12 月 16 日　早晨,做开塞露,排出 50cc 大便。白天输液。下午,叶水夫和陈涓来探望。

　　　点穴大夫上午一次,下午一次。

　　　这些天,老朋友、学生、中央编译局、大百科出版社的同志来医院探望的特别多,大多数人只在门外望一眼。即使这样,探视的人仍旧络绎不绝。

12 月 17 日　头脑显得清楚,不再说梦话,大家以为病情有了好转。

　　　下午,中共中央政治局常委、书记处书记胡启立同志代表中央领导到北京医院来看望姜椿芳。

　　　傍晚 6 点多,北京医院给姜椿芳家打电话,说他病危。妻子张安英和 8 个子女都赶到医院。

　　　6:35 姜椿芳永远地离开了为之奋斗一生的世界,永远离开了尊敬他和爱戴他的人们!

　　　姜椿芳的名字以《全书》总编辑的名义列于《中国大百科全书》第一版

74卷中卷中①。

12月30日　中共中央组织部以老干字(87)101号文批复中央编译局,同意中央编译局《关于举行姜椿芳同志遗体告别仪式有关问题的请示报告》中对姜椿芳告别仪式的安排。

1988年

1月6日　这天,非常寒冷。八宝山革命公墓礼堂内外,布满了花圈和飘荡着的挽联。胸前佩戴着一朵朵白花,含着热泪的人们,冒着寒风,肃穆地排着一列列的长队,正在等待着为忠实的共产主义战士、著名的翻译家、编辑出版家、中国现代百科全书事业的奠基人姜椿芳送行。

党和国家领导人赵紫阳、胡启立、姚依林、彭真、邓颖超、习仲勋、杨尚昆、宋平、阎明复、温家宝、王震、薄一波、宋任穷、伍修权、李一氓、陆定一、胡乔木、黄华、楚国南、杨静仁、康克清、钱昌照、赵朴初、叶圣陶、巴金等同志送花圈,胡启立、姚依林、杨尚昆、宋平、阎明复、温家宝、王震、宋任穷、黄华、楚图南、杨静仁、康克清、钱昌照、赵朴初等同志参加了遗体告别。②

挽诗、挽联、挽词从室内挂到室外,组成了一个挽联的长廊:

效忠革命钻研马列主义
弘扬文化倡办百科全书
　　　　　　　　　　　　　——楚图南敬挽
魔氛谷里捷报遥闻最难忘万暗孤灯时代传声手
文化园中灵苗广种不独是百科全书事业奠基人
　　　　　　　　　　　　　——赵朴初敬挽

---

① 1993年3月9日新闻出版署办公室下发"关于《中国大百科全书》总编辑署名方式的意见","意见"全文如下:
《中国大百科全书》(以下简称《全书》)第一版的出版任务将于今年完成,并将部分重印,74卷配齐成套发行。经与有关方面协商同意,《全书》年内配套发行和今后重印的各卷,在"本卷主要编辑、出版人员"一栏中,原总编辑名为姜椿芳的各卷不变;其他各卷总编辑署名为姜椿芳(去世后加黑框)、梅益。

② 摘自姜椿芳治丧委员会的报告。

五十七载深交同志挚友并肩抗日斗顽敌
轰轰烈烈献身革命壮志永存光照千古
三千里路远隔知己铭心俯首甘为孺子牛
兢兢业业笔耕春秋飞殒长星名著万年
　　　　——同志弟任震英、侯竹友率子敬挽于兰州

1月7日　姜椿芳遗体告别会的第二天,《人民日报》发表金常政的悼念文章《我国百科全书的开拓者——忆姜椿芳老师》。全国各大报纸报道了姜椿芳逝世和遗体告别的消息:《人民日报》题为:《著名翻译家和编辑出版家姜椿芳同志逝世》;《北京日报》题为:《中国现代百科全书事业奠基人姜椿芳同志逝世》;《光明日报》题为:《姜椿芳遗体告别仪式在京举行》;《人民日报》海外版题为:《姜椿芳遗体告别仪式在京举行》;《南京日报》题为:《中国现代百科全书事业奠基人姜椿芳同志在京逝世》;《文汇报》题为:《中国现代百科全书事业奠基人姜椿芳遗体告别仪式在京举行》等……

译名对照表

为保留作品原貌,并便于读者阅读,特出此译名对照表。

1. 本表以中译名首字的汉语拼音为序,如首字相同,则按第二字排列,依次类推。

2. 本表包括:人名,如本文集译名"巴尔札克",通用译名"巴尔扎克";地名,如,本文集译名"阿捷尔拜疆",通用译名"阿塞拜疆";其他专有名词,如本文集译名"伏德卡",通用译名"伏特加"。为简捷起见,各类译名统排,不分别标注。

3. 同一译名出现两种及两种以上中文译名的,译名间以逗号分隔,如:本文集译名"拉斯普金,拉斯普京",通用译名"拉斯普廷"。

4. 重要、常用译名,作者在后期作品中已使用通用译名的,进行了全书统一。如"史大林"、"史达林",通译为"斯大林"。此类译名未列入译名对照表。

本文集译名	通用译名
A	
阿比尼西亚	阿比西尼亚
阿尔卡其	阿尔卡季
阿捷尔拜疆,亚塞拜然,亚塞尔拜然	阿塞拜疆
阿卡基·阿卡基维奇	阿尔卡基·阿尔卡季耶维奇
阿剌伯人	阿拉伯人
阿列特群岛	阿留申群岛
阿那托尔·法郎士,阿那托尔·佛郎士	阿纳托尔·法郎士
阿那托里·卡缅斯基	阿纳托尔·卡缅斯基
阿斯特拉汉	阿斯特拉罕
艾契逊	艾奇逊
爱伦堡	奥伦堡
安东·巴夫洛维赤·契诃夫	安东·巴甫洛维奇·契诃夫
奥地萨	敖德萨
奥尔忠尼启泽	奥尔忠尼启则
奥斯洛	奥斯陆
B	
巴尔札克	巴尔扎克
巴格达季叶夫	巴格达季耶夫
巴什基里亚	巴什基尔
巴斯基尔民族自治共和国	巴什基尔民族自治共和国
巴斯基尔人	巴什基尔人

布拉加	布拉格
白罗杰区	布劳希奇
悲多汶	贝多芬
贝尔格勒	贝尔格莱德
本奇·勃鲁耶维奇	邦奇·勃鲁耶维奇
比得	彼得格勒,列宁格勒
彼得洛夫	彼得罗夫
毕达可夫	皮达可夫
波勃鲁伊斯克尔	博布鲁伊斯克
波尔达伐,波耳塔伐,波尔达华	波尔塔瓦
波尔特涅京,波特涅京	波尔特涅金
波里斯·哥都诺夫	鲍里斯·戈都诺夫
勃留索夫	布留索夫
薄伽邱	薄伽丘
布拉哥维斯庆斯柯亦村	布拉戈维申斯克村
布斯托席尔斯克	布斯托捷尔斯克

D

达尔久夫	达尔杜弗
达格斯坦	达吉斯坦
达拉斯·布里巴	塔拉斯·布尔巴
达尼雪夫斯基	达尼舍夫斯基
达娘	丹娘
达维陀夫	大卫陀夫
大特齐克	塔吉克
大特齐斯坦	塔吉克斯坦

德聂泊尔	第聂伯
德维那河	德维纳河
狄奥多·罗斯福	西奥多·罗斯福
迭更斯,迭更司	狄更斯
都拉	图拉

F

飞加罗报	费加罗报
费陀尔·唐恩	费多尔·唐恩
伏德卡	伏特加
伏隆足夫	沃龙佐夫
伏洛聂士	沃罗涅日

G

戈尔巴赤娃	戈尔巴乔娃
戈尔陀尼	戈尔托尼
戈列洛维次	戈列洛维茨
戈美尔	戈梅利
哥萨赫斯坦	哈萨克斯坦
格里哥里维赤	格里戈里维奇
格伦	格律恩
葛利高利,葛里哥里	格里戈里
古班河	库班河
古歇夫	古谢夫

H

哈尔可夫	哈尔科夫

赫鲁斯达廖夫	赫鲁斯塔廖夫
黑智尔	黑格尔
亨利·巴比塞	昂利·巴比塞
亨利·曼	昂利·曼
华西里耶夫	瓦西里耶夫
怀德·司各脱	怀德·司各特

J

基尔基士	吉尔吉斯
吉伯赛	吉卜赛
季霍米罗夫	吉霍米罗夫

K

卡德林,卡吉林娜,卡杰林娜	卡捷琳娜
卡拉马淑夫	卡拉马佐夫
卡明涅夫	加米涅夫
柯马洛夫	科马罗夫
克列姆里(宫)	克里姆林(宫)
克留契夫斯基	克抑切夫斯基
克伦维尔	克伦威尔
孔斯当丁·诺维赤	康斯坦丁·诺维奇
孔斯当京	康斯坦丁
孔斯当京诺维赤	康斯坦丁诺维奇
孔斯坦丁格勒	康斯坦丁格勒
库杜淑夫	库图佐夫
库兹涅卓夫,康兹涅卓夫	库兹涅佐夫

昆丁·杜尔华特	昆丁·达沃德

L

拉法尔格	拉法格
拉斯普金,拉斯普京	拉斯普廷
老妇伊什尔其里	伊则吉尔老婆子
李平	列宾
里伏维奇	李沃维奇
里亚上	梁赞
列别杰夫·库马赤	列别捷夫·库马奇
列那多	列那托
刘德米拉	柳德米拉
卢卡契,鲁卡赤	卢卡奇
卢那恰尔斯基	卢那察尔斯基
鲁勉切夫	鲁勉采夫
罗加切夫,罗加赤夫	罗加乔夫
洛莫诺索夫	罗蒙诺索夫

M

马尔德诺夫,马尔特诺夫,马尔蒂诺夫	马尔丁诺夫
马里诺夫斯基	马林诺夫斯基
马特维也夫	马特维耶夫
玛丽雅·伊里尼奇娜·乌里扬诺娃	玛丽亚·伊里尼奇娜·乌里扬诺娃
麦克马翁	麦克马洪
美索不大米亚	美索不达米亚
蒙高茂莱	蒙哥马利

米哈尔柯夫	米哈尔科夫
米哈伊耳·库兹明	米哈伊尔·库兹明
米柳柯夫	米留可夫
敏健列亦夫	门得列耶夫
莫里克特	毛齐
莫利斯·格斯特	莫里斯·格斯特

N

娜杰士达	娜捷施达
尼古拉·勃郎	尼古拉·勃朗
尼柯拉亦夫斯克	尼古拉耶夫斯克
尼可拉维赤	尼古拉耶维奇
尼可拉叶夫娜	尼古拉耶夫娜
聂克拉索夫	涅克拉索夫
聂曼河	涅曼河
聂瓦河	涅瓦河
诺夫戈罗德	诺夫哥罗德
诺夫格勒·伏冷斯基	伏伦斯基新城
诺伏罗西斯克	新罗西斯克

P

品柴	奔萨
普格乔夫,普格乔,布楼巧夫	普加乔夫
普基洛夫工厂	普梯洛夫工厂
普列维	普列伟
普留施金	普柳什金

普罗柯菲亦夫	普罗科菲耶夫
普罗也什蒂	普罗耶什蒂

Q

奇达琴	吉他

R

茹凯夫斯基	茹柯夫斯基
茹科夫	茹柯夫

S

撒合地,撒赫特	沙赫特
撒莫阿群岛	萨摩亚群岛
萨尔蒂柯夫·谢德林	萨尔蒂科夫·谢德林
萨夫成柯	萨夫琴科
萨淑诺夫	萨索诺夫
塞尔盖·罗曼诺夫	谢尔盖·罗曼诺夫
赛尔格伊·符拉奇米洛维赤·阿列克塞夫	谢尔盖·弗拉基米罗维奇·阿列克谢耶夫
沙伐·季莫佛亦维赤·莫罗淑夫	沙瓦·季莫费耶维奇·莫罗佐夫
史特林堡	斯特林堡
史维多波尔克·米尔斯基,史维亚托波尔克·米尔斯基	斯维多波尔克·米尔斯基
斯坦堡	伊斯坦布尔
斯维德洛夫	斯维尔德洛夫
苏达柯夫	苏达科夫

索非亚　　　　　　　　　　　　　索菲亚

T

土鲁罕省　　　　　　　　　　　　图鲁汉省

W

瓦·列别杰夫-库马契　　　　　　　瓦·列别捷夫-库马奇
威玛　　　　　　　　　　　　　　魏玛
维辛斯基　　　　　　　　　　　　维经斯基
维拉·伊凡诺夫娜　　　　　　　　维拉·伊万诺夫娜
乌利次基　　　　　　　　　　　　乌里茨基
乌士别克　　　　　　　　　　　　乌兹别克
乌士别克斯坦　　　　　　　　　　乌兹别克斯坦

X

西伐斯托多尔　　　　　　　　　　塞瓦斯托波尔
谢尔格伊·米格诺维赤·基洛夫　　谢尔盖·米龙诺维奇·基洛夫

Y

雅勃洛奇金娜，牙勃洛赤京娜　　　雅布洛奇金娜
雅尔达　　　　　　　　　　　　　雅尔塔
雅可夫列夫　　　　　　　　　　　雅柯夫列夫
雅库勃·科拉斯，雅库勃·柯拉斯　雅科布·克拉斯
雅库希金　　　　　　　　　　　　雅库什金
雅斯娜雅·波略娜　　　　　　　　亚斯纳亚·波得亚娜
亚·叶·马丁诺夫　　　　　　　　亚·叶·马尔丁诺夫
叶卡杰林诺斯拉夫　　　　　　　　叶卡捷琳诺斯拉夫

叶丽莎维达·万西里叶夫娜·阿列克赛娃	叶丽莎维达·瓦西里耶夫娜·阿列克谢耶娃
伊·杜纳耶夫斯基	伊·杜那耶夫斯基
伊凡·米海洛维赤	伊万·米海洛维奇
伊凡·诺维柯夫	伊万·诺维柯夫
伊凡·雅柯夫里奇	伊万·雅柯夫里奇
伊凡夫斯基	伊万诺夫斯基
伊凡诺夫	伊万诺夫
依尔库茨克	伊尔库茨克
尤利耶夫	尤里耶夫
犹哥斯拉夫	南斯拉夫

Z

卓别麟	卓别林
佐勤克,佐琴珂	左琴科

编 后 记

姜椿芳同志的学术生涯逾半个多世纪。姜老学养丰厚,见识卓越,勤勉求实,德艺双馨,在翻译研究和文化教育等诸多领域都作出了开拓性的贡献。尤其是他历尽千辛万苦,汇集各方精英,组织出版《中国大百科全书》,在国内外学术界产生了广泛而深远的影响。为姜老编辑一套较为完整的文集,全面反映姜老毕其一生追求光明与真理的心路历程,为后人留下一笔宝贵精神财富,是一项很有意义的工作。

姜老的学术创作时间跨度从 20 世纪 30 年代到 80 年代,涉及领域广泛,语种丰富,而且散见于各类报刊、图书,从未结集出版,搜集整理实属不易。为此,姜老的几位子女数十年间走遍沈阳、常州、上海、北京等地的图书馆及研究机构,对有关资料进行搜集、复制、甄别、编号等,做了大量工作,为文集的编订奠定了基础。

中央编译局局长衣俊卿同志高度重视姜老文集作为国家出版基金项目的申报工作以及编辑出版工作,多次作出指示、给予指导。以杨金海秘书长为主编的本书编委会多次召开会议,研究有关工作,保证了文集工作的顺利开展。中央编译出版社谭洁、韩慧强、岑红、贾宇琰、李小燕、杜永明、战歌等同志参与了全书整理和编辑工作,薛晓源、邢艳琦、尹承东、韩继海、苗永姝等社领导和资深编辑以及中国大百科全书出版社金常政、程力华等编审参与了文稿的审读工作。中央编译局马列部翟民刚、王丽华译审参与了审校工作,并就版本取舍、用字规范、体例统一等提出重要建议。中央编译局杨威理先生为寻找姜老的原稿给予了热忱的帮助。此外,设在上海的中国出版博物馆(筹)以及其他有关部门的同志也对文集的出版工作给予了热情支持和帮助。在此,我们谨对所有关心、支持文集出版工作的同志们和朋友们表示诚挚的谢意!

《姜椿芳文集》编辑委员会
2012 年 6 月 30 日

图书在版编目（CIP）数据

姜椿芳文集・第十卷 / 姜椿芳著.
— 北京：中央编译出版社，2012.6
ISBN 978-7-5117-0549-5

Ⅰ.①姜⋯

Ⅱ.①姜⋯

Ⅲ.①姜椿芳（1912～1987）—文集②百科全书—编辑工作

Ⅳ.①C53②G237.4

中国版本图书馆CIP数据核字(2012)第097008号

姜椿芳文集・第十卷

责任编辑：	岑　红
责任印制：	尹　珺
出版发行：	中央编译出版社
社　　址：	北京市西城区车公庄大街乙5号鸿儒大厦B座（100044）
电　　话：	（010）52612345（总编室）　（010）52612340（编辑室）
	（010）66161011（团购部）　（010）52612332（网络销售）
	（010）66130345（发行部）　（010）66509618（读者服务部）
网　　址：	www.cctphome.com
经　　销：	全国新华书店
印　　刷：	北京印刷一厂
开　　本：	787毫米×960毫米　1/16
字　　数：	367千字
印　　张：	21.75
版　　次：	2012年7月第1版
定　　价：	120.00元